日本人のための「中東」近現代史

臼杵 陽

まえがき

「中東」と呼ばれている地域は今、過渡期を迎えている。ジョー・バイデン米大統領は二〇二一年八月三〇日、二〇〇一年以来駐留していた米軍をアフガニスタンから完全撤退させた。しかし、パレスチナのガザでは、イスラーム主義組織ハマースが二〇二三年一〇月七日、イスラエルを攻撃して多数のイスラエル市民を人質にとったままである。また、イランに支援されたレバノンのシーア派武装組織ヒズブッラー（神の党）が二〇二四年八月二五日、隣接するイスラエルに対してロケット弾やドローンで攻撃を加えた。バイデン政権は中東地域にさまざまな問題を抱えたまま終焉《しゅうえん》を迎える。中東がこれからどこへ向かうか、その方向性は依然として不透明のままである。

本書では中東の近現代史をグローバルな観点から描いてみようと思っている。しかし、「中東」という名称には、地理的な場所が具体的に明示されていない。したがって、一見するとあいまいに思えるこの用語についてまず考えてみたい。

「中東」とはどこかという問題は地政学的な観点からこれまでも議論されてきた。日本の位置する「東アジア」と違って、「アジア」に相当する地理的な名称が入っていない。「中東」は世界の地域名の中で地理的な具体的名称を含んではいない例外的な存在で、そのこと自体がそもそも「問題」なのである。したがって、本書ではその問題性をカギ括弧で象徴させた。

もちろん、「中東」の地域名称の問題性は、「アジア」が地理的な名称だとするならば、という前提があればこそ成り立つ命題ではある。というのも、アジアはヨーロッパと対《つい》となって初めて成立する地域概念だからである。この点は現在のトルコ共和国がある場所が「小アジア」と呼ばれている事実を想起すれば十分であろう。アジアの語源が「日出《ひい》ずる処《ところ》」、ヨーロッパの語源が「日没《ひぼっ》する処」だという説もある。

また、本書が言及する地域について、かつて西洋と東洋の間の地域として「中洋」という地域名称で表現する試みも行なわれたこともあった。それはともかくとして、文字通りに解釈すれば、中東は近東と極東の間の地域ということになるが、このような意味でこの「中東」という用語が使われたのは第一次世界大戦でオスマン帝国が滅亡するまでの二〇世紀初頭である。「中東」は第一次世界大戦以降、それ以前とは違った意味で使われるようになる。

さて、いささか遠回りしたが、本書のタイトルで「中東」にカギ括弧をつけたのは中近東とか、近東といった類似の用語を意識しているためであることは読者諸氏も感じたことであろう。詳細は本文に譲るが、「中東」にカギ括弧を付すことによって、この名称を持つ地域自体の伸縮自在性を意識してほしいという著者の願望がある。中東という地域は東西南北から包囲されるように「はざま」に位置するがゆえに、歴史を通じてヨーロッパの大国の介入にさらされてきたが、そんな大国に翻弄されてきたこの地域の近現代史を語りたいと考えているからだ。本書の前半で登場するオスマン帝国はかつて大国ではあったが、一九世紀を通じてその版図を急激に失っていき、第一次世界大戦後には崩壊してしまうという悲劇的な歴史を辿《たど》る。それ以降はオスマン帝国の属領だった地域もヨーロッパ諸列強の侵略に翻弄されるのである。中東に存在する国々は独立を達成した後も、政治的不安定という観点からすると事態はそれほど変わらない。

世界史という視点から地域紛争を見ていく必要性はこれまでも唱えられていた。特に米ソ冷戦の終焉後、世界が混沌《こんとん》としてきてからとりわけそうであった。中東は一九七九年のイラン革命以来、世界史の中心の一つに位置づけられてきた。ソ連の崩壊も同国のアフガニスタンへの介入が契機となった。イスラームが突然、グローバルな世界において前景化されたことで、イスラームについての理解なしには世界の動向が語れなくなってしまったのである。

「アラブの春」の挫折後、中東は混迷の極みにある。そして今もその打開策は見えてきていない。ＩＳ（「イスラーム国」、ダーイシュ）の登場以来、イラクは国家破綻、シリア内戦では大量の難民を生み出して、難民の多くはヨーロッパに避難地を求めた。そのISも崩壊した。さらにヨーロッパでは現地生まれのムスリムの若者がテロに走り、「アラブの春」後の政治的混乱は欧米社会にも波及している。ヨーロッパではイスラモフォビア（イスラーム嫌い）の流れが台頭して、ムスリム排斥の極右的な動きが様々な地域で幅広く展開されていることも見落としてはならない。

そんな今だからこそ、中東地域の近現代史を改めて振り返ることで、二一世紀の政治的な混乱を規定してきた歴史的諸要因をもう一度冷静に検討する必要があるだろうと考えるのである。

本書では中東の近代の始まりと言われる一七九八年のナポレオンのエジプト遠征から一九〇五年、一九一一年のモロッコ事件までを、現代中東の混乱の歴史的起源である「一九世紀」として捉え、そして第一次世界大戦の前哨《ぜんしょう》戦ともいうべきイタリア・トルコ戦争、バルカン半島から米ソ冷戦終焉後までの「二〇世紀」を、二一世紀の現在の状況を踏まえて捉え直す。日本をも視野に入れた上で、この「中東」を歴史的に振り返り、学び直してみたい。

目次

第6章 両大戦間期の委任統治

ウクライナ
ロシア
カザフスタン
黒海
ジョージア
カスピ海
ウズベキスタン
キルギス
トルコ
アルメニア
トルクメニスタン
タジキスタン
キプロス
シリア
アゼルバイジャン
レバノン
イラク
イラン
アフガニスタン
ヨルダン
クウェート
イスラエル
パキスタン
エジプト
バーレーン
カタール
インド
サウジアラビア
紅海
オマーン
スーダン
エリトリア
イエメン
アラブ首長国連邦
アデン湾
ジブチ
ソマリア
エチオピア
南スーダン
アラビア海
ウガンダ
ケニア
ルワンダ
ブルンジ
タンザニア
現代の中東諸国

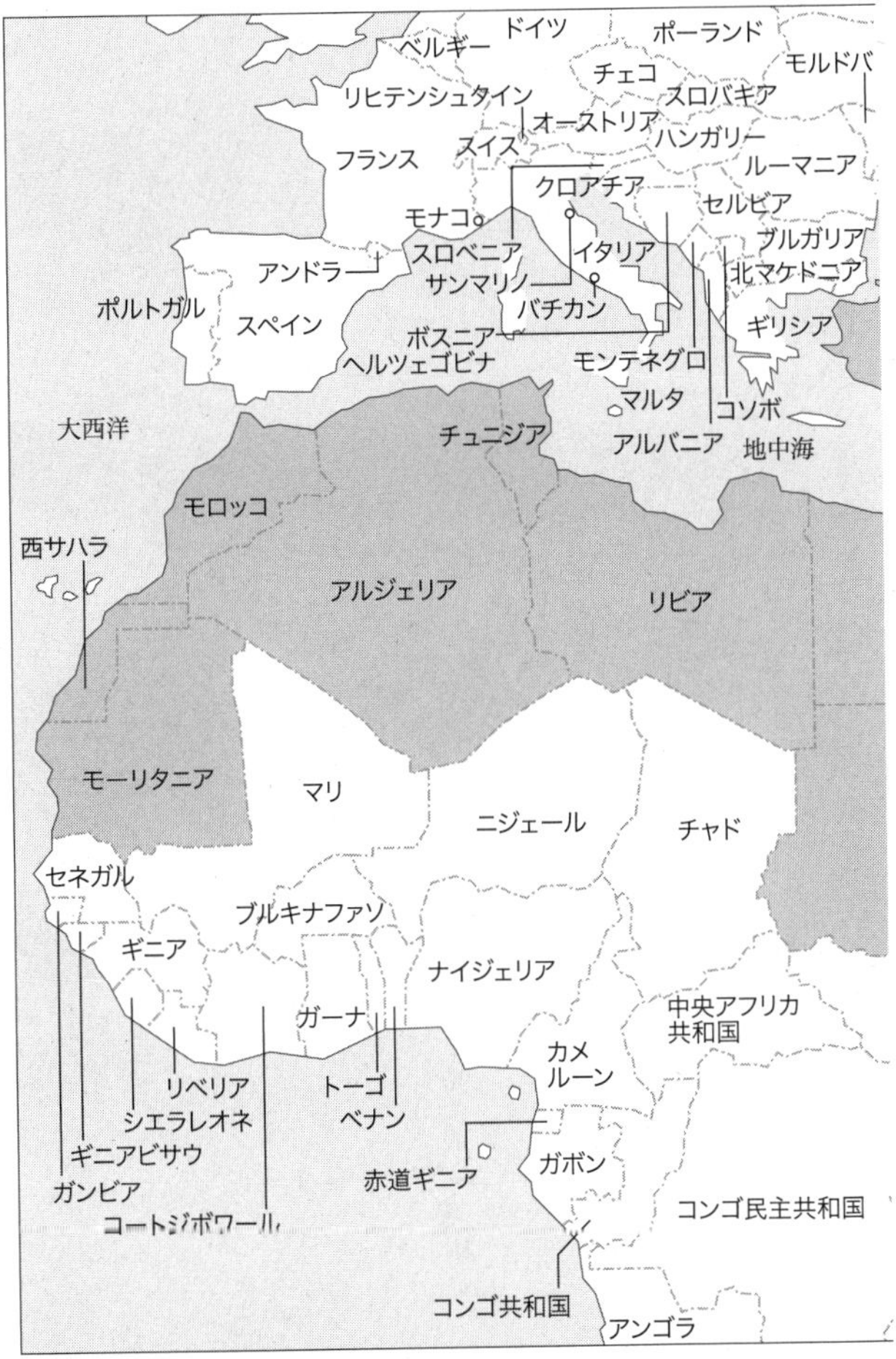

ドイツ
ポーランド
ベルギー
チェコ
モルドバ
リヒテンシュタイン
スロバキア
オーストリア
ハンガリー
スイス
フランス
ルーマニア
クロアチア
セルビア
モナコ
ブルガリア
スロベニア
イタリア
アンドラ
北マケドニア
サンマリノ
ポルトガル
スペイン
バチカン
ギリシア
ボスニア
ヘルツェゴビナ
モンテネグロ
マルタ
コソボ
大西洋
チュニジア
アルバニア
地中海
モロッコ
西サハラ
アルジェリア
リビア
モーリタニア
マリ
ニジェール
チャド
セネガル
ブルキナファソ
ギニア
ナイジェリア
中央アフリカ
共和国
ガーナ
カメ
ルーン
リベリア
トーゴ
シエラレオネ
ベナン
ギニアビサウ
赤道ギニア
ガボン
ガンビア
コンゴ民主共和国
コートジボワール
コンゴ共和国
アンゴラ

図版作成　小林美和子

第1章

「中東」の歴史を考えるために

ナポレオンのエジプト遠征とペリーの黒船来航

「近代」はいつから始まるのか。一つには、人やモノや情報が自由にかつ大量に行き来できる状態が生まれてくるということが分岐点に挙げられる。したがって、おおむね「近代の幕開け」とは、一八世紀末に産業革命を達成して蒸気機関を中心に新しいエネルギーの源を作り出したヨーロッパが、生産力の面において飛躍的に増大し、あるいは蒸気船を使って海を越えて人が自由にかつ大量に移動することができるようになった時期を指す。その流れの中でヨーロッパ、とりわけイギリス、フランスといった当時の「先進国」と遭遇することによって、ヨーロッパ以外のそれぞれの国や地域が大きく変わっていくことになるのである。

本書で取り上げる中東を例にとると、その「近代の幕開け」は一七九八年に始まるナポレオン・ボナパルト（一七六九―一八二一）のエジプト遠征ということになる［図1-1］。ナポレオンのフランスはヨーロッパ大陸を征服したものの、島国イギリス

図1 - 1　ジャン=レオン・ジェローム《スフィンクスの前のボナパルト》
1886年　ハースト・キャッスル

による世界の覇権に対してはなすすべもなかった。というのも、イギリスは一八世紀中ごろ以来フランスを排除してインド亜大陸での覇権を握っており、スエズ地峡を挟むエジプトとシリアは、大英帝国にとって「インドへの道」として、あるいは世界規模の植民地経営にとっても生命線であったからである。それがゆえに、エジプト遠征はフランスにとってはイギリスに対してきわめて重要な戦略的な意味を持っていたのである。

ナポレオンのフランスは一七九八年から一八〇一年まで、そのような戦略的に重要なエジプトとシリアに軍隊を派遣した。一七九八年七月三日にエジプトに上陸したナポレオン軍は同月二一日にはカイロ近郊で当時のエジプトの支配者であるマムルーク（軍人奴隷）の軍隊を破った。「ピラミッドの戦い」とも俗称される戦闘で勝利したナポレオン軍は早くも同月二五日にはカイロに入城したのである。

しかし、ナポレオン軍によるカイロ征服直後の一七九八年八月一日、ネルソン提督の率いるイギリス地中海艦隊がアブキールを守っていたフランス艦隊を打ち破った（アブキールの海戦）。にもかかわらず、フランス軍はイギリス軍と協力するオスマン軍を撃退するためにシリア地方にまで軍を進めた。翌一七九九年に入ってパレスチナ南部にある港町ヤーファを占領したが、ジャッザール・パシャの支配するパレスチナ北部の要塞都市アッカーの攻略には失敗した。とはいうものの、パレスチナからの撤退を余儀なくされたナポレオン軍ではあったが、一七九九年七月二五日、サイード・ムスタファ・パシャの率いるオスマン帝国軍には勝利を収めたのである（アブキールの陸戦）。

ただし、ナポレオン自身はこの勝利の時にはすでに帰国の途についていた。ナポレオンは帰国後の一一月九日に軍事クーデタによって総裁政府を倒し、統領政府を樹立した（「ブリュメール一八日のクーデタ」として知られている）。ナポレオンはエジプト遠征から帰国することによって、帝政への道を歩み始め、フランス革命は事実上、終わったとされるのである。

ところで、ナポレオンのエジプト遠征（一七九八年）とペリーの黒船来航（一八五三年）を比較して、それぞれの地域の「近代との遭遇」という観点から見ると、中東と日本とは五五年、つまり約半世紀の差がある。黒船来航後に日本は明治維新（一八六八年）を迎えるが、エジプトはそれよりも約半世紀早くヨーロッパと遭遇した。つまりエジプトは明治維新のような試みを日本より半世紀前に行なっていたのである。しかし、日本と中東の大きな違いは、結果的に中東はヨーロッパ列強によって植民地化されていったということである。日本は植民地化を避けることができた。その違いは何か。この問題については様々な議論がなされているが、一方で中東は地中海を挟んでヨーロッパに隣接しており、他方で日本はユーラシア大陸の東端に位置していたこと、つまりヨーロッパから遠かったことが幸いしたという点が大きいだろう。そして、鎖国日本の門戸を火事場泥棒的に強引にこじ開けたのが、太平洋を隔てた東の隣国アメリカ合衆国であったという点も挙げることができるだろう。

　アメリカの黒船が来航した一八五三年という年に、オスマン帝国をめぐってクリミア戦争が勃発した。この戦争は、ロシアがオスマン帝国の領土を奪っていることに対して、イギリスを中心としたフランス等のヨーロッパ諸国がロシアの南下を阻止するという目的で起こった。ヨーロッパでは動乱の時期であったため、ヨーロッパ諸列強は東アジアに構っている余裕はなく、そんな諸列強の争いの空白期にアメリカは日本に門戸を開くように迫ったのである。アメリカにとって、当時、東アジアは鯨を獲《と》るための漁場であり、日本に薪《まき》や食料等を供給してもらいたいという事情があった。さらには、その先にある中国という大きな市場に入り込むという目的もあった。そのためにアメリカはまず日本をターゲットにしたのである。アメリカの一番大きな目的は通商を行なうことであった。

このように、中東と日本は同じような状況の下で欧米諸列強と遭遇したのだが、結果的に中東は植民地化され、日本は独立を保つことができ、さらに諸列強と同じような大国になっていった。その違いは何だったのか？　そのような視点も念頭に置きつつ中東の近現代史を見ていこう。

歴史は現在と過去との間の尽きることを知らぬ対話である

以上のような問題意識の下で、歴史を学ぶということは何を意味するのか、を考えてみたい。まずイギリスの歴史家E・H・カー（一八九二―一九八二年）の有名な『歴史とは何か』を参照してみたい。(1)カーは元々外交官でロシアに駐在した経験があり、その後研究者に身を転じてソ連史を中心に多くの書籍を出版した。カーはまた国際政治史の分野でも有名である。『危機の二十年』は、両大戦間期、つまり第一次世界大戦と第二次世界大戦の間の時期の二〇年間を扱っているが、その中で、カーは現実主義に基づく国際政治の理解の仕方を提示している。(2)

第一次世界大戦後に発足した国際連盟は、ウィルソン米国大統領によって「人類はこうあるべきだ」という理想主義に基づいて設立された。しかし、実際にはアメリカ自身は国内事情から国際連盟には参加せず、結果的には各国の間で凄《すさ》まじい争いが起こり、二〇年後に第二次世界大戦を引き起こしてしまうことになる。カーは、「力の政治」というものが国際社会の中において厳然として存在しているので、分析の対象としてそれ自体をきちんと押さえた上で議論すべきであることを提起したのである。

カーは、学術的にはこの『危機の二十年』で著名なのだが、ここではかつて広く読まれた『歴史とは何か』という著書に言及したい。この本は講演集だが、よく知られているのが、「歴史とは〔……〕現在と過去との間の尽きることを知らぬ対話なのであります」[3]という一節である。歴史を語る時、過去をそのまま再現することは実際には不可能だ。つまり歴史を語る人の視点で過去に遡って再構成して、現在の立場から過去を提示することになる。そして未来に向かって筋道をどのように考えていくのか、というところに歴史の意味がある、と述べたのである。

事実はみずから語る〔……〕は嘘です。事実というのは、歴史家が事実に呼びかけた時にだけ語るものなのです。いかなる事実に、また、いかなる順序、いかなる文脈で発言を許すかを決めるのは歴史家なのです。[4]

一九世紀には事実を事実として語らしめる「実証主義」という立場が歴史学にあり、この著作はそれに対しての反論というかたちで発表された。実証主義は、その前の段階のロマン主義に対抗して現れたものである。ロマン主義は、ある種の目的のために歴史が作られていくという、要するにナショナリズムの議論が中心だった。その前の一八世紀には、啓蒙《けいもう》主義的な理性こそが第一であるという立場があった。歴史の記述は常に、ある前提に対する反発が生まれ、またそれに対する反発が出るというかたちで進んでいく。つまり、歴史は現在の立場から読み直されていくのである。以下の引用は、今説明したことを述べている箇所である。つまり歴史を書く人が歴史そのものを再現していく、簡単に言えば「解釈」ということである。

〔……〕歴史家は事実と解釈との間、事実と価値との間に立たされているものです。(5)

例えば、一九五〇年代までの世界史の教科書は、一九世紀ドイツの歴史家レオポルト・フォン・ランケ（一七九五―一八八六年）の実証主義的な考え方に基づいて書かれていた。ヨーロッパ史だけを見ると、メソポタミア文明、エジプト文明といった

「肥沃な三日月地帯」の古代から始まり、今度は古代ギリシアに行き、次にローマ帝国に行き、そしてローマ帝国はヨーロッパ中世の時代にバラバラになって封建制が成立し、その後の段階でルネサンスが興り、各地域に王国が出来ていき、いわゆる近世と言われる絶対主義王制の時代になる。そしてそのまま市民革命を経て近代、そして現代へとつながるという流れになる。

このような歴史の流れを見ながら不思議に思うのは、なぜ現在のイラクやエジプトあたりの古代オリエントの歴史が、地理的には西方にはるか離れているヨーロッパの歴史につながっていくのか、ということである。それは一九世紀当時のヨーロッパの歴史家たちが、聖書の言葉であるヘブライ語に基づくヘブライズム（ヘブライ主義）と、ギリシア語に基づくヘレニズムの二つの流れが融合したのが、現在のヨーロッパだという立場から歴史を書いていたからだ。つまり、旧約聖書は元を辿れば古代オリエントの神話につながっていくという流れで一九世紀を説明した。文明の中心が西方に少しずつ移っていくので、世界史の「西漸《せいぜん》説」などと呼ばれたりする。そのような考え方を近代日本もそのまま受け入れたので、かつて「万国史」と呼ばれた世界史の教科書も、少なくとも「西洋史」という分野では同じようにヨーロッパ中心的な記述になったのである。後に「支那史」から成立した「東洋史」は「日本史」と対照的に中国史を中心に記述されることになる。「日本史」は「東洋史」とは区別され「西洋史」との対で語られることになるのである。

さすがに今ではそのような教科書の記述の仕方は偏向していると批判されている。例えば山川出版社の『詳説　世界史B』は、現在ではその章別編成はマトリクス状に編まれている。時代を縦の軸、地域を横の軸として方眼上に見立て、そのすべてを埋めていくという形式である。一九世紀的な世界史の考え方ではなく、すべての地域を網羅しながら、すべての時代をできるだけ漏れなく叙述していくというスタイルが現代の世界史の編み方になっているのだ。

このような歴史の記述が良いか悪いかは賛否両論である。というのは、学ぶ側は世界の歴史を地球規模ですべて網羅的に学ばなければならないからだ。ヨーロッパ史から始まり中国史、そして受験生が頭を抱える東南アジア史やイスラーム史までも「暗記」を余儀なくされる。以前はほとんど記述がなかったが、今では細かい歴史的事実まで記述されているのである。さらにアフリカ、とりわけサブサハラ・アフリカ（サハラ以南のアフリカ）の歴史までもが含まれている。そういうかたちですべての地域の歴史を網羅的に学ぶことが本当に世界史を学習することなのか？　ヨーロッパに偏向した歴史はやめよう、その代わり世界の地域のすべての歴史を全般的に知らねばならないと唱えられて、そのような網羅的かつ詳細な歴史的事実で記述されている教科書を作ってみたら、あまりにも覚えることが多過ぎて、学ぶ者が嫌になってしまうというのが、今の世界史教育の陥ってしまった落し穴である。

そうなると、どのような意図で歴史を語るのか、が問題になる。カーは、先に引用したように、「事実はみずから語る〔……〕は嘘です」とはっきり述べている。事実とは、歴史家が取捨選択して並べていくもの。それが歴史家の仕事である。その取捨選択は特定の解釈に基づいてなされる。つまり歴史的事実の選択の過程が問題になるのである。だから、カーは「歴史家は事実と解釈の間、事実と価値との間に立たされているものです」とも述べている。ある事件あるいは歴史的事実について過去を遡って考える場合、このような批判的な解釈を行なうような姿勢が必要である。

以上を踏まえて言うと、本書は東アジアに位置する日本の立場を念頭に置いて、地理的にはその対極に位置する「中東」の近現代史を再解釈しようという試みである。

「中東」はなぜ分かりにくいのか？

中東近現代史は、中東域内の諸国家関係と中東域外の国際関係が入れ子状態で展開されてきた。外からの影響がない密室のようなところで事態が起こっているのではない。もちろん、このことはどこの地域にも言えることなので、程度の問題なのではあるが、中東の場合は中東域内の問題を考えるにしても、中東域外の外的諸要因の影響が大き過ぎるのである。国内政治が外側の国際政治の影響によって規定されている。

つまり中東の「分かりにくさ」は、地域が地域として閉じられているのではなく、外に開かれてしまっているが故なのだ。国際的影響が非常に大きいことが、分かりにくい理由の一つなのである。事実、中東で何か紛争が起こる際には「代理戦争」のようなかたちになっている。それぞれの中東諸国の国内あるいは中東地域内で争っているように見えるけれども、その紛争を外側あるいは裏側から操っている外部の国々があるというイメージで捉えればよい。地域が閉じられた地域として完結しない点に特徴があるということだ。

外交史が専門のL・カール・ブラウン（一九二八—二〇二〇年）が一九八四年に出した著作『国際政治と中東——旧い支配、危険なゲーム』[6]において、このような議論が展開されている。歴史叙述の前提として、「全世界は近代において西洋によって揺り動かされ、形成されてきた」ことを挙げている。中東の「近代の幕開け」はヨーロッパとの遭遇によると本章の冒頭で説明したが、そのことを言っている。「西洋との決定的な対立が徹底かつ持続的な政治的次元にある地域は中東以外に他にはない」。中東はヨーロッパと地中海を挟んですぐ隣り合った地域なので、長い歴史を通じて常に西洋の影響が直接的に入り込んできているのは当然と言えば当然である。中東は隣人としてヨーロッパとは切り離して考えることができないということだ。それを一般化しているのが次の文章である。

この意味においてこそ、中東は今日の世界において、外部からの浸透が最も徹底した国際関係の下部体系なのである。すなわち、中東は外部からの「浸透の徹底した政治体系」(penetrated political system)に組み入れられた地域なのである。この考え方は、外部からの政治的・経済的支配が激しいという程度の問題だけではない。例えば、多くの国々や地域は、中東よりももっと長期にわたり、暴力的かつ破壊的な外部支配を受けてきた(7)。

要するに、外側の影響が内側のそれぞれの要因を決定している。その意味においての「浸透」という観念である。他の地域にも同様のことがある程度は言えるが、それがあまりにも露骨なかたちで表れているのが中東である、ということだ。

例えば、中東地域について、かつてはレバノンが事例としてよく取り上げられた。日本の宣伝文句としても「レバノンは中東紛争の縮図である」という惹句《じゃっく》がよく使われていた。要するにレバノンを見れば中東全体がどうなっているかが分かるということである。外側からの様々な諸要因が働いて国内の紛争が起こっている。それが共通した問題として中東の他の地域や国家にも現れてきているのである。同じようなことが、現在でも続くシリア内戦やイラクの問題でも言える。シリア内戦がシリア国内だけで完結するのではなく、例えば、スンナ（スンニー）派対シーア派といったイスラームの宗教間の対立など外側の影響があまりにも大きいので、今のような状態になっている。今回はロシアがシリア内戦に介入しているために問題がさらに錯綜《さくそう》し始めている。

L・カール・ブラウンのこの著作は、ソ連が崩壊する前の米ソ冷戦期に書かれた。この著作の中で具体的に論じているのは中央アジアのことだが、当時、中央アジアはソ連という連邦の枠内に完全に組み込まれた地域だったので、外側の地域が影響力を行使し合うような場ではもうないと述べている。中央アジアの諸共和国は完全にソ連という国家に押さえつけられ、「同化」され、「吸収」されてしまった国々という表現で、「浸透」とは異なると指摘している。

〔……〕外部からの浸透の徹底した政治体系というものは、外部からの侵入者によって完全に吸い込まれるものでもなく、また外部者による窒息しそうなきつい抱擁から後になって解放されるといったものでもない。(8)

非常に中途半端な状態、それが現在の中東の政治を規定している。同時に、外側からの影響が非常に強いという時、それを逆にその内側から見ると、中東の内部の政治主体が外部からの影響に対して、かなり恣意的にその外部勢力を利用できることも意味することになる。だからこそ、さらに分かりにくくなるのである。完全に従属しているわけではなく、場合によっては外側の勢力を利用するかたちで展開していく。今のシリアの状況を見ても、ロシアが完全に牛耳っているかというとそうではない。アサド政権や、イランの革命防衛隊やレバノンのヒズブッラー等の他国の意向がかなり反映されており、ロシアだけでは決して何もできない。アメリカも有志連合というかたちで、空爆をIS（イスラーム国、ダーイシュ）に対して行なったが、これも現地のイラクやシリアといった諸国家やクルド人の武装組織ペシュメルガ（クルド語で「死に立ち向かう者」の意味）といった諸勢力の協力がなければうまく機能しなかった。

このように、中東地域内の諸政治主体が、外側の影響から距離を置いたかたちで動ける余地があるということが、紛争をより複雑にしている。つまり完全に外側の大国の代理人としてだけ動いているわけではなく、「親分・子分」（パトロン・クライアント）の関係において、「子分」の方がかなり恣意的にかつ身勝手に動いているのだ。「親分」の利益をそのまま代表するのではなく、「子分」の方が分け前を取って堂々と「親分」に対して反旗を翻している部分もある。中東が非常に分かりにくいのはそこに最大の要因がある。

このように、外側と内側の要因を画然と切り分けることができないのが現在の中東情勢であり、一九世紀以来そういった状態が続いていると、L・カール・ブラウンは論じている。『国際政治と中東』の副題「旧い支配、危険なゲーム」（Old Rules, Dangerous Game）を見ても分かるように、旧い紛争のあり方が利用されながら、それぞれの地域、国々、あるいは運動体が非常に危ういことをやっている。安定的な構造が崩れて、いつ火を噴くのか分からない火山のような状態だと指摘しているのである。

「中東」を考えるための四つの前提

中東は現在に至るまで非常に混乱している状態であるが、どのような歴史的背景を持っているかということを頭の中に入れた上で考えていく必要がある。（1）前近代における帝国の遺産、（2）ヨーロッパ覇権以前の「浸透」、（3）ヨーロッパによる植民地化の影響、（4）中東紛争の原型としての「東方問題」、という四点のポイントを挙げる。

（1）前近代における帝国の遺産

前近代のアラブやトルコ（そしてバルカン）の諸地域、あるいは西アジアにおいて考えるべきことは、地中海の三分の二に近い地域が四世紀近くオスマン帝国（一二九九―一九二二年）に支配されていたということだ。一方でオスマン朝よりも東の地域、現在のイラン、アフガニスタンの地域には、サファヴィー朝（一五〇一―一七三六年）という大きな王朝があった。その後、カージャール朝（一七七九―一九二五年：ガージャール朝（Qajar Dynasty）。アラビア語のQの文字の音は「カー」だが、ペルシア語ではしばしば濁って「ガー」になる）、そして第一次世界大戦後にパフラヴィー朝（一九二五―一九七九年）が興り、一九七九年のイラン革命まで続くのである。

これらの帝国は同じイスラームの王朝だが、オスマン帝国はスンナ派であり、それに対してサファヴィー朝以来、イランはシーア派である。この伝統がずっと続き、現在でもスンナ派とシーア派の問題がクローズアップされている。現在のスンナ派の大国と言えばサウジアラビアであり、シーア派の大国はイランである。この二国の宗派間の対立も前近代からの流れの中で考えていく必要があるのだ。つまりイスラームの問題は、オスマン朝におけるイスラームのあり方（スンナ派）、あるいはサファヴィー朝からカージャール朝にかけてのイランのイスラームのあり方（シーア派）が現在に影響を与えているという観点からも見ていく必要がある。

また、イスラーム王朝の伝統は直接支配ではなく間接支配である。中央政府が直接それぞれの地域を治めるのではなく、総督というかたちで代理人を置いて支配させるという手法をとっていることが特徴だ。このような統治形態は近代になってヨーロッパで生まれた国民国家的な考え方とは異なる。国家内には様々な要素が数多くあり、その上に帝国が傘のように被《かぶ》さっているだけで、その傘の下ではそれぞれの共同体が税金さえ払えばあとは勝手にやっていい、というかたちである。これが帝国の特徴として挙げられる。国民国家のように、ある一つの価値で一元化することはしなかった。イスラームの原則に基づいてそのような緩やかな支配のあり方になっていたのである。これが前近代において大変に大きな影響力を持ったイスラーム王朝の特徴である。

見方を変えれば、主権国家あるいは国民国家を発展させてきたヨーロッパの国々と遭遇した時に、イスラーム帝国が簡単に崩壊してしまった原因もそこにあると言うこともできる。つまりイスラーム帝国はバラバラな内部構造の上にイスラームという覆いを被せてあるだけなので、外側の勢力がその内部のバラバラの一部と手を組んだりすると、簡単に崩れてしまうようなモザイク状の国家の構造であったのだ。このような特徴が現在の中東の不安定さを作り出したとも言える。

(2) ヨーロッパ覇権以前の「浸透」

フランスの歴史学者フェルナン・ブローデル（一九〇二―八五年）は「地中海」という観点を前面に押し出した。ブローデルが若き日の二〇歳代にフランスの北アフリカ植民地アルジェリアで教鞭《きょうべん》を執ったことが、地中海への関心を生み出したと言われている。そもそも、内海である地中海という「場」から考えると、中東もヨーロッパも一つの地域とみなすこともできる。その歴史を見れば一目瞭然だ。ローマ帝国がまさに地中海世界を形成し、当時は北アフリカも西アジアのレヴァントもアナトリアも、そしてヨーロッパも同じ地域として包括されていた。それが七世紀になりイスラームが登場すると、預言者ムハンマドが率いた軍隊がその領域をどんどんと拡大していき、その死後も領土的な拡大は続き、地中海の南側と東側の様相を変えてしまった、ということになる。このように地中海という場を介して考えると、中東はヨーロッパとは切り離して考えることはできない。それが中東を考える際に近現代になってから厄介な問題として浮上することになる。

中東地域が歴史的にL・カール・ブラウンの言うところの「外部からの浸透の徹底した政治体系」であるのは、中東が「地中海」という海域世界の一部を形成しており、ヨーロッパとは独立にその「場」が機能することはないということを意味している。ローマ帝国時代から十字軍を経て現在に至るまでの歴史を通じて、その基本的な構造はまったく変わっていないし、むしろ近代以降は、「東方問題」(後述)を通して国内・地域・国際という三つのレベルにおける相互浸透を認識する必要がある。例えば、エジプトのアレクサンドリアをとってみると、一九世紀以来、ヨーロッパからの移民がたくさん暮らしており、この都市自体はヨーロッパの一部分として機能しているところさえある。さらにもっと広げて、北アフリカ地域全体で見ても同じようなことが言える。さらに、その上層の中東地域全体の国際関係のレベルにおいても同じことが言える。このようにレベルを変えて重層的な諸地域のあり方を見ても、相互に浸透した構造があることを認識する必要がある。

ところで、アメリカの研究者ジャネット・L・アブー＝ルゴド（一九二八―二〇一三年）は『ヨーロッパ覇権以前――もうひとつの世界システム』という著作で、世界が一体化する時期をいつとするのかを議論の対象としている。(9) 彼女自身はユダヤ人であるが、イブラーヒーム・アブー＝ルゴド（一九二九―二〇〇一年）というジョージタウン大学のパレスチナ人研究者と結婚した。パレスチナ人とアメリカ系ユダヤ人が結婚したという非常にめずらしい例だ。ジャネット自身は晩年、ハンナ・アーレントやフランクフルト学派などの亡命者も教鞭を執っていたニューヨークのニュースクールの名誉教授となった。ジャネットの娘はライラと言い、人類学を専攻するライラも中東におけるフェミニズム運動の研究者としてよく知られている。

さて、世界が一体化した時期は、一般的には大航海時代と言われている。スペインやポルトガルが次々と領土を広げた時代で、日本では南蛮貿易が盛んな頃、つまり安土・桃山時代である。通常、この時期が「世界史」の成立と捉えられている。しかし、ジャネットはもっと以前だと主張している。その根拠として持ち出したのがモンゴルの支配である。モンゴルの支配が世界の「一体化」を果たしたのだという。ただし、

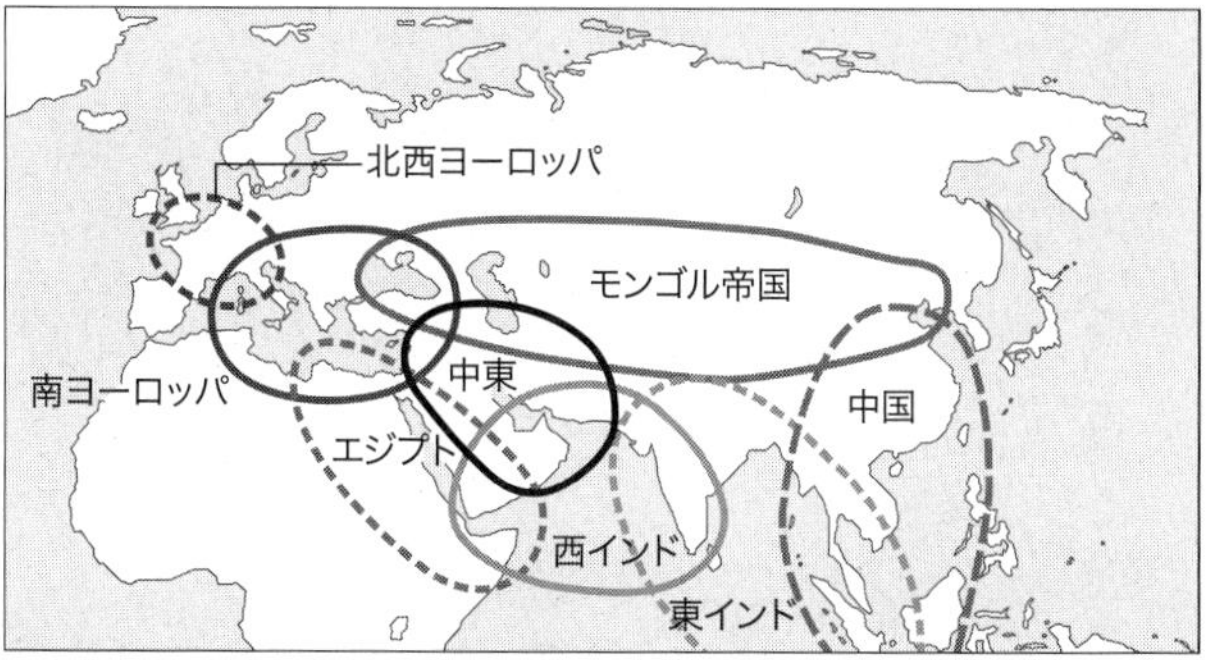

図1-2　13世紀の「前近代世界システム」における地域的重層性（ジャネット・L・アブー＝ルゴド『ヨーロッパ覇権以前――もうひとつの世界システム』〈佐藤次高ほか訳、岩波書店、2001年〉をもとに作成）

それはイマニュエル・ウォーラーステイン（一九三〇―二〇一九年）による一六世紀の「近代世界システム」の形成に先立つ一三世紀に「前近代世界システム」が成立して、それぞれの地域圏（地域経済圏）が有機的につながったという意味において、ということである。

ジャネットはそれぞれの地域が接続され、相互依存しながら貿易路が完成されていると考えた。一三世紀における交易圏（貿易圏）を考えると、今の我々の考える中東とは異なるが、当時の「中東」はほぼすべての地域と重なっている［図1-2］。ほぼすべての貿易圏と重なるということは、言い方を変えると、「中心」であるということだ。すべての世界における中心が「中東」であるということになる。「中東」が中継地点、ネットワークのハブ(拠点)にあたる。そこからどんどん広がってシステムを作り上げていった。それが一三世紀であるというのが彼女の主張だ。

ところで、ジャネット・L・アブー＝ルゴドの「前近代世界システム」に関連して、前近代から中東地域と中国を中心とする東アジアを結びつけてきた交易路としては、「草原の道」と「海の道」（「陶磁の道」と呼ばれたりもする）がある。むしろドイツの地理学者フェルディナント・フォン・リヒトホーフェン（一八三三―一九〇五年）が命名したように、前者を「シルクロード」、後者を「海のシルクロード」と呼ぶ方が、NHKの番組などを通じて一般的にはよく知られている。これらのルートはシルクや陶磁の道と称されるように、絹、陶磁器、香辛料などが中国からイスラーム世界へと運ばれた。とくに、「海の道」の起点である福建省の泉州（この港市はイブン・バットゥータなども訪れ、アラビア語でオリーブを意味する「ザイトゥーン」と呼ばれた）からインド洋を経て地中海に達するこのルートではムスリム商人の活躍が著しかった。

インド洋の覇権をめぐってはオマーン海洋帝国についても少し触れないわけにはいかないだろう。オマーンは一六五〇年にはポルトガルを駆逐して独立し、一九世紀中ごろまで東アフリカのザンジバル（現在のタンザニア東海岸にある島で、ザンジュ（黒）という単語の起源に関しては諸説あるようだが、中世ペルシア語で「黒い海岸」〈ザンジュ＋バール〉の意味だとされる）をも領有してインド洋貿易で海洋帝国を形成していたのである。一七世紀における西インド洋をめぐるポルトガルとオスマン帝国の両勢力の争いのはざまで漁夫の利を得て発展し、その最盛期を築いたのがスルターン・サイイド・サイード（在位一八〇六年—五六年）であった（「スルターン」はアラビア語でスンナ派の「政治権力者」を意味し、トルコ語では「スルタン」と表記される）。

中東は外側からの影響を切り離すことができないというのは、以上のような意味においてである。つまり、ありとあらゆる地域の要素が入り込んできているのである。

(3) ヨーロッパによる植民地化の影響

かつてのオスマン朝時代には中東が世界の中心であったがゆえに、ヨーロッパが産業革命以降、生産力をどんどん伸ばしていき、軍事力においても圧倒的優位に立った時に、最初に餌食になったのも中東であった。中東は地中海を挟んだヨーロッパの隣接地域なので、簡単にヨーロッパ列強の軍隊が派遣され、次々と植民地化されて、帝国そのものが崩壊していったのだ。

植民地化の過程を西から見ていくと、北アフリカではモロッコの一部がスペイン領、モロッコの大部分、アルジェリア、チュニジアがフランス領、リビアがイタリア領になった。エジプト、スーダン、パレスチナ、ヨルダン、そしてイエメンからオマーンにかけて、さらにはアラブ首長国連邦、クウェート、イラクといった国々はすべてイギリスの植民地になっていった。フランス、スペイン、イタリアはそのまま地中海を南下して北アフリカの植民地化を果たしているが、イギリスがこれらの地域を確保しているのは、本章冒頭でも触れたように、「インドへの道」のためである。陸路においては、イラク・イラン経由でのルートを確保し、スエズ運河経由で向かう場合は紅海からインド洋に抜ける場所、いわゆるジブラルタル、スエズやイスマーイーリーヤ、アデンといった港市を確保することは、「インドへの道」という観点からは自然なことであったと言える。

イランが植民地化されなかった理由は、イギリスとロシアという大国のはざまにあったためだ。帝国主義諸国がどんどん植民地を拡大していった一九世紀末から二〇世紀初頭にかけて、大国同士がぶつかった時、クッションとして緩衝地帯の役割をする地域が必要であった。イランはそうした緩衝地帯であったために独立を保つことができたのだ。イランやアフガニスタンをめぐるイギリスとロシアの争いは、通常歴史学の用語で「グレート・ゲーム」と言われる［図1−3］。この「グレート・ゲーム」は一九〇七年の英露協商の締結によって解消し、これ以降、英仏露の三国協商と独墺伊の三国同盟の対立という新たな時代に入り、第一次世界大戦への道が用意されることになる。また同じように、東南アジアでもタイが唯一独立国としての位置を維持した。タイは、インドシナを確保していたフランスと、英領インドというかたちで今のミャンマー（ビルマ）の一部まで確保していたイギリスがぶつかり合う緩衝地帯だった。

このようなはざまにある国家を「緩衝国家」(buffer state)と言う。

トルコの場合、オスマン帝国という伝統の上にケマル・アタテュルクが一九二三年にトルコ共和国を樹立し、独立国家を維持した。独立を保つことができた点で似ているということで、一九五〇年代に日本とトルコの近代化の比較がしきりに行なわれた。

このように植民地化の状況も、中東の近現代史を考える際に大きな問題となる。

"SAVE ME FROM MY FRIENDS!"

図1-3　アフガニスタンをめぐるイギリス（ライオン）とロシア（熊）のグレート・ゲームを描いた諷刺画（イギリス『パンチ』誌、1878年11月30日）

（4）中東紛争の原型としての「東方問題」

「東方問題」(The Eastern Question)とは、主に一九世紀のオスマン帝国領をめぐるヨーロッパ諸列強の外交紛争のことを指す。同時にオスマン帝国の側から見れば、諸列強の介入による帝国内の宗教・宗派紛争の扇動であり、代理戦争の様相を呈した。したがって、「東方問題」こそが「外部からの浸透の徹底した政治体系」の原型となる。

本書第7章で詳しく見るが、一九五〇年代

から六〇年代にアラブ世界の中で「冷戦」が起こったとしばしば言われる。この「アラブ冷戦」（Arab Cold War）は、いわゆるアメリカ対ソ連、資本主義対社会主義、あるいは自由主義対共産主義といったようなイデオロギーの対立ではない。中東の中でアラブ・ナショナリズムを掲げる世俗的な国家群とそれに対する諸王朝との対立があり、中東独自の論理で対立していたのだ。その上に米ソ冷戦が乗っかったかたちを新しい「東方問題」だと言ったのが、先述のL・カール・ブラウンである。

現在の二一世紀の新たな政治状況は、アメリカが中東から撤退しつつあり、影響力をどんどんなくしつつある中で、新たにロシアが入ってきていることに特徴がある。どの国も独り勝ちできず、しかし地域独自の論理で事態が進んでいる。これはまさに「東方問題」的状況であるということで、新々「東方問題」という考え方も出てきている。

元々の東方問題、つまり一九世紀を中心とする東方問題の一番の主役はロシアであった。ロシアの南下とオスマン帝国の争いが基軸にあり、それに対してヨーロッパ諸列強がオスマン帝国領をめぐって争う代理戦争的な様相だったのである。ソ連の崩壊後、ロシアはしばらく外交的レベルにおいては中東での影響力をなくしていたが、二一世紀に入ってプーチン大統領の時代になると、様々なかたちで国際的な展開を始め、シリア内戦で再びロシアが中東地域政治に登場する。これにより新たな東方問題が生まれてきたのだ。まさに歴史は繰り返している。

同じことが繰り返されるということは、見方を変えると、中東で起こる紛争にはある種の一貫性があるとも言える。紛争の要因は、常に「東方問題」的状況ということになる。

東西対立の歴史を体現する「東方問題」

二〇一一年に出版された研究書で『中東は存在するのか？――地政学的概念の進化[10]』という書物がある。「中東」という考え方がどのように出てきたのかについて行なったシンポジウムをまとめた論文集だ。「東方問題」に関する説明の中で次のような表現がある。

一九世紀初頭、「東方問題」という用語は、ポーランド、マケドニア、コーカサスを含む東ヨーロッパで起こった、ほとんどすべての紛争に対して総称的に適用されていた[11]。

ポーランド、マケドニア、コーカサスはオスマン帝国の周辺国にあたるので、オスマン帝国が関わっていることは間違いない。西側に位置するヨーロッパの人たちから見た場合、それは「東」（オリエント）の問題ということになる。ただし、「東」がどこにあたるのか、時期によって異なるのである。

しかし、一九世紀末になるとヨーロッパとオリエントの間の広範にわたる対立の文脈において、東方問題の範囲はユーラシアのすべての地域に拡大され、「東方問題のアフガニスタン的局面」といったようなかたちをとるようになった[12]。「東」（オリエント）の範囲がもっと広がり、ユーラシア大陸すべてを含むようになる。その中で、ロシアとイギリスが争っていたアフガニスタンの問題も、東方問題の一環であるという考え方も出てくる。

さらにこの問題が拡大されていき、「欧米」といった表現に代表されるように、ヨーロッパからの移民によって作られた国アメリカでも、同じような発想が出てくることになる。

アメリカ人でさえも、米日関係に言及する時に「われわれの東方問題」として自分たちの「西方」での紛争を描写した[13]。

アメリカから見れば日本は太平洋を隔てて西側であって、「東方」であるはずがない。アメリカ人も要するにヨーロッパ経由、ヨーロッパの目線で日本を見ているということである。例えば、ＦＥＮ（Far East Network）という駐日米軍のラジオ放送の「極東」という名称に典型的に表れている。大西洋を越えてぐるりとユーラシア大陸を回って西方から東方の日本を見ているのである。地理的に言えば、太平洋を越えて西向きに見た方が近いし、そうすると日本は西方にあたるのだが、そうは言わない。日付変更線に代表されるように、太平洋の中央部に世界を東西に分ける東西一八〇度の経線が引かれているのである。アメリカはヨーロッパが問題にしている「東方問題」と同様の問題として、日米関係を描写していたということになる。本章の冒頭で述べた、日本の開国の問題や、中国市場をめぐるアメリカの権益問題も、アメリカは「東方問題」的発想で見ていたということである。

ヴィクトール・デュリュイは一八七八年に全体像を振り返って、東方問題の三つの中核的焦点としてコンスタンティノープル、中央アジア、太平洋を挙げた(14)。

コンスタンティノープルは、オスマン帝国の問題である。中央アジアはイラン、アフガニスタンをめぐるイギリスとロシアの「グレート・ゲーム」の問題である。そしてもう一つは太平洋の問題である。南側からイギリス、フランス、オランダという国々が向かい、さらに一九世紀末になるとアメリカが、フィリピンをスペインから奪って領有し、太平洋の主役になっていく。引用に登場するヴィクトール・デュリュイ(一八一一―九四年)はフランスの歴史家で、ローマ史に関する著作を上梓《じょうし》してナポレオン三世に認められて公教育大臣にまで出世した人物である。そのお抱え歴史家デュリュイが「東方問題」はそのような三つの面があると指摘したのだ。すべて同様に「東方問題」と曖昧な表現が使われているが、局面としては、オスマン帝国、アフガニスタンやイランをめぐる英露関係、アメリカ、イギリス、フランスを主役とする日本、中国をめぐる太平洋での争いを指している。

キリスト教対イスラームという宗教的レベルの対立において考える場合、「東方問題」を特殊な文脈で解釈することもある。終末論的キリスト教徒の中には、イスラーム国家であるオスマン帝国の崩壊を世界最終戦争(ハルマゲドン)の到来の兆しであるとして言及する者もいた。彼らにとっては、それは聖典にあらかじめ語られ、預言の実現を示す神の摂理の問題なのだ。いわゆる俗に言うところの「キリスト教原理主義」と呼ばれる人たちの発想である。つまり聖書に記述された聖地、聖書に書かれた預言が実現される場としての「東方」であり、この場合はパレスチナということになる。

終末論的キリスト教徒は、いわゆる「千年王国」論を信じている人たちである。『旧約聖書』の「ダニエル書」に、キリストと悪魔（サタン）によるハルマゲドンが起こり、キリストが勝利を収めると至福の千年がやってくるという記述がある。ハルマゲドンは、ヘブライ語の表現では「ハル・メギド」（メギド山）と言う。メギド山というパレスチナ（現在のイスラエル）の北部にある山の上の天空でキリストとサタンが最終戦争を戦うという話があり、中東はこのハルマゲドンが起こる場所としての位置づけとなる。オスマン帝国というイスラーム国家は、熱狂的なキリスト教徒から見ればサタンを代表するものであり、その崩壊はまさにハルマゲドンであるという解釈が出てきたのである。

このように「東方問題」的な発想は様々なところにまで波及している。東方問題の範囲や歴史的深さに関する見方は、単にオスマン帝国をめぐるヨーロッパ諸列強間の対立から、どこに出発点があるか分からない二つの敵対的な「世界」の実存的な紛争にまで広がっている。東方問題について古典的な研究を行なったジョン・マリオット（一八五九―一九四五年）は、一九四〇年に「有史以来、ヨーロッパは「東方問題」に直面してきた」とまで述べている。[15] 大変大げさな表現であるが、ローマ帝国とヘレニズム諸王朝、もっと遡ればペルシア戦争（ギリシアとペルシアの争い）まで「東」（オリエント）と「西」（オクシデント）の戦いを辿り、「東方問題」は古くから存在し、キリスト教とイスラームの争いはその中の一つの局面に過ぎない、という解釈をしている。中東を考える際、このように「文明間の衝突」のような東西対立の歴史的文脈から現在を捉える歴史家もいることはたしかなのである。

「中東」とは何か？

ところで、「中東」(the Middle East) とは一体どこを指すのか？ これまできちんと定義あるいは説明することもなく、またカギ括弧を付けたり付けなかったりして「中東」や中東という地域概念を自由自在に使用してきたが、ここでまとめて考えてみることにしたい。結論的には、「中東」は具体的な特定の場所の地名ではなく、東西という方位、中東・近東・極東といった遠近あるいは距離の概念が組み合わされて、様々な描かれ方があるということなのである。

「中東」を“Middle East”という英語で表現した時は、現在では（第二次世界大戦後という意味であるが）、エジプト、スーダン、アフリカの角《つの》と言われるソマリアを含む地域からトルコ、イラン、アフガニスタンまでを含めた範囲、つまりサハラ砂漠以北の北アフリカと西アジアを含む地域を指すことが一般的である。

ただ、フランス語の地域名の範囲は英語のそれとは必ずしも一致していない。フランス語では「近東」(le Proche Orient) と「中東」(le Moyen Orient) との組み合わせの使用法が圧倒的である。「近東」がトルコ、エジプト、シリア、パレスチナ／イスラエルの東地中海岸の国々を指し、「中東」が「近東」よりも東側のイラク、ヨルダン、アラビア半島の国々、そしてイラン・アフガニスタンを指す場合が多い。これを合わせて「中近東」(le Proche et le Moyen Orient あるいは le Proche-Orient et le Moyen-Orient) と呼ぶ場合もある。「レヴァント」(le Levant) は、シリア、レバノン、パレスチナ／イスラエルの東地中海岸地域を指すことが一般的である。

現在の英語圏で米ソ冷戦後によく使用されているのはむしろ「中東・北アフリカ」(Middle East & North Africa：略してＭＥＮＡ) という表現で、西アジアと北アフリカまでを含めている。北アフリカはヨーロッパから見ると南であり、決して東ではないが、にもかかわらず、場合によっては「中東」に含めることもあるのは、北アフリカがアラビア語の話されている地域だからだ。先ほど述べた文明論的な対立としての「東方問題」の文脈である。地理的には南にあろうと地政学的には「東」という解釈になる。

ヨーロッパよりも西側に位置するモロッコ（モロッコのアラビア語の名称〈マグレブ〉の語源は「日の没するところ」すなわち「西」）を含むアラブ世界がヨーロッパ世界から見て「東方」と呼ばれているのも、まったく同じ理由からである（ただし、一般的にはマグリブはオスマン帝国領でありながら「東方問題」の対象には入っていない）。

以上の議論はともかくとして、具体的に、オスマン帝国を正面に据えて、「近東」(Near East)、「中東」(Middle East)、「中近東」(Near and Middle East) という、用語の中に「東」(East) を含む地域名称を時期にしたがって整理してみよう。この場合の時期区分の基準は三つの大きな戦争、すなわち、第一次世界大戦、第二次世界大戦、そして米ソ冷戦の終焉（ソ連の崩壊）である。この三つの戦争によって、特定の国家がその勝敗によって滅びたり、生まれたりして国境線の変更を伴うからである。

まず、第一の第一次世界大戦前の時期である。二〇世紀初頭の第一次世界大戦までのオスマン帝国末期においては、「近東」は北アフリカを除く東アラブ地域およびバルカン半島の一部を含むオスマン帝国領を指し、また「中東」は一九〇七年の英露協商まで「グレート・ゲーム」としてイギリスとロシアが争ったイランとアフガニスタン、部分的に中央アジア、さらにはアラビア半島のアラビア湾、ペルシア湾一帯のことを指した。そのさらに東側に英領インドがあり、インドよりもっと東方である現在の東アジア、東南アジアと呼ばれている地域を「極東」と呼んだ。

この時期の厳密かつ狭い意味での「中東」という用語に関しては、イランとアフガニスタンをめぐる英露間の争いが激しい時期、アメリカの軍事史研究家アルフレッド・マハン（一八四〇—一九一四年）が一九〇二年に発表した論文「ペルシア湾と国際関係」において、この紛争地域を「中東」と呼んだことに端を発するのである。

第二の時期は両大戦間期である。第一次世界大戦でオスマン帝国が滅ぶと、オスマン帝国を規準とした近東という用語だけでは意味をなさなくなった。したがって、中東まで含めて「中近東」という用語が生まれた。特に、日本はこの両大戦間期にこの地域と関係を持ち始めたので（この時期にイスタンブルやアレクサンドリアに日本の領事館が置かれる）、中近東という表現が今でも人口に膾炙《かいしゃ》している。したがって、多くの日本人は近東、中東、中近東の区別がつかない（あるいは混同して使っている）のが現状である。

そして第三の時期として、第二次世界大戦で中東という地域概念が戦時中、戦略的に使用されるようになった。第二次世界大戦中にイギリス軍がエジプトのカイロに「中東司令部」（the Middle East Command）を置き、ナチス・ドイツとイタリア・ファシストに対抗するために防衛の範囲を決めた。それが現在の「中東」の範囲になっていったと言われている（マグレブ三国はヴィシー政権下のフランス領であり、リビアはイタリア領であり、枢軸側の植民地だったので例外として扱われる）。つまり「中東」は元々軍事的な用語として生まれたということになるのである。戦後、中東は地理的には西アジアと北アフリカを含む地域として使用されるようになり、近東と中近東という用語もそのまま残り、より一層用語が混乱して使われるようになる。

中東、近東、中近東の相違は、先ほどから「東方問題」を中心に説明してきたが、

表１－１地域名称の時代別の変遷とその範囲

時代	名称	範囲
19世紀 ～第一次世界大戦	近東	・旧オスマン帝国領 （アナトリア〈小アジア〉、シリア、 メソポタミア、アラビア半島、 バルカン地域）
	中東	・イラン ・アフガニスタン ・ペルシア湾
第一次世界大戦 ～第二次世界大戦 （大戦間期）	中近東	・旧オスマン帝国領（バルカン地域を除く） ・イラン ・アフガニスタン
第二次世界大戦 以後	中東	・アラブ地域（西アジア＋北アフリカ） ・トルコ ・イラン ・アフガニスタン

歴史的に非常に根が深い問題を孕《はら》んでいる。現代の研究者は「東」とはどこか？　という禅問答と言ってもよいような議論をしているのであるが、これまでの説明を分かりやすく整理する［表１－１］。

しかし、一九九一年にソ連が崩壊すると、それに伴って中央アジア・南（外）カフカース（コーカサス）地域において諸共和国が独立し、中東の概念が広がることになる。「チュルク語圏」の部分が旧ソ連の諸共和国であり、この部分を「中東」として位置づけるか否かという議論が冷戦後に出た。「チュルク語圏」とはトルコ語の方言を話す人々が住む地域なので、中東に入れるべきだという理由からである。

「〜スタン」(ペルシア語で「〜の住む場所」の意味) という語がつく共和国の多くはチュルク系諸民族の国々であり、チュルク諸語の話者はほとんどがムスリムである。その結果、中東に中央アジア・南カフカース (コーカサス) を加える場合があり「大中東」(Grater Middle East)、「拡大中東」(Expanded Middle East)、「メガロ中東」などといった表現が出てきたが、結局は立ち消えになっている。中央アジア諸国に対するトルコ共和国の影響力は米ソ冷戦直後に比べて現在ではそれほど大きくなく、中東の地域概念には中央アジアは含まないという方向で今では議論が進んでいるようである。一緒に「中東」として語るにはあまりにも乱暴だという認識から、最近では先ほど挙げた中東・北アフリカ (MENA) のように、両地域をセットで「中東・中央アジア」(Middle East & Central Asia) と呼んでいる研究者もいる (例えば、邦訳もある人類学者のデイル・アイケルマンは米ソ冷戦終焉後、改訂版を出して『中東——人類学的考察』[16] という書名から『中東・中央アジア』[17] というように中央アジアを含めた書名に改めた)。

現代中東のカテゴリー——言語文化圏、イスラーム世界

近東・中東・中近東という地域概念の変遷を見たところで、今度は言語文化圏という観点からこの地域を見てみよう。現代中東は三つの言語文化圏から成っている [表1-2]。現在の中東研究者は、言語が話されている地域に基づいて、アラビア語が

表1-2　中東における3大言語文化圏

言語	系統	文化圏
アラビア語	セム語系（ヘブライ語やエチオピアのアムハラ語、古代のアッシリア語、シュメール語など楔形文字の言語も含む）	アラビア語文化圏（アラブ世界～西はモロッコから東はイラクまで）
トルコ語	ウラル・アルタイ語系（ウズベク語、カザフ語、ウイグル語などチュルク系言語を含む）	アルタイ語文化圏（中央アジアなど）
ペルシア語	インド・ヨーロッパ（印欧）語系（サンスクリット語やヨーロッパ諸語）	ペルシア語文化圏（イランやアフガニスタン〈ダリー語〉）

話されているアラビア（アラブ）語圏、トルコ語（および、その方言であるチュルク系諸語）が話されているトルコ（チュルク）語圏、そしてペルシア語が話されているペルシア語圏（イラン・アフガニスタン）という三つの語圏が中東という地域を形成しているという見方である。それよりも外側の、より広い範囲に位置づけられるのがイスラーム教徒の世界（ムスリム世界あるいはイスラーム世界）である［図1-4］。

アラビア語が話されている地域をアラビア語圏とするならば、アラビア半島から北アフリカまでが含まれていることになり、これを中東の一部とすることになる。トルコ語圏になると、末尾に「～スタン」と付く国々が中央アジアからさらにはシベリアのあたりまで広がっている。チュルク語圏はその話者がそれほど多く住んでいない地域もあるから色塗りをすると広範囲に

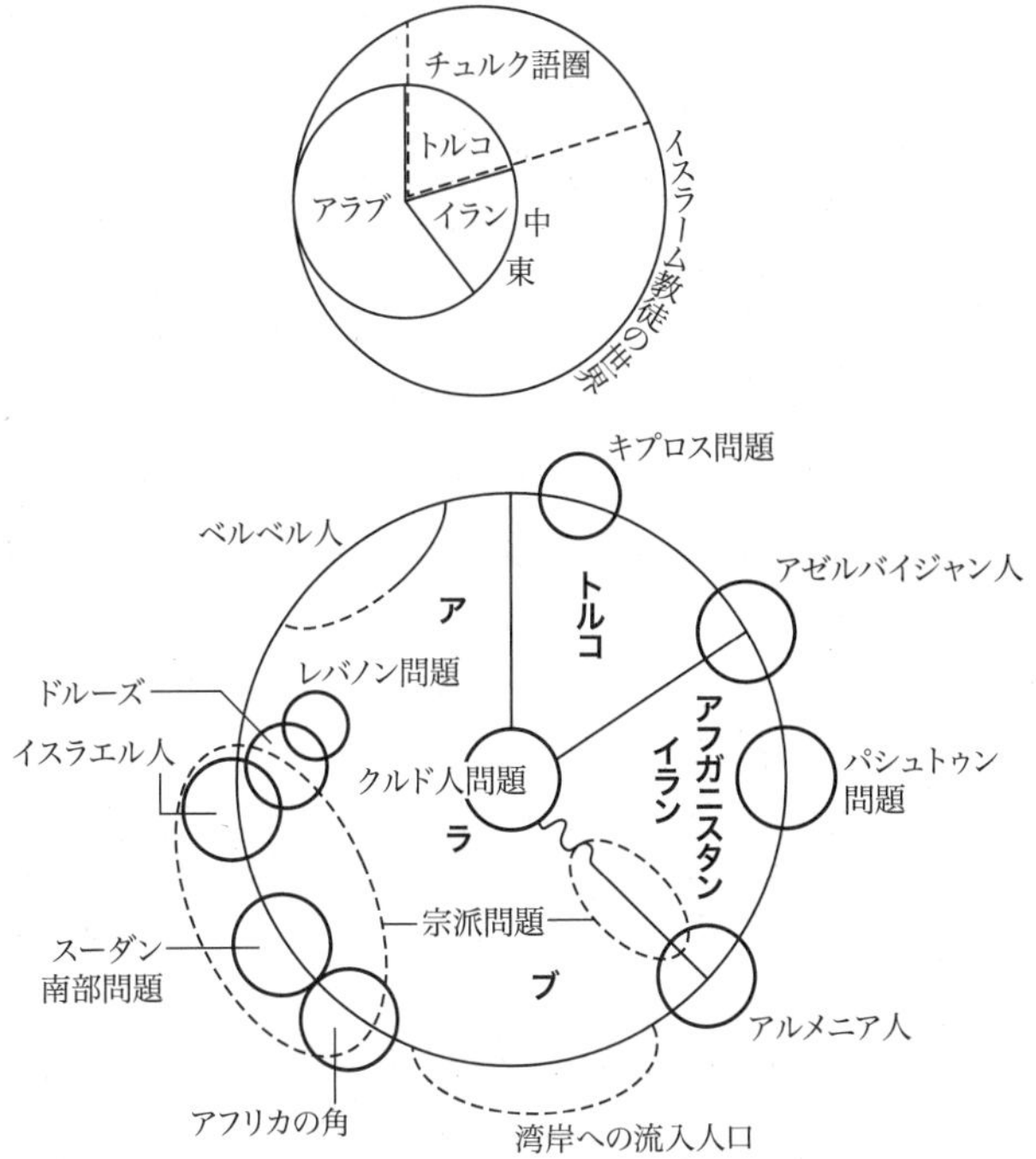

図1-4　中東構成の図式（1980年当時）（永井道雄監修、板垣雄三編『新・中東ハンドブック』〈講談社、1992年〉をもとに作成）

見えるが、実際にはすべてがチュルク語話者というわけではない（例えば、ヤクートという言葉を話す地域は色分けすると大変広範囲な地域となるが、人口はごく少数である）。そしてペルシア語が話されているペルシア語圏が、イランからアフガニスタン、さらにタジキスタンまでとなる。

アラビア語圏、トルコ語圏、ペルシア語圏という三つの言語圏の分け方をしたが、それよりも大きな地域カテゴリーとしてあるのが、「イスラーム世界」あるいは「ムスリム世界」という地域概念である。イスラーム協力機構（ＯＩＣ）というイスラーム諸国の政治協力、連帯強化、解放運動の支援を目的とする国際機関があり、加盟国五七ヶ国、オブザーバー五ヶ国、八組織（国連など）で構成されている。中東よりも広い地域となり、東南アジアまで含まれている。

ただし、ＯＩＣはイスラーム的なカテゴリーの文脈では少々問題がある。加盟条件としてムスリムが大多数を占めることを条件としておらず、ある程度のムスリム人口を抱えているだけでも、外相会議での審査で承認されれば加盟できるからである。ムスリムが多数派を占める国はほとんど参加しているものの、ムスリム比率が三割程のエチオピアとタンザニアが加盟していない。

ムスリム人口の絶対数が多い国ではインド（約一億六〇九五万人）や中国（約二一六七万人）があるが、この二ヶ国も加盟していない。逆にムスリム比率のきわめて低い国では、ガボン、ウガンダ、スリナム、ガイアナなどがあるが、こんな人口規模の小さな国まで加盟している（それぞれ全人口の一〇%を超える程度）。このようにイスラーム協力機構はイスラーム的にはさほど厳密なものではなく、加盟したいと手を挙げた国にはどうぞ入ってください、という非常に緩やかな加盟条件の国際機関なのである。それにもかかわらず、人口的に非常に多いインドが入っていないのは、ヒンドゥー教が圧倒的に多いインドにおいて、ムスリムの人口が一億人を超えていても全人口の一三%強に過ぎないからである。

二〇〇九年のピュー研究所の統計に基づいて、国ごとのムスリム人口と割合を見ていくと、インドネシア（約二億二八七七万人、八八・二%）、パキスタン（約一億七四〇八万人、九六・三%）、インド（約一億六〇九五万人、一三・四%）、バングラデシュ（約一億四五三二万人、八九・六%）という南アジア、東南アジアの国々がトップ4を占める［表1-3］。いわゆる中東の国は五位以降にようやくエジプト（約七八五一万人、九四・六%）が入り、七位にイラン（約七三七八万人、九九・四%）、八位にトルコ（約七三六二万人、約九八%）が入ってくる。アフリカで最もムスリム人口の多い国であるナイジェリア（約七八〇六万人、五〇・四%）は、イラン、トルコを抜いて六位にランクインしている。ナイジェリアのムスリム人口の約半数がナイジェリアの北部に住んでいる人たちである。

表1-3　国別のムスリム人口ランキング（Pew Research Center, Interactive Data Table: World Muslim Population by Country (http://www.pewresearch.org/chart/interactive-data-table-world-muslim-population-by-country) をもとに作成）

順位	国名	人口（人）	ムスリム比率（%）
1	インドネシア	202,867,000	88.2
2	パキスタン	174,082,000	96.3
3	インド	160,945,000	13.4
4	バングラデシュ	145,312,000	89.6
5	エジプト	78,513,000	94.6
6	ナイジェリア	78,056,000	50.4
7	イラン	73,777,000	99.4
8	トルコ	73,619,000	約98
9	アルジェリア	34,199,000	98.0
10	モロッコ	31,993,000	約99
11	イラク	30,428,000	約99
12	スーダン	30,121,000	71.3
13	アフガニスタン	28,072,000	99.7
14	エチオピア	28,063,000	33.9
15	ウズベキスタン	26,469,000	96.3
16	サウジアラビア	24,949,000	約97
17	イエメン	23,363,000	99.1
18	中国	21,667,000	1.6
19	シリア	20,196,000	92.2
20	マレーシア	16,581,000	60.4
21	ロシア	16,482,000	11.7
22	ニジェール	15,075,000	98.6
23	タンザニア	13,218,000	30.2
24	マリ	12,040,000	92.5
25	セネガル	12,028,000	96.0
26	チュニジア	10,216,000	99.5

ここで最も注目すべき点はやはりインドである。この人口統計から見ると、インドはムスリム人口比率では一三％強に過ぎないが、一億六〇〇〇万人を超え、バングラデシュを抜いて世界第三位に入っている。人口統計が各国できちんととられていないので正確な数字は分からないが、この統計を信じるとすると、第一位から第四位までがアジア諸国であり、イスラームは今や「アジアの宗教」であると言える。この点に留意する必要がある。人口そのものが多い中国においては約二一六七万人（一・六％）であり、シリアやチュニジアのような比較的人口の多いアラブ諸国よりも人口の絶対数では多いということになる。

中東近現代史の時代区分

歴史を語る際は常に時代区分が問題になる。時間そのものはのっぺらぼうのようなものだからである。現在の立場から見て初めて、この時点が転換点だったということが分かり、時期的な区切りを見つけることができる。どこで時代の様相が変わっていったのかという転換点を議論する際に、歴史観が問われることになる。

では「中東近現代史」と言う時、どのような観点から時代を区分するか。本書では大きく四つに分ける。立場としては、その時代に歴史を形成するにあたってどこが大国として大きな力を持ったかという観点からの区分である。

（1）オスマン帝国期（一九世紀―一九一四年）
（2）英仏支配の「長い両大戦間期」（一九一四―一九五六年）
（3）米ソ冷戦期（一九五六―一九九一年）
（4）ポスト冷戦期（一九九一年―現在）

（1）はオスマン帝国という巨大な帝国が支配していた時期である。二番目の区分との分水嶺は第一次世界大戦（一九一四―一九一九年）である。オスマン帝国は第一次世界大戦後に崩壊するからである。

（2）は英仏委任統治から「パクス・ブリタニカ」（イギリスの平和）の終焉までである。オスマン帝国期あるいはその崩壊後にこの地域に入ってくるのが、イギリス、フランス、あるいはイタリアといったヨーロッパ列強である。「両大戦間期」（inter-war period）とは、第一次世界大戦と第二次世界大戦の間のことだ。一九一九年に第一次世界大戦が終わり、一九三九年に再びヨーロッパで戦争が始まる。先ほどE・H・カーの『危機の二十年』を紹介したが、その二〇年間を大戦間期と呼んでいるのである。ただ、中東に関しては、第二次世界大戦後に大きく様相が変わったかというと、そうとは言えず、実はイギリスの影響力が第二次世界大戦後まで続く。実際に大きく様相が変わるのは、一九五六年のいわゆる第二次中東戦争あるいはスエズ危機と言われる時期である。この時までイギリスが中東における大国として君臨していたのだ。この戦争の後はアメリカの影響力がどんどんと強くなっていく。

（3）は一九五六年の第二次中東戦争と一九五七年のアイゼンハワー・ドクトリンの時期から一九九一年の湾岸戦争やソ連崩壊までの米ソ冷戦期である。第二次世界大戦中からソ連とアメリカの対立が次第に激しくなったので、通常、第二次世界大戦が冷戦の始まりと考えられるが、中東の場合は、そのように考えることはできない。冷戦の起源については、歴史家の間で論争がある。例えば、原爆投下についても、ソ連に対抗するためにアメリカは核兵器を使った、というように冷戦の起源という文脈で説明されることがある。つまり第二次世界大戦の末期に冷戦は始まったという議論である。ヨーロッパや東アジア——ベトナム等東南アジアを含め——では、第二次世界大戦後にアメリカ対ソ連、自由主義あるいは資本主義対共産主義といった対立が明確になっていく。しかし、こと中東に関しては、第二次世界大戦後も依然として「パクス・ブリタニカ」が保たれており、アメリカとソ連は、こと中東の問題に関しては冷戦期間中でも共同歩調をとっていたことは明記しておきたい。具体的に言えば、一九四八年のイスラエル建国には、米ソ冷戦期であったにもかかわらず、アメリカもソ連も賛成している。これはイギリスの影響力を排除するという観点からの支持であるとして語られている。また、スエズ戦争のときも米ソは国連決議において英仏のスエズ運河地帯への侵攻に対して撤退を迫ったのである。

（4）は「パクス・アメリカーナ」（アメリカの平和）とその衰退期である。ソ連の崩壊によって、米ソ冷戦の時代が終わるが、冷戦後の新しい秩序が未《いま》だはっきり見えないのでここでは「ポスト冷戦期」という曖昧な言葉を使っている。アメリカ一極支配、つまり超大国としてアメリカだけが君臨し「世界の警察」として新しい世界秩序を作り出すのが冷戦後の流れであったが、そのアメリカ自身が中東において大きなしくじりをしてしまう。二〇〇一年に「九・一一事件」（いわゆる「アメリカ同時多発テロ事件」）が起こって、アフガニスタンに空爆を加え、さらに二〇〇三年にはイラクを攻撃し、中東において「対テロ戦争」という文脈で新しい秩序を作り上げようとした。しかし、その試みは結果的に失敗する。ブッシュ・ジュニア大統領の時代にアメリカは中東で完全に泥沼にはまり込んでしまったのだ。現在は「ポスト・アメリカ」が語られている。冷戦後の一時期は中東を中心とした世界秩序を形成するのはアメリカだと言われていたが、今やそのアメリカ自身が及び腰になって中東から米軍を含めて引き揚げようとしている。そして米国はむしろ中国との関係を強化するかたちで東アジアを含む太平洋の方に目を向けている。したがって、中東をめぐって未だどのような新しいかたちの国際秩序が出来るのかが分からないということで、とりあえず「ポスことにする。もっと付言すれば、四番目の時代区分を、ポスト・アメリカという観点からイラク戦争（二〇〇三年）の以前と以降に分けることができるかもしれない。

さらに、二〇一七年一二月六日、ドナルド・トランプ米大統領は在イスラエル・アメリカ大使館をテル・アヴィヴからエルサレムに移転する法案を認めて、東西統一エルサレムをイスラエルの永久の首都であることを承認した。これは一九九五年、クリントン大統領時代に米上下両院において「エルサレム大使館法」を採択して議会がエルサレムへの米大使館移転を決定したが、クリントン大統領、ブッシュ・ジュニア大統領、オバマ大統領の歴代大統領が外交に関する大統領の特権である拒否権を発動して、エルサレムへの米大使館移転を阻止してきたことから考えると、アメリカの中東政策の一大転換であった。その意味で、これからの事態の推移は予断を許さないのである。

以上のように、どの国がどのようなかたちで中東を支配、あるいは影響力を行使してきたかという観点から四つに時代を分けた。

最後に、アルバート・ホーラーニー（一九一五―九三年）の著作を紹介したい。ホーラーニーは、レバノン系の両親の間にイギリスで生まれ、オックスフォード大学セント・アントニー・カレッジ中東研究センター所長を長く務めた。現代の中東について考える際、この人の名前を挙げずにはいかないほどの重要な研究者である。

翻訳されたホーラーニーの著作で近現代の部分をも論じているのが『アラブの人々の歴史』(18)である。具体的には第四部「ヨーロッパ帝国主義支配の時代（一八〇〇―一九三九年）」である。ホーラーニーはこの第四部を、ナポレオンによるエジプト遠征の時期である一八〇〇年から始めている。この時期の終わりの年の一九三九年は第二次世界大戦が始まる年である。ホーラーニーの議論では、まずは技術的な時代、蒸気船、鉄道、電信の到来がヨーロッパ列強の軍事力を支え、最終的にアラブの国々を植民地化していくプロセスが論じられ、新しいイスラーム思想についても言及している。

一九三九年以降は第五部とし、国民国家の時代としての現代を論じている。つまり、ナショナリズムが台頭し、最終的にはイスラームが出てくるところまで触れている。ナショナリズムと社会主義思想に、一九八〇年以降、最終的にイスラームが加わったというまとめ方をしている。ホーラーニーの時代区分とは若干異なっているが、私の時代区分もホーラーニーに依拠しており、同書は今後の議論の軸の一つになっていくであろう。

今後は、時系列に沿って、一体何が問題だったのかについて具体的に論じていきたい。

第2章 近代ヨーロッパとの遭遇

近代主義者タフターウィーと『エジプト誌』

前章で説明したように、ナポレオンのエジプト遠征は、この地域の鎖国からの開国という意味で日本における黒船来航に相当する。リファーア・タフターウィー（一八〇一―七三年）という思想家の名前は、ほとんどの読者が初めて聞くかと思われるが、啓蒙思想家としての彼の業績は福澤諭吉（一八三五―一九〇一年）とよく似ている。

タフターウィーは伝統的なイスラームの教育を受けており、エジプトのイスラーム学の最高峰であるアズハル大学という教育機関の出身である。そして一九世紀初めのムハンマド・アリー総督の時代に、五年間フランスに留学している。このムハンマド・アリー（一七六九―一八四九年）〔図2－1〕という人物はアルバニア系商人の息子として現ギリシア領の港町カヴァラで生まれた。のちにオスマン帝国によってエジプトに派遣され、ナポレオン侵攻後の混乱を収めて、エジプト総督（在位一八〇五―四八年）に就任して、富国強兵・殖産興業に基づくエジプトの近代化改革を行なった。

旧勢力のマムルークを一掃し、徴兵制に基づく近代的な軍隊を編成し、また、それまでの徴税請負制度（イルティザーム制と呼ばれている）を廃止して、土地を国有化して綿花栽培を行なうとともに大規模な灌漑《かんがい》設備を整えたのである。このような改革は明治維新に先立つものだった。

日本においては明治維新後、それぞれの藩（地域）によって言葉が異なっていたので、今で言う標準語を作る事業が行なわれた。同じようなやり方で、タフターウィーは帰国後、アラビア語のアカデミーの責任者として、標準語制定の事業に取りかかる。日本語の場合、東京方言と長州方言を混ぜたものを標準語としたが、エジプトの場合、結局うまく行かず、いわゆる書き言葉である正則アラビア語、今風に言えば標準アラビア語（フスハー）と方言（アンミーヤ）とは乖離《かいり》したままである。日本ではその後、言文一致運動が起き、二葉亭四迷以来、小説はすべて口語体で書くという流れになった。エジプトでも同じような試みが行なわれたが、アラビア文字では方言の音をうまく表現できないこともあり、失敗した。ただ、

図2-1　オーギュスト・クーデ《エジプトのムハンマド・アリー》1841年　ヴェルサイユ宮殿美術館

アブドゥルラフマーン・シャルカーウィー（一九二〇―八七年）というエジプト人小説家は、一九五四年に出版した小説『大地』[1]をエジプト方言で書くという試みを行なった。

タフターウィーは、改革の初期の段階を担った。福澤の場合、直訳的なやり方ではなく非常に巧みに日本語に置き換え、日本の文脈に合わせたかたちでヨーロッパの思想を紹介した。通常、このような旧弊打破の革新的な世俗思想や活動を啓蒙主義、あるいは啓蒙思想と呼んでいる。タフターウィーも、数多くの書籍をフランス語からアラビア語に翻訳した。その数たるや、一〇〇〇以上という凄まじいものだ。エジプトにおけるヨーロッパ文明の受容の窓口となった最も代表的な人物である。イスラーム自身が変わっていき、近代ヨーロッパの考え方（ヨーロッパにおける合理主義的な発想、理性と信仰を調和するような議論等）を受容できるような素地を作る役割を果たしたということで、タフターウィーは「近代主義者」と呼ばれている。[2]

一般的に『エジプト誌』（*Description de l'Égypte*：一八〇九―二二年にわたって刊行［図2-2］と言われている、イラストがたくさん載った調査報告書がある。たしかにフランスはエジプトに遠征して一時期占領したが、その際、二〇〇―三〇〇人程の学者を一緒に連れて行き、徹底的な調査を行なっている。その記録である『エジプト誌』は、未だカメラ等で写真を残す手段がない時期に、すべて手描きでエジプトの自然から人間の習慣、風景等、ありとあらゆるものを当時の博物学的観点から図像として残したことで大変貴重である。エジプトの植物や動物も徹底的に調査しており、さらには建物や風景、そして風俗・習慣に至るまで描写して記録を残している。エジプト人自身がそのような記録を残していないので、この調査報告書は、エジプト人自身にとっても、一九世紀初頭のエジプトがどのようなものであったかを知る貴重な資料なのである。なお、この調査で最もよく知られている発見がロゼッタ・ストーンであるが、この貴重な資料はフランスに持ち帰られ、その後、ヒエログリフ（神聖文字）、デモティック（民衆文字）、ギリシア文字の三種類の文字で刻まれた碑文はジャン＝

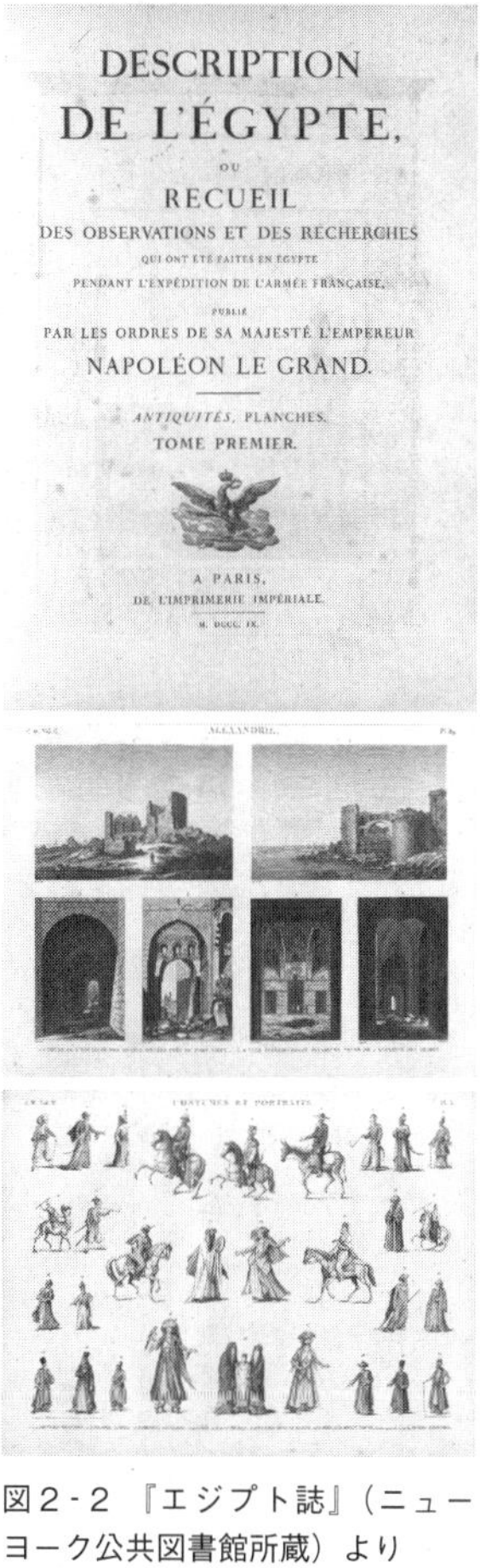

図2-2『エジプト誌』（ニューヨーク公共図書館所蔵）より

フランソワ・シャンポリオン（一七九〇―一八三二年）によって解読された。

日本では、一九世紀前半はまだ鎖国時代であるが、長崎の出島で活動した人たちが記録を残している。最も有名なのがフィリップ・フランツ・フォン・シーボルト（一七九六―一八六六年）である。彼が最初に来日したのが一八二三年だったので、ナポレオンのエジプト遠征より二〇年ほど後だが、一九世紀前半という意味ではほぼ同時代といってよいだろう。シーボルトはドイツ人であるがオランダの使節に紛れ込んで入国し、江戸にも随行しており、その際に資料を収集したようである。最終的には日本の地図を持ち出そうとした「シーボルト事件」（一八二八年）で追放処分になったものの、開国後の一八五九年に再来日を果たしている。彼が残した『日本博物誌』（一八二三年）は、日本の当時の状況を知るための貴重な資料である。同じようなかたちで西洋の技術を使って現地を描写することが、エジプトでも行なわれたのだ。だが、『エジプト誌』の方が、『日本博物誌』よりもはるかに組織的な学術調査に基づいている。

西洋との遭遇を技術の受容という観点から見るとすれば、アラブ世界、もっと広く言えば中東も日本とよく似た体験をしている。ただし、中東は地理的にヨーロッパとは地中海を挟んだ裏庭的な位置にあることもあり、西洋との遭遇は時期的には日本より半世紀近く早いのである。

エジプトと日本の両者の出発点は似ていたが、その後の過程は大きくかけ離れていった。中東においても、西洋の圧倒的な技術力を前にどのように対応するかということで、様々な議論が起こり、実際に改革も行なわれた。しかし、結果的にはそのような試みは失敗して植民地化されていった。対照的に、日本の場合は独立を保ち、むしろ逆に明治以降は列強諸国の仲間に入っていった。二つの国の分かれ目はどこにあるのか？　この問いが、一九世紀における開国という事態を考える際に非常に重要になる。実際に現地の人たちの間でも、なぜ日本が「近代化（西洋化）」に成功し、中東は失敗したのか、と対比されて問題が語られることもあることを改めて強調しておきたい。

中東の一九世紀をどう見るか？

本章から、中東における一九世紀全般をどのように見ていくのか、という論点でいくつか書籍を参照し、どのような切り口で見ているのか紹介していきたいと思う。これから紹介する書籍はアラブ地域を含む中東地域を「通史」として叙述した概説書だ。本書が中東近現代史、とりわけアラブ近現代史に注目するのは、叙述の対象とした地域と時代区分の設定の仕方そのものにその近現代史への見方が示されているからである。それぞれの通史へのアプローチの仕方が微妙な差異としてそれぞれの歴史家の叙述の違いとして表れているという観点から近現代史の諸段階を分けて見ていこうという試みなのである。

最初に、出版年代は若干古いが、アルバート・ホーラーニーの著作を見てみよう。前章でも述べたが、ホーラーニーはオックスフォード大学教授であり、レバノンからの移民二世のキリスト教徒である。彼の著作『アラブの人々の歴史』(3)は定評のある本で、イスラームの勃興から現在（一九六〇年後半—七〇年代頭）までを論じている。同書は全体出版されたのは一九九一年なので、最後の方はほとんど同時代史である。同書は全体としては、時代ごとに第一部「新しい世界の形成（七—十世紀）」、第二部「アラブ・ムスリム社会（十一—十五世紀）」、第三部「オスマン朝時代（十六—十八世紀）」、第四部「ヨーロッパ帝国主義支配の時代（一八〇〇—一九三九年）」、第五部「国民国家の時代（一九三九年以降）」の全五部で大まかに構成されている。いずれにせよ、大変長い時期を扱っているが、その中で一九世紀をどのように扱っているのか見ていきたい。第四部「ヨーロッパ帝国主義支配の時代（一八〇〇—一九三九年）」は、第二次世界大戦の勃発まで含めて書いており、ある意味では「長い一九世紀」と言ってよいかと思われる。

次の一冊が、ホーラーニーの弟子で、同じくオックスフォード大学セント・アントニー・カレッジ中東研究センターの所長を務め、現在も活躍しているユージン・ローガン（一九六〇年―）の著作『アラブ500年史――オスマン帝国支配から「アラブ革命」まで』[4]である。

もう一冊が、翻訳はないが、今も版を重ね、教科書として定評のあるウィリアム・L・クリーヴランド（一九四一―二〇〇六年）の著作『近現代中東史』[5]である。クリーヴランドはカナダのブリティッシュ・コロンビアにあるサイモン・フレイザー大学の名誉教授で、もう亡くなっているが、弟子たちが改訂版の出版を続けて、今でも広く読まれている。

本章の前半は以上のような観点から、一九世紀をどう見るか、を考えていった上で、後半はエジプトのジャバルティーという歴史家に絞り込んで話を進めていきたい。ジャバルティーの名前を聞くのも初めてという人がほとんどかと思われる。まだ彼のきちんとした邦訳もない。しかしナポレオンと同時代の記録という観点から見ると、大変貴重なものである。このジャバルティーという歴史家が、同時代をどのように記述していたのかを見ることによって、この時代を浮び上がらせたいと思う。また、日本においても少数ではあるが、ジャバルティーについて触れている人がいるので、その議論も紹介していく。

オスマン帝国の改革と没落

ホーラーニーは、アラブの歴史をイスラームの勃興から書き起こしている。イスラームから始めるのは中東地域の歴史記述としては一般的である。しかし、このような書き方をイスラームへの偏重であるとして批判し、それ以前からも歴史はあるとして、あえてイスラーム以前から中東史を記述する歴史家もいる。その代表的な人物がバーナード・ルイス・プリンストン大学名誉教授（一九一六―二〇一八年）である。[6] ルイスの場合はイスラーム以前から書くことにより、イスラーム以降の時代を相対化するという意図がある。つまり中東という地域の歴史はイスラームがすべてではなく、イスラームはそれ以前にいくつもの諸文明が出て来た中の一つに過ぎない、という立場なのである。もちろん、そのような指摘は傾聴に値することはたしかである。しかし、ただ一般的には、書き手が外国人であろうと、その地域に住んでいるキリスト教徒であろうと、大概、この地域の歴史を書く際には七世紀、つまりイスラームの勃興から始めるのが大方である。というのも、イスラームの成立によって中東の歴史はそれまでとは断絶したかたちで一変してしまったからである。

ルイスの著作の原題をそのまま直訳すると『中東――キリスト教の誕生から現在まで』となるのであるが、その邦訳はタイトルを『イスラーム世界の二千年――文明の十字路　中東全史』としたため、ルイスの意図を読み違えてしまっているとも言えよう。というのも、邦訳のタイトルにある「イスラーム」と「二千年」という数字を結びつけるのは無理があるからである。繰り返しになるが、イスラームは七世紀に勃興したのであって、それ以前には、ローマ帝国を継承するビザンツ的なギリシア正教というキリスト教の伝統が連綿と続いていた。イスラームの拡大によって現地に住む人々のイスラーム化（ムスリムへの改宗）と通婚による「アラブ化」が起こったプロセスを考えると、イスラームの成立の前後でその歴史のあり方が大きく変容したことはやはり念頭に置いておく必要があろう。

日本の歴史の場合も、七世紀以前は文字がなかったので、文字資料に依拠する限り、イスラームの勃興と同じような時期に始まっているということができよう。そのように見ると日本史とイスラーム史は同じような歴史の長さだということになる（それ以前の日本史は「神話の時代」である）。

とはいえ、さすがに現在はイスラーム以前の歴史をムスリム的立場から「ジャーヒリーヤ」（暗黒の時代、無知の時代）という言い方をする歴史家はいない。これはイスラームが「光＝知」であるならばそれ以前は「闇＝無知」であるという二項対立的な考え方である。歴史を語る際、直前の過去を否定することによって現在を正当化するという考え方が、しばしばあるが（例えば「ルネサンス」も、直前の中世を暗黒の時代として否定し、中世よりももっと昔の光の時代である古代ギリシアが素晴らしいとする思考様式である）、イスラームの場合でもその例外ではなかったのである。

新しい勢力としてイスラームが帝国を形成していくという文脈で、ホーラーニーの著作の第一部「新しい世界の形成（七―十世紀）」は書かれている。第二部「アラブ・ムスリム社会（十一―十五世紀）」以降は、もちろん十字軍にも若干触れるが中心的な主題になることはない。この点が非常に特徴的である。ヨーロッパからイスラーム世界を見る場合、通常、十字軍の役割が過度に強調されるが、ホーラーニーは、十字軍はイスラーム史の中では強調すべき事件ではないという立場なのか、章のタイトルにも出てこない。しかしながら、第二部を一一世紀から始めているので、十字軍の時代から、という区分けをしていることになる。このスタイルが重要になる。

後に述べるジャバルティーに関しても同じことが言えるが、十字軍やナポレオンのエジプト遠征といった特定の歴史的事実をあえて無視するというよりも、それぞれの社会の文脈における外側からのインパクトをどう捉えるのかという観点を重視しているということだ。日本における黒船来航のインパクトをどう評価するかという問題とも非常によく似ている。「泰平の眠りを覚ます上喜撰《じょうきせん》　たつた四杯で夜も寝られず」という狂歌に代表される「西洋の衝撃」（Western Impact）という古くて新しいテーマをどのように捉えるかという問題である。

イスラームにおいては、少し古い時代であるが、もう一つ大きな歴史の転換点があると言われている。一三世紀にモンゴルがアッバース朝（七五〇―一二五八年）を完全に滅亡させたときである。しかし、本書の第二部（一一―一五世紀）において、ホーラーニーは真ん中の一三世紀についてはほとんど触れていない。我々が世界史でイスラーム史を学ぶ際には一三世紀が強調される傾向があるが（前章で挙げたジャネット・L・アブー＝ルゴドもそうであるが）、「一二五八年にモンゴルによってバグダードが占領されると、バグダードのカリフ制が終焉を迎えた[7]」という簡潔な記述に代表されるように、ホーラーニーの文脈ではそうではないのである。

第三部「オスマン朝時代（十六―十八世紀）」は、近代の直前の時代ということで、当然ながら、オスマン朝史が記述の中心で重要視されている。オスマン朝がまさに現在のアラブ地域の歴史を形成したという視点である。

これから参照するのは第四部「ヨーロッパ帝国主義支配の時代（一八〇〇―一九三九年）」での一九世紀以降の議論である。この中で特徴的なのは「改革」の問題である。イスラーム世界はヨーロッパをモデルにした軍事組織、行政制度、法体系を導入せざるを得なかったのである。

ナポレオンのエジプト遠征のように、ヨーロッパから新しい技術を持った軍隊が入ってくるが、その「近代性」という圧倒的な事実を前にイスラーム世界は当惑させられる。というのも、そのようなヨーロッパからの「外圧」に対応しながら自らが変わっていかねばならないからである。そのような文脈の中で改革という問題が出てくる。しかし、内側からの改革は失敗し、結果的に多くのアラブ地域は植民地化されてしまう。そして、植民地化に対する反発から、新たな内部の改革の動きが出てくる。イスラームそのものを変えていくイスラーム改革運動や、さらにはナショナリズムというヨーロッパで生まれた思想や運動を自らに適用しながら進められるアラブ・ナショナリズムによって、ヨーロッパ支配に対抗する試みが行なわれていくのである。

ここでは「アラブ・ナショナリズム」という言い方をしているが、日本の文脈で見ると、本居宣長以降、平田篤胤《あつたね》で頂点に達する、いわゆる国学の伝統の議論と非常によく似た現象である。日本の国学の特徴は、外国の影響を受ける以前から、つまり儒教や仏教が入って来る以前から「日本」が連綿と続いているという考え方である。思想家としてのアラブ・ナショナリストも同じように「アラブ」について考えた。つまり、アラブにはイスラーム以前から「アラブ人」というものが存在していて連綿と続いている、と。それが民族主義としての「アラブ・ナショナリズム」である。日本とアラブ世界で、同じ時期に、同じような「国学」的な発想が現れているのは興味深い。

このアラブ・ナショナリズムの考え方では、イスラーム教徒であろうと、キリスト教徒であろうと、さらには、ユダヤ教徒であろうと、一神教以外の他の宗教を信仰している人であろうと、「アラブ」という民族であれば一つだと言えることになり、宗教的な違いを乗り越えることができるという効果もある。日本の場合も、藩によって区切られていたバラバラの人々が「日本人」として一つになれるという効果があった。ホーラーニーは、この第四部の冒頭から技術の問題を取り上げているが、これも一つの共通したスタイルである。

十九世紀は、ヨーロッパが世界を支配した時代だった。大工場による生産性の向上と、蒸気船、鉄道、電信の到来によるコミュニケーション手段の変化は、ヨーロッパによる貿易の拡大をもたらした。これにはヨーロッパ列強の軍事力の増大が伴い、アラビア語圏初の征服が、フランスによってアルジェリアで行われた（一八三〇—四七年）。イスラーム諸国や社会はもはや固有の文化による安定や自足によって生きながらえることはできず、他者に支配された世界で、生き残っていくための力を生み出す必要性に迫られていた。オスマン朝政府は、ヨーロッパをモデルとした新しい軍事組織、行政制度、法体系を導入した。帝国の属州でありながら、事実上自立していたエジプトとチュニジアの支配者も、同様の行動をとった。(8)

この文章は第四部の序文の一部分として書かれたものである。この短い文章の中で一九世紀から第二次世界大戦の勃発までの発展を表現している。一九世紀に「蒸気船、鉄道、電信」といった技術革新が行なわれ、グローバル化の時代が始まった。このグローバル化がヨーロッパ列強による非ヨーロッパ世界の支配につながっている。

日本は、鎖国という幕府による明快な方針で外国人を基本的に排斥していたが、オスマン帝国や清朝も同様であった。前近代の「帝国」と言われる国家は、基本的には同じような姿勢をとっていたのだ。それに対し、産業革命によって生産力を上げたヨーロッパが新しい市場を求め、それぞれの国の門戸をこじ開けていくのが近代である。そのためにそれぞれの地域は、それまでのある意味で「自給自足」的な鎖国体制のやり方ではやっていけなくなる。中国は外側からの物資など必要としていなかったのに、強引にこじ開けられアヘンを売り付けられた。イギリスは、お茶や陶磁器など中国産のモノが欲しいけれど、自分たちには売る物がないということで、インドから持ち込んだアヘンを売り付けたのだった。

同じようなことがオスマン帝国の領域にも起こった。その結果、圧倒的な技術力を持つヨーロッパに対抗するためには、自らが変わっていかねばならないということで、「ヨーロッパをモデルとした新しい軍事組織、行政制度、法体系」を導入することになっていく。オスマン帝国では一八三九年にスルタン・アブデュルメジト（在位一八三九―六一年）［図2‐3］がギュルハネ勅令を発布し、タンズィマートと呼ばれる近代化の諸改革が開始された。とりわけ、ヨーロッパ諸列強からの圧力で、帝国内のムスリムと非ムスリムが法の下に平等であることが基本原理とされた。オスマン帝国はカピチュレーションと呼ばれる恩恵的な諸特権（治外法権や領事裁判権など）をヨーロッパ諸国に与えていたが、ヨーロッパ諸国はそのような諸特権を利用して非ムスリム・オスマン臣民をプロテジェ（被護民）として、すなわち自らの国籍保持者として取り込んでいった。と同時に、財政赤字に陥ったオスマン政府に対して、領事裁判権などの特権を行使してヨーロッパ人の判事などが加わった混合裁判所の設置などを行なって、オスマン帝国内の諸問題に直接関与するようになっていったのである。

図2-3　作者不明《スルタン・アブデュルメジト》19世紀半ば　ペラ美術館

領土面でも、オスマン帝国の中でも現在のトルコ共和国領であるアナトリア地域を除く、バルカン、黒海北岸、コーカサス（カフカース）などの領土が数度にわたる戦争を通じて、ロシアのロマノフ朝やオーストリアのハプスブルク朝といった隣接する帝国によってどんどん削り取られていくと同時に、バルカン地域の諸民族はナショナリズムに鼓舞されて次々と独立していった。

アラブ地域は第一次大戦直前までオスマン帝国の従属下にある属州ではあったが、

オスマン帝国の干渉を拒絶することができるような立場になっていったということをホーラーニーは述べている。つまりオスマン帝国とは別個に独自の「改革」を行なっていったということだ。

こうした改革派政府の首都や、ヨーロッパとの貿易拡大によって発展した港湾都市では、改革派政府、外国人商人、現地エリートである地主やヨーロッパ貿易に従事する商人の間に、新しい利権をめぐってある種の同盟が形成された(9)。

「ヨーロッパとの貿易拡大によって発展した港湾都市」とは、エジプトで言えばナイル川河口の港町アレクサンドリアであり、オスマン帝国の帝都であるイスタンブル、あるいはこの時期大きく発展した大シリア地域(現在のシリア、レバノン、ヨルダン、そしてパレスチナ、イスラエルを含む地域)のベイルートといった都市などである。「新しい利権をめぐってある種の同盟が形成された」という点が重要だ。窓口になって外国貿易に携わったのは、現地の勢力で言うとキリスト教徒やユダヤ教徒の商人であった。外国語という、コミュニケーションにとって重要な問題において優位だったからだ。キリスト教徒やユダヤ教徒はヨーロッパの諸言語に通じているということで、ヨーロッパ諸国の領事館などのドラゴマン(通訳)として登用された。また、同様にヨーロッパ諸国の商社等が置く事務所で雇用されるのは外国語ができる人たちなので、非ムスリムのキリスト教徒やユダヤ教徒が多かった。そこで新しいかたちでの宗教・宗派の争いが持ち込まれることになった。ただし、イスラーム教徒の上層部、富裕層、地主といった人々はヨーロッパとの貿易で利益が得られるので、彼らはヨーロッパ諸勢力と手を組むことになる。これが「ある種の同盟」である。

しかしながら、ヨーロッパ諸勢力の方がオスマン帝国よりもはるかにうまいやり方をして、結局は支配下に組み込んでいくことになる。そういった流れでバルカン地域と同様にアラブ地域で最初に起こったのが一八三〇年のフランスによるアルジェリア占領であった。そのようにオスマン帝国は周辺部を次から次へと削り取られていき、最終的に第一次世界大戦まで何とか残った領土が、現代のトルコ共和国の領域であるアナトリア、そして現在のシリア、レバノン、イラク、パレスチナがあるマシュリク(東アラブ)地域だけであった。このような失地を伴うオスマン帝国の没落が第一次世界大戦の敗戦までに様々な諸問題を引き起こすことになった。

近代化後も残ったイスラーム法体系による二重構造

エジプトを含むオスマン帝国領においては、イスラームに基づく法体系や文化は近代になってもずっと存続しているのであるが、その上に重なるように入ってきたのがヨーロッパの新しい法体系であった。日本の場合は明治期に上手に変えてしまったのだが、このオスマン帝国の領域に関してはやはりイスラーム的伝統があまりにも強く、イスラーム法は社会を運営する中核の原理として動かせないものであった。したがって、イスラーム法体系の上に新たにヨーロッパ法が導入されるかたちの二重法体系が形成されていくことになる。この点が日本の近代と違うところだ。日本の場合、明治期にヨーロッパ法体系を完全に受け入れて一八〇度変えたので一本化することができたが、この中東地域においては、現在に至るまでイスラーム法が家族法において非常に強力な影響力を持っている。その結果、社会レベルにおいては依然としてイスラームが大きな影響を持ち続けているが、政治レベルではヨーロッパの法律が施行されるという二重法体系の状況が生まれたのである。

この二重構造をどのように克服するか。大きな問題になってくるのが、新しい考え方である「市民権」だ。この時代の「新たな思想」とは概《おおむ》ね「市民権」に関連する話である。すべての市民が、自由・平等で独立した法的人格として各人の自由意志と理性に基づいて社会関係を結ぶために、その権利は保障されなければならないからである。日本では明治初年に最初に導入されたのがフランス民法であったが、大日本帝国憲法を制定する頃にはドイツ法の方が優先されるようになっていった。しかし、アラブ世界では宗教法と市民法がずっと並立し、ケース・バイ・ケースで使い分けられていた。ヨーロッパ的な意味ではあまり合理的ではない法的システムが残ってしまったことになる。

そういった中で、イスラーム教徒の間では、「イスラーム法そのものを変えていかねばならない」という考え方も出てきていた。もう一方で、「法の前では我々はすべて平等であり宗教の違いなど関係ない」という「市民権」的発想が出てくる。そして、そのような市民権的な考え方が基盤となってナショナリズムともつながっていく。

イスラーム法はイスラーム法、ヨーロッパ法はヨーロッパ法という二重構造が現在でも続いているが、そのプロトタイプ、原初的な形態がこの時期の二重法体系に見出《みいだ》されるのである。その問題が未だに解決できていないというのが現状だ。いわゆる「イスラーム原理主義者」あるいは「イスラーム復興主義者」などといろいろな言い方をされる今の「イスラーム主義者」たちは、この二重法体系を壊し、イスラームの宗教法であるシャリーア一つにしていくことを目指している。「イスラームこそ解決だ」という彼らのスローガンの背景には、一九世紀以来続いているこのような法体系をめぐる問題があるのである。

また、第一次世界大戦までにアラビア語圏のほぼすべてがヨーロッパの支配下に入ると、ここでナショナリストが登場してくる。ナショナリストの登場は、外国による統治からの解放という文脈からである。しかし、この新しいナショナリズムは結果的にイギリスによって逆に悪用されることになる。イギリスは「分割支配」(divide and rule)というかたちで、新たな揉《も》め事を押し付けることによって、現地の人たちを争わせ、その上に乗っかってその住民を統治するという方法をとったのだ。

ナショナリズムにおいては、どうしても「内」と「外」という区別ができてしまう。アラブ民族は一つだという同胞意識は、逆にアラブ民族以外を排斥する傾向を持つことになる。そのような状況の中で、ユダヤ人の国家建設を認めたイギリスの「バルフォア宣言」(一九一七年)をパレスチナという現地社会に適用した結果、いったい何が起こったか。ユダヤ人全般に対するアラブ人のナショナリズムが増強され、新しいかたちで「アラブ人」と「ユダヤ人」の民族的な対立が出てきたのだ。

それまではユダヤ教徒であっても、アラビア語を話し、自分たちはアラブ民族の一部だと言えば、そのままアラブ人の仲間であった。例えば、第一次世界大戦前のエジプト社会に生きたヤコブ・サンヌーア(一八三九―一九一二年)というユダヤ教徒ジャーナリストはアラブ・ナショナリストを自認しており、アラブ人としてのユダヤ教徒の典型であった。しかし、ユダヤ人がパレスチナにおいて「ユダヤ人」として国家を持つということになってくると、ユダヤ人はアラブ人から排斥の対象になる。すなわち、「アラブ人」からアラビア語を喋《しゃべ》るアラブのユダヤ教徒が排斥されて、「アラブ人」対「ユダヤ人」の対立が始まったのはバルフォア宣言以降の時代なのである。

オスマン主義の失敗

次は、ホーラーニーの弟子に当たるユージン・ローガンの著作『アラブ500年史』を参照する。ローガンは当然、ホーラーニーの著作を意識して書いている。イギリスへの移民二世としてのホーラーニーの場合、元々の専門が思想史ということもあり、どちらかと言うとイデオロギーや思想の流れを中心に論じている。対してローガンは、エジプトやベイルートのアラビア語世界で育ち、欧米で学んだ新しい世代ということもその著述の背景にある。

だからローガンのスタンスは、ホーラーニーのように大上段に構えた話ではなく、一般の生活という面から切り込んでいく傾向が記述において顕著だ。現地の人々の具体的な考え方を紹介し、植民地支配の下での日常生活のレベルにおける是々非々の対応を取ったアラブ人たちのダイナミズムを中心に置く記述法を採っているのである。ローガンはオスマン期以降を以下のように四つに時代区分する。

アラブ人の歴史を、近代におけるその時々の優勢な支配勢力というプリズムを通して見てみると、オスマン帝国時代、ヨーロッパ植民地時代、冷戦時代、そして現在のアメリカ支配とグローバル化時代という四つのはっきりした時代に分けられる。それぞれに異なるこれらの時代にアラブ人がたどった歴史には、大小さまざまな支配勢力や独立をめぐる運動の、山あり谷ありの軌跡が記されていることがわかる。なぜなら、アラブ世界が外国の支配に従属させられていたということは、アラブ人が一本調子に衰退の歴史をたどる受動的な臣民だったことを意味していないからである。近代におけるアラブ人の歴史は驚くほどダイナミックで、その成功も失敗も同じようにアラブ人に責任がある。彼らはそれが自分たちに合っていると思えば支配国におもねり、邪魔だと思えば打倒し、その時代に支配的な列強に立ち向かってはその結果に苦悩してきたのだ⑩。

前章でも論じたことではあるが、四つの時代区分（オスマン帝国時代、ヨーロッパ植民地時代、冷戦時代、現在のアメリカ支配とグローバル化時代）は、ローガンだけではなく、ほとんどの研究者の共通した認識である。つまり「支配者は誰か」という観点が便宜的に一番分かりやすい時代区分の基準なのである。

ローガンはここで、前節で紹介したバーナード・ルイスに対する批判を込めた書き方をしている。二〇〇三年のイラク戦争を思い出していただきたい。あの時、どのような議論が出てきたか。アメリカがイラク戦争を行なう理由として挙げたのが、「独裁政権はアラブの体質なので、外側から壊さない限り壊れない」という理屈である。

内側からの革命勢力に期待をかけても独裁政権は変わらない。アメリカが外側からイラクを壊すのだ。これがネオコン（新保守主義者）の人たちの考え方であった。そして空爆を始めた。今でもネオコン的な発想を持っている人は、歴史家や研究者の中にも数多くいる。そのようなことも意識しての記述になっているので、ローガンはなかなかバランス感覚の良い人物である。歴史はその現場に生きている人たちの責任の下に行なわれるということは当たり前なのであるが、ネオコン的な議論があることを明快に意識した上で、わざわざ記述したのだ。

論旨はL・カール・ブラウンと同じである。外側の勢力に対して主体的に対応する。良ければ受け入れて嫌であれば排斥する。当たり前のことであるが、それがあまりにも極端に現れるのがアラブなのだ。前章で紹介した、アラブ冷戦も同じような話である。つまり外部勢力であっても利用できるものは臨機応変に徹底的に利用するという現実主義的な態度があるのだ。

このようなローガンの叙述スタイルは大変興味深い。本の構成は、時期としてはオスマン支配から現在までを辿っている。ローガンの著作を続けて見てみよう。

実際、アラブ人はその時代の支配勢力が一つ以上あるときに、もっともその威力を発揮するのが常だった。植民地時代には、何かにつけて英国とフランスを争わせ、冷戦時代にはソヴィエトとアメリカを張り合わせて漁夫の利を得た。しかし、支配国（ときには複数）の没落や新しい世界秩序の勃興のようなそれぞれの歴史的分岐点で、アラブ人は時代の新たな統治法をマスターするまで振り出しに戻らされた。移行期は常に、新たな突破口や好機を熱烈に歓迎するが、この地域を支配する外国勢力の推進力は、新たな時代を迎えるごとに顕著になっていくことも経験から学んでいた。(11)

「アラブ人はその時代の支配勢力が一つ以上あるときに、もっともその威力を発揮する」といった見解は、本質主義的な言い方だとして批判される。要するに日本人とはこういうものだから……、という説明の仕方とかなり似ているところがあっていささか危険なのである。とは言いながら、例えば日本人の持つ行動や思考のパターンを抽出したら、かくかく云々《うんぬん》だろうということが導き出せるだろう、ということもある。一人でやらせるとできないが、脇で喧嘩《けんか》しているのを見ていて、こちらに付いた方が得だというように、上手《うま》く利用しながらやっていく。アラブ人たちはそういった傾向が強いと言っているのである。L・カール・ブラウンの議論にある、外側の影響力が内側のものとして機能し始めて、要するに国際政治と国内政治を分けることができない、という状態はまさにこのようなことを意味している。アラブ人たちは狡猾《こうかつ》だと言われているが、支配している外部の勢力が喧嘩している時はそれを上手く操作しながら自分の利益を最大限にしていくことが大変得意なのである。このように言ってしまうと元も子もないが、今のアラブ世界の状況を考える上でも、重要な見方の一つなのだ。

近代アラブ史はオスマン帝国の征服による一六世紀から始まるとローガンは言う。オスマン初期の当時は「民族」という考え方はなかったが、自分たちとは異なる勢力がやってきたので、それに対してどのように合わせていくのか？　それがアラブ人における問題になったのである。オスマン支配はアラブ世界では第一次世界大戦まで、すなわち過去五〇〇年のうち四〇〇年にもわたって続いたので、ローガンもやはり軽視できないという立場をとっている。

日本の研究者の鈴木董《ただし》はオスマン的なシステムを「柔らかい専制」と呼んだ(12)。専制でありながら、かなり柔らかい、「いい加減な」ところがあったのだ。最も大きな点は、イスラーム教徒でなくともハラージュ（土地税）などの税金さえ払えば、共同体のリーダーシップも独自の宗教的行事も国家権力からの介入なく維持できたことである。つまり、宗教共同体の内部には干渉しない。これは帝国の特徴である。表現を変えれば直接支配ではなく「間接支配」であったということだ。オスマン帝国はギリシア正教徒、アルメニア正教徒、そしてユダヤ教徒を「三大ミッレト（宗教共同体）」

として納税と引き換えに宗教的自治を与えた。ただ、現在ではこのような制度は「ミッレト制」と呼ばれることが一般的であるが、このミッレト制がオスマン初期からあったという議論に対しては疑義を挟むべきで、一九世紀にヨーロッパの人々がそのように呼ぶようになったことを銘記しておく必要があろう。世界史の教科書にもミッレト制への注記が付されている。例えば、帝国書院『新詳　世界史B』においては「キリスト教徒・ユダヤ教徒などの諸宗教共同体」の注として「宗教共同体とミッレト」の説明を次のように加えている。「オスマン帝国内で保護された諸宗教共同体は、ときに、アラビア語に由来するミッレトとよばれることがあった。18世紀までには各共同体の最高位聖職者が帝国内の各宗派を統括するようになり、19世紀ごろのヨーロッパ人は、この体制を「ミッレト制」という名でよぶようになった」[13]。

また、ローガンによれば、アラブ人が自分たちはムスリムとして一つなのだという想いを持っていたことも重要な点である。この点はある意味では中華帝国とよく似た発想である。支配者が変わろうと、中華帝国という秩序が続けば、どんな民族がトップに立とうと問題ではないという発想だ。清が満州人によって作られたということに対して、圧倒的多数の漢人は別段何とも思っていなかった。それは清が中華的な秩序に入っていたからだ。

同様の発想がムスリムの中にもあった。つまりイスラーム的秩序に入り込んできたのであれば、どんな人が支配者であっても問題ではない。もしそれが異教徒であっても、この秩序の中に入ってそれを認めるのであれば構わないという話にもなる。これが帝国のあり方だ。近代国家における国民国家とはまったく違う性格なのである。

アメリカもそのような意味での多民族を包含する帝国的な傾向を持っている、としばしば指摘されている。アメリカ的な価値を認めるか認めないか、という一点の基準だけしかない。現代においてイスラームがそのようなアメリカの押し付けに対して「嫌だ」と言ったことで戦争が起こってしまったという面もある。いずれにせよ、このような多民族国家的な共存・共生のあり方は、ある程度どの時代あるいはどの地域でも言えることなのかもしれない。

一八世紀に入ると、オスマン帝国のような強大さを誇った帝国も周辺部からどんどん切り取られ、あるいは内部崩壊しながら領土を失っていった。それに伴いオスマン的な意味でのイスラーム的秩序が解体されていった。それがバルカン半島というヨーロッパに近い地域から起こった。

オスマン帝国の衰退を近代に入って最も顕著に示した事件が一八三〇年のギリシア独立である。フランス革命以降のナショナリズムの機運がバルカン地域にも広がり、オスマン的なギリシア正教徒ではなく、古代から連綿と続く「ヘレネス」（古代ギリシア人の自称）と自らを規定するギリシア人としての民族意識が前面に押し出されることになった。さらに、バルカン地域の諸民族の独立運動はさらに高まっていくことになる。ギリシア以外でもそれまでの宗教共同体から民族共同体への帰属意識が強烈になっていくのである。南スラブ系諸民族はそれぞれの民族意識の下で独立を志向し始める。セルビア正教会の信徒はセルビア人として、カトリック教徒はクロアチア人として、ブルガリア正教会の信徒はブルガリア人として、といった具合である。

オスマン帝国の領土喪失のプロセスの中で、イルティザーム（徴税請負制）により地方の徴税を請け負っていた人たちが勢力を持っていく。地方の豪族（「アーヤーン」〈名望家〉と言う。地位の高い人という意味）が力を持ち始める。イギリスで言えば郷《きょう》紳《しん》（ジェントリ）、中国で言えば士《し》大夫《たいふ》などといった階層の人々と同じような社会階層である。そのような人たちが中央政府と一般民衆の間に君臨し、帝国の衰退に伴い、それまでとは違った間接統治を実現していった。ローガンは「地方領主」と呼んでいるが、[14]地域によって呼び方は異なり、中央政府と一般の人の間に入り込んでいる勢力のことを指している。オスマン帝国は元々近代国家ほど中央集権的ではなかったのだが、帝国のシステムが変質し、中間階層的な勢力によって実質的な権力が乗っ取られていった。中央政府はその地方権力の上に乗っかっているだけとなり、いわゆる中央集権的な国家としての一体性が急激に危うくなっていったのだ。

一九世紀に入るとどのようになるのか。それまでオスマン帝国の原則としていた宗教に基づくミッレト制を通しての統治、つまりイスラーム教徒であるのか、あるいはキリスト教徒かユダヤ教徒であるのか、という基準から、法律の前ではすべて平等であるというヨーロッパ的統治システムに変えることで、ヨーロッパからの干渉をなくそうとした。前述したように、ヨーロッパは自分たちと同じキリスト教の宗派の人たちの中に入り込み、オスマン帝国を内側から切り崩そうとするので、それに対応するために「宗教によって差別していない」という姿勢を見せたのである。法律の前にオスマン臣民はすべて平等であるということにすれば、ヨーロッパが入り込む余地がなくなる。そのようなことを狙って改革を始めたのだ。

日本で言えば藩単位のレベルから「日本人」という国民レベルの帰属意識に変えていくのと同じように、オスマン帝国内に住んでいる人をすべて「オスマン民族」に作り替えようとしたのである。要するにトルコ、アラブ、あるいはバルカンの諸民族といった各民族の区分とは関係なく、「オスマン民族」を新たに創出しようとしたのだ。これが通常「オスマン主義」と言われるものである。

このオスマン運動は最後まで比較的うまく行っていたのだが、最終的にはオスマン帝国の解体とともに第一次世界大戦後に崩壊してしまうことになる。二〇世紀末にソヴィエトが崩壊する前、ソヴィエト研究者たちがよく「ソヴィエト民族」という言い方をしていた。つまりソヴィエトという枠でソヴィエト民族を形成していく動きがあると強調していたのだが、ソ連崩壊と同時に見事なくらいに消えてなくなった。社会主義がイデオロギーとして機能しなくなっていった時に、ソヴィエト民族というかたちで生き延びようとした側面もあったようだが、同じことがオスマン帝国でも行なわれたのである。オスマン帝国という非常に緩やかな統治体、緩やかな秩序に基づく統治を国民国家的に適用しょうとすれば、「オスマン人という民族が存在するので、その一員となれ」というやり方が最も良かったわけだが、結果的にヨーロッパ諸列強の拡張を前に帝国の解体自体を防ぐことに失敗したのである。

ただし、アラブ諸州の支配強化には役立った。バルカンはヨーロッパに近いこともあり、キリスト教徒諸宗派あるいは諸教会がそれぞれ民族を称し始めるわけであるが、アラブの場合は圧倒的多数がムスリムなので、オスマン人ムスリムということにあまり矛盾を感じなかったからなのだ。

ところが、オスマン帝国そのものの屋台骨がかなりぐらつき始めた時、「オスマン主義」のような、いわゆる旧態依然たる前近代的な枠組みを利用した発想では持たないということで、結果的に「オスマン主義」というかたちではなく、オスマン帝国内のトルコ民族によるトルコ・ナショナリズムが主流になっていったことが、オスマン帝国の統合にとっては不幸の始まりであった。「トルコ人」という民族的主張に対抗するかたちでオスマン帝国枠内のアラブ人たちは、「自分たちはアラブ人である」と主張し始めることになるからである。換言すれば、トルコ人の民族意識が強くなればなるほど、被抑圧民族としてのアラブ人という民族意識が高まっていくという悪循環が起こったのである。オスマン帝国にとっては解体の危機を迎えたということになる。

〔……〕オスマン帝国改革を促したその同じ発想が、国家や社会について新たな概念を生み出し、それがアラブ世界の一部にオスマン帝国内での自分たちの立場に不満を感じさせた。彼らは、二十世紀に入ると、アラブ人の相対的な後進性はオスマン帝国統治のせいであることが多いことにいら立ち始めたのである。(15)

このナショナリズム的な視点から出てくる新しい言説が「暗黒のトルコ支配」というものである。この言説によって、「暗黒のトルコ支配」は近い過去のみならず、オスマン初期の遠い過去からもずっと存在したというふうに読み換えられて、二〇世紀に入ってからの「青年トルコ人」による弾圧が過去にまで投影されてしまうことになるのである（本書第4・5章）。そのようなアラブ人のトルコ人への敵対意識は最近まででずっと続いていた。

民族意識に関して、人間は同じことを繰り返す悲しい性《さが》がある。トルコ人による抑圧があるとして目の前のトルコ人支配の現実を否定しつつ、「アラブ人」による支配のあるべき時代に回帰していくのだ。アラブ人が具体的に何に求めたかというと、アッバース朝のハールーン・アッラシード（在位七八六―八〇九年）の時代のような栄華の世界が想起され、アラブ民族の理想の時代とされた。それをもって自分たちの「アラブ性」を強調するようになったのである（実はアッバース朝はウマイヤ朝（六六一―七五〇年）のアラブ中心的な性格を否定したイスラーム王朝として成立したのであるが）。あるいはさらに遡り、ウマイヤ朝、正統カリフの時代、そして預言者ムハンマドの時代にまで還《かえ》っていった。預言者はアラブ人である、アラブ人こそ自らにイスラーム教徒としての民族的誇りを持つべきなのだ、という言い方も出てくる。

元々カリフ（ハリーファ）とは預言者の後継者または代理人を意味しており、カリフという称号を首長とする政治体制をカリフ制と呼んでいた。ところが、オスマン朝はカリフになって一九世紀になってその正統性と勢威回復に役立てるため再び使用するようになったと言われている。オスマン朝が一六世紀にエジプトを征服する際、当時のアッバース家のカリフからその職位を譲り受けたという「伝説」も流布するようになった。そのためアラブ人は、オスマン朝のスルタン＝カリフが「トルコ人」であるとしてそれを否定するために、「トルコ人は野蛮な遊牧民だ（アラブも遊牧民なのだが）。東の方からやって来て我々を支配している連中だ。それらがスルタンやカリフと名乗っている」等と、カリフがアラブ人でなければならないことを強調し始める。

オスマン帝国は「近代化」「西洋化」したのか？

次にクリーヴランド著『近現代中東史』を見ていこう。今まで見てきたアラブの歴史ではオスマン帝国とアラブだけを問題にしていたが、このテキストのタイトルに「中東」とあるように、ここで一つ新しい要素が入ってきている。それはイランである。本来、イランはアラブと一緒に語るのは難しい。なぜならば、アラブやトルコはスンナ派、それもハナフィー派（法解釈の際に個人的見解に基づく判断を重視するため、他の法学派に比べて現実問題により柔軟に対処する）で同じなのだが、イランは同じイスラームでもシーア派だからだ。

前章で、中東・中近東・近東の地域区分について説明したが、この著作では、北アフリカのアラブ諸国（モロッコ、アルジェリア、チュニジア、リビア）を除くアラブ地域（エジプトを含む東アラブ地域、アラビア半島）、トルコ、イラク、シリア、レバノン、さらにイランに相当する地域について記述している。ただし、アフガニスタンは除いている。

本書の「変革の時代の始まり」（第二部）は、ホーラーニーの時代区分とは若干異なっているが、一七八九年からなのでオスマン帝国を中心にした区分であり、スルタン・セリム三世（在位一七八九―一八〇七）［図2－4］の時代から見ている。ヤリム三

図2-4　セリム3世　ペラ博物館

世は、フランス革命期と同時代の人物で、フランスを崇拝していた。セリム三世期は「新旧の間」と表現されているが、オスマン帝国が大きく変わっていく時代であると、クリーヴランドが見ているということだ。このようにオスマン帝国側から見た議論を展開しているので、これまで見てきたアラブの歴史とは若干違ってくることになる。まず、当然のことながら、オスマン帝国のスルタンに基づいて話を展開している。同時に、オスマン帝国から自立していくエジプトについても並行して論じられている。イスタンブルの中央政府の話を書き、次にエジプトの状況を書き、と中央と地方を交互に記述していくスタイルである。

第二部の第七章「イスラーム社会の反応」ではオスマン帝国の周辺部の新しい運動について記述している。ある意味では欧米の読者を意識しての表現だと思われるが、「イスラーム的ピューリタン主義」という言い方をしている。いわゆる宗教改革の一環として、イギリスにおいてピューリタン革命を成し遂げたことと同じような評価で見ているのである。その中でも、ワッハーブ派、サヌースィー派、マフディー（救世主の意）派の運動を取り上げている。

例えば、ヨーロッパの宗教革命では、ルター派は比較的穏健であったが、ジャン・カルヴァンが登場してスイスを中心としてカルヴァン派が起こってからは、イングランドでは「ピューリタン」（清教徒）と呼ばれるようになる。スコットランドでは「プレスビテリアン」（長老派）、フランスでは「ユグノー」と呼ばれている。同じプロテスタントの中でも、ピューリタンは宗教改革をルター派以上に極めて厳格なかたちで行なうという方向性がある。それになぞらえて「ピューリタン主義」という言い方をしているのである。つまりイスラーム改革が起こったが、さらに改革を厳しく、あるいは純化していくという意味において、ワッハーブ派、サヌースィー派、マフディー派の三つの宗派が強調されるべきだということなのである。

第二部にあたりクリーヴランドはホーラーニーと違い、第一次世界大戦の終わりまでしか扱わない。そして、中東は一つの流れでは語れない、ということでイランに言及する。それはやはりエジプトやオスマン帝国とは違った流れになる。シーア派とスンナ派の違いもあるし、エジプトもオスマン帝国も地中海に面しているが、イランは地理的にも離れていることもあり、それがヨーロッパとの関係において異なる状況を生んでいる。北からはロシアが、東のインドからはイギリスが入ってくるので、オスマン帝国の立場と似ている状況もあるが違う面もある。ただし、常に内側の問題を重視するという視点からイスラームが前面化されている。

近代以前、すなわちヨーロッパが入ってくる以前、オスマン帝国は停滞していたというイメージが一般的に持たれているが、クリーヴランドは、それに対し否定的な立場から出発する。オスマン帝国は同じことを繰り返しながらスルタンが変わっていくだけの歴史だろうという見方に対して、反論の立場を取っているのである。

クリーヴランドがはっきり指摘しているのは、オスマン帝国の変化は「近代化」(modernization) あるいは「西洋化」(westernization) では語れないということだ。この本の中では「変容」(transformation) という言葉を使っている。単なる「変化」(change) とは異なる、つまりかたちそのものが変わっていくという意味であろう。

だからこそ、一九世紀はイスラーム的中東において、外的な刺激による変容の最初の事例でもなければ、オスマン改革の最初の試みでもなかった。一五世紀および一六世紀におけるオスマン帝国の勃興と安定は、それ自体が「変容」の過程なのである。同時期のイランにおけるシーア派の受容も同じことである。一九世紀の中東の支配者は自分たちの国家を「西洋化」する意図もなく、ただ、自分たちの武力のためにヨーロッパの技術的革新と組織化の方法を選択的に採用しようとしただけだったのである、とクリーヴランドは述べている。

一九世紀の中東の人々は、別にヨーロッパのようになろうと思っていたわけではない、という論旨がここでの主眼になる。そもそも「変容」は一九世紀に始まった話ではない、オスマン帝国はそれ以前から変わっていたと主張している。なぜこのようなことを繰り返し強調するのかと言うと、先ほど述べたような、欧米人の持つ偏見を伴うイメージ（帝国自体はずっと停滞している。ただ支配者がすげ代わるだけで社会構造そのものは何も変わっていない）への反論を強調するためである。

一九世紀の中東の人々が欲していたのは、中国（清）で言う「中体西用《ちゅうたいせいよう》」のようなことであった。つまり彼らが欲しいのはヨーロッパの技術だけであって、ヨーロッパの精神ではない。そのようなことが選択的に行なわれたのだ、と述べているのだ。しかし、ヨーロッパの影響力が行政レベルや軍事レベル以外のところまで広がっていったことで大きく変わらざるを得なかった、というのがクリーヴランドの議論の論点である。

歴史家ジャバルティーの主体性

これまでの話を前提としつつ、エジプト人歴史家アブドゥッラフマーン・ジャバルティー（一七五三―一八二五年）について見ていきたい。

ジャバルティーは本章の冒頭に述べたタフターウィーの少し前の世代であるが、同じようにウラマー（イスラーム学者）の家に生まれた。父が大変有名なイスラーム学者であり、その影響が大きいと言われている。代表作は、繰り返し欧米のみならずアラブ世界でも読み継がれている『伝記と歴史における事績の驚くべきことども』という著作で、ちょうどナポレオンが侵略してきた当時のことを記述している。一冊の本だけで有名になった大変珍しい人物ではあるのだが、このジャバルティーという歴史家は後の世代にどのように見られていたのだろうか。

当時フランスは、ナポレオン戦争でヨーロッパ全体を席捲《せっけん》したが、それに対抗するかたちでイギリス、ロシア、オーストリア、あるいはオスマン帝国の間で合従連衡が一八世紀末から一九世紀にかけて行なわれた。それぞれが状況に応じて手を組む相手を変えていったのだ。この時期、つまりナポレオンが圧倒的な力を持っていた時代は、フランス対その他という構図で語られることになる。

この時期、イギリスの基本的な方針としてあったのは、フランスが入ってくることによってオスマン帝国が解体することは避けねばならない、ということだ。イギリスにとってもフランスの影響力を排除したい意図があったので、フランス対その他という構図が作られたのである。ホーラーニーによる記述を見てみよう。

〔フランスのエジプト占領は〕イスラーム世界の中心地の一つに対する、ヨーロッパ勢力による最初の大規模な侵入であり、住民は新たな敵、ヨーロッパ列強の軍事力に初めて晒された。当時カイロで暮らしていたイスラーム史家のジャバルティーは、両者の力関係の不均衡、とりわけ挑戦を受けたエジプトの支配者たちの無能を痛感しつつも、侵入者による衝撃を詳細に記録している。ジャバルティーが語るところによれば、仏軍がアレクサンドリアに上陸した知らせが、最初にカイロのマムルーク指導者たちに達したとき、彼らは何もしようとはしなかった。「全フランク人がやって来ようとも、われわれと対等に立ち向かえまい、われわれは馬蹄でもって彼らを蹴散らし、冴えた剣でもって彼らの素っ首を刈り取ってやる」と公言していたという。これに続いたのは敗北と混乱と、マムルークに対する反乱の試みだった。新しい支配者に対する反感が入り交じりつつも、ジャバルティーにとって、彼らとともにやってきた学者や科学者は称賛の的だった。[16]

「フランク人」というのは、イスラームの人々がヨーロッパの人々を呼ぶ際の呼称で、フランク王国（四八六―九八七年）に代表させている言葉である。エジプトのマムルーク（軍人奴隷）は、「蹴散ら」すと言いながら、実際は何もできなかった。ホーラーニーは、エジプト人はそう言いながらも、ヨーロッパの科学技術に関しては称賛していた、ということを強調している。

ところがローガンの視点になると若干ニュアンスが変わってくる。彼が強調しているのは、ナポレオンがエジプトに侵攻した際、自分たちはイスラーム教徒と心を同じにしている、と懸命に訴えたということである。よく知られている話であるが、ナポレオンは「イスラームのため」ということを、侵略の名目にした。エジプトの抑圧者、つまりマムルークの手から民の権利を取り戻すというのがナポレオンの口実だったのだ。それに対しジャバルティーは、そう簡単には我々は騙《だま》されない、と述べた。

エジプト国民はそれほど騙されやすくはなかった。当時、カイロいちばんの知識人だったアブドゥッラフマーン・ジャバルティーという人物が、フランス軍の遠征について注目すべき一文を残している。『『朕がここに来たのは、汝らの権利を抑圧者の手から取り戻すことだけが目的である』というのは、ナポレオンが口にした最初の嘘、彼がでっち上げた虚言である』。ジャバルティーは、イスラームとその預言者、およびその聖典を尊重するというナポレオンの口上を、まともな精神の持ち主であればできるはずがない最低の愚行として耳を貸さなかった。(17)

だから、どこに重点を置くかによってジャバルティーの評価は変わってくることになる。

最終的にローガンはどう結論付けているのか。彼は第一次世界大戦時の話と比較している。第一次大戦でイギリス人がバグダードを陥落したが（一九一七年）、その行為とナポレオン遠征は変わらない。何と言おうと、どんな理由を付けようと、単なる軍事占領であることに変わりはない、ということだ。これがローガンの立場である。

日本の研究者の見解も見てみよう。三木亘《みきわたる》は、東京外国語大学アジア・アフリカ言語文化研究所で研究し、晩年は慶應義塾大学の教授として活躍した。若い頃に「歴史家ジャバルティ」という論文を『イスラム世界』という雑誌に書いている。(18)この論文では、様々な研究者や、イスラームの碩学《せきがく》によるジャバルティーについての言及を多数紹介している。

例えば、H・A・R・ギブは、ホーラーニーの師匠筋に当たり、第二次世界大戦前後まで活躍した研究者であるが、彼も非常に高くジャバルティーを評価していた、と評している。専門はオスマン史だが、アラビア語のよくできる、ヘブライ大学のD・アヤロンも、ジャバルティーについて、イスラーム世界全時代を通じて代表的な歴史家であると高い評価をしていると紹介している。

三木もこれらの賛辞に異議はないとしつつ、ただし、褒め方が問題だと指摘している。一言で言えば、それぞれ自分の研究の文脈の中で評価しているだけであるということだ。それではジャバルティーは分からないというのが三木の主張である。

三木はジャバルティーを「主体性」という観点から評価している。ジャバルティーの果たした役割について最もその本質を捉えているのは、三木によると大文明史家として有名なアーノルド・トインビーだという。三木が評価するのは以下の部分である。つまり、あえて侵略した相手のことを一切書かず、同じ現象の裏側を書くことにより、その侵略を批判するという姿勢である。「無視による批判」というかたちの書き方にジャバルティーの本質があるとトインビーが述べているが、この点を強調したいというのが三木の立場である。

かれ〔トインビー〕は一方では、ジャバルティが、アンスティチュ〔研究機関〕のフランス人の学問や、クレベール裁判におけるフランス人の正義に目をみはったことを指摘しながらも、他方、ジャバルティのムスリムとしての厳然たる主体性を認めている。仏軍侵入の年（A.H.〔ヒジュラ暦〕1213）のしめくくりで、ジャバルティは一言も仏軍侵入の事件にふれず、ヒジャーズへのエジプトからの巡礼が絶えたことを、「未曾有の出来事」として語っているのである。

トインビーはこのことをかれの文明論の一部として述べているにすぎないが、本稿の課題はまさにこの点にある。ジャバルティの、史料としての価値ではなく、歴史家としての資格、価値を問題にしたいのである。(19)

次に板垣雄三（東京大学名誉教授）の視点も見てみよう。板垣もムスリムが自らを変えていくことによって状況に対応していることを強調している。このイスラーム改革思想の文脈の中にジャバルティーも位置付けることができるという視点だ。板垣は「イスラム改革思想――アラブの場合を中心として」という論文の最後に以下のような表現をしている。

十八世紀後半のエジプト社会においても、実は基本的に同様の歴史の底流が認められるのであり、そのことはフランス軍占領の日々にカイロの民衆とウラマーによって明白にも証明されたのであった。この歴史的転換期を生きるムスリム知識人の強靭な主体的態度はジャバルティーの眼と生き方とのうちに鮮明に示されているが、その結晶たる彼の『伝記と年代記とによるめずらしきことども』〔……〕において、われわれは右にのべたようなイスラムの（あるいはムスリムの社会の）自己改革への胎動をききとることができる。(20)

外側からの西洋の衝撃というかたちで一方的に受け身で受け取っているのではない。むしろそれを積極的に受け取りながら自らを変えていっている、という見方をしなければならない、ジャバルティー評価もそういった視点からなされなければならない、という一つの姿勢を示している。ヨーロッパの中東研究者も一般的にはこのように考えているので、この姿勢は共通しているものと認識して間違いない。

ヨーロッパとの遭遇の時期をどのように位置付けていくかという時、支配された、あるいは侵略された側が積極的に変わっていくという部分を見ていかねばならない、という議論が中心になっているということを強調して終わりたい。

第3章

植民地化への抵抗運動

ウラービー大佐と日本人

本章ではまず、エジプトの植民地化の問題について見ていこう。アフマド・ウラービー（一八四一―一九一一年。「アラービー」「オラービー」等と様々な表記があるが、最近の世界史の教科書では「ウラービー」という表記が一般的になっている）〔図3－1〕は、エジプトでは大変人気のある人物で、とりわけナセル大統領時代の一九五〇年代、アラブ・ナショナリズムが全盛期の時代に、エジプト民族主義の英雄として称賛された。

本書の冒頭で述べたように、中東の「近代の幕開け」はナポレオンのエジプト遠征に始まった。その後、ムハンマド・アリー王朝が綿花を中心に専売制を導入し、旧勢力を排除して徴兵制度を導入して近代的軍隊を創出し、エジプトの近代化を成し遂げていった。そして、シリアへの出兵やアラビア半島のワッハーブ派の討伐、またスーダンにも軍隊を派遣した。エジプトの宗主国オスマン帝国は一八四一年以降、ムハンマド・アリーとその息子たちに総督《ワーリー》の地位を認めた。

ムハンマド・アリーの孫であるイスマーイール・パシャ（在位一八六三―七九年）の時代に状況が大きく変化する。というのも、彼は南北戦争（一八六一―六五年）の開始をきっかけにした綿花の輸出増加によって増大した財政収入を、スエズ運河開通をはじめとするインフラ建設に投資し、エジプトの近代化への先鞭をつけたからである。また、パシャはオスマン帝国に多額の貢納金を支払って、一八六七年には副王《ヘディーヴ》の称号を得て、事実上の独立国としての地位を獲得した。しかし、南北戦争の終了後、綿花価格は暴落してエジプト経済は急激に悪化した。そのため、スエズ運河会社株をイギリスに売却して財政赤字を立て直そうと努力した。だが、結果的に膨大な対外債務のため国家財政は破綻し、一八七六年以降は英仏の介入を招いて財政を二重管理される事態になってしまった。さらには英仏の外国人判事も加わる混合裁判所をも容認せざるを得なかった。

図3-1　アフマド・ウラービー

そのようなエジプトの政治的・経済的状況が悪化した中でウラービー大佐は立ち上がったのである。その背景として、当時国民党の下に結集したエジプト民族主義者たちが議会の設立を要求していた。同時に、ウラービー大佐が掌握するエジプト国軍も動いて、一八八一年には民族主義的な内閣と憲法を副王タウフィーク（イスマーイールの子）に承認させた。このようなエジプト・ナショナリスト的な動きに危機感を持ったイギリスは、八二年五月にはエジプトに軍隊を派遣して威嚇した。そして、アレクサンドリアで発生した衝突事件を口実にして、イギリス軍は上陸した。ウラービー率いる反乱軍はイギリス軍の軍事力の前に鎮圧されたのである。

ウラービー大佐の反乱が失敗して、エジプトがイギリスに植民地化されたのが一八八二年であった。スエズ運河会社はすでにイギリスとフランスによってエジプト政府の頭越しに経営されていた。スエズ運河はエジプトの植民地化の象徴的な存在となったのである。七〇年後の一九五二年にエジプト革命が成功し、王制が倒され、ナセル大統領がスエズ運河会社を国有化するまでは、イギリス・フランス帝国主義に対する戦いが続いた。ウラービー大佐の反乱がエジプトの植民地化の始まりであるならば、一九五六年のスエズ戦争（第二次中東戦争）はエジプトの解放の年でもあった。

ウラービーが現在に至るまでエジプトで人気があるのは、ファッラーヒーン（農民）の出身でありながら、エリートであったジャバルティーやタフターウィーと同様に、アズハル大学まで進学し、そしてまたエジプトの軍隊では将校にまで出世したというその経歴に拠《よ》るところも大きいだろう。当時のエジプト軍の将官クラスの指揮官にはムハンマド・アリー王朝の流れを汲むチェルケス人などの異民族出身者が多く、現地生まれのエジプト人の高級将校は決して多いとは言えなかった。その意味ではウラービーは農民から出世したエジプト人の期待の星であり、エジプト・ナショナリズムを代表するような人物だったのである。ちなみに、チェルケス人というのは、元々は黒海とカスピ海の間にある山岳地帯のコーカサス（カフカース）の出身のムスリムで、イスラーム史ではマムルーク（軍人奴隷）を数多く輩出し王朝まで建てた人々として知られた民族であった。

何度も繰り返しているように、エジプトや北アフリカの国々は、オスマン帝国が宗主国ではあるのだが、帝国から派遣されてきた総督らが事実上自立するような経緯を辿っていた。エジプトにしろ、アルジェリアやチュニジアにせよ、同じような状況下にあった。これらの国々は地方政権としてオスマン帝国から半独立的な地位を獲得していたというところに特徴がある。当然のことながら、オスマン帝国が宗主国なので、軍隊は基本的には中央政府であるイスタンブルから送られてきていた。となると、派遣先の国を支配する軍人は、当然現地出身の人ではない。特に多かったのがチェルケス人であり、ムハンマド・アリーなどオスマン帝国の首都イスタンブルで登用されたマムルーク出身者たちが王宮を固めるパターンがほとんどであった。少なくとも圧倒的多数派を占める現地ムスリムからは将校の登用は限られていた。オスマン帝国内で現地の人々に反乱を起こされると困るという理由からである。あくまでスルタンに忠誠を誓うような軍人たちを、キリスト教徒などの子弟をムスリムに改宗させてから育てていき、スルタンの脇を固めるというやり方をとっていたのである。これはイスラーム世界において歴史を通じて共通することである。繰り返しになるが、マムルークは大多数を占めるムスリムからではなく、キリスト教徒などの民族的な少数派から登用されていた。そして、その軍人は社会から切り離されてムスリム民衆とは接触を持っていないのが一般的であった。

日本では、ウラービーは、谷干城《たにたてき》（一八三七―一九一一年）［図3―2］や東海散士《とうかいさんし》（柴四朗。一八五二―一九二二年）との関係で比較的よく知られている。谷干城は土佐出身で、西南戦争の際に熊本城の守備の責任者だった人物である。その後、農商務省の大臣となり、その時に秘書官のような役割をしていたのが東海散士である。明治一〇年代中頃から二〇年代初めにかけて国会開設に向けて政治的な事件や人物などを主題とし、あるいは政治思想の普及・宣伝を目的とする「政治小説」というジャンルがあったが、東海散士はそのジャンルで著名な小説家であり、そしてジャーナリストとしても有名になる。

東海散士が生まれた千葉県南西部の浦賀水道に面する富津《ふっつ》は会津藩の飛び地であった。彼自身は会津藩士の子弟であり、戊辰戦争で官軍と戦った経験のある人物である。彼は旧会津藩出身であるが故に、明治以降の藩閥政治、つまり薩長土肥の出身者が政府の主要ポストを独占状態にして他を排除している状況下では出世の見込みはほとんどなかった。したがって、東海散士は最終的にはジャーナリストとして身を立てていくことになる。彼はたまたま谷干城と知り合い、可愛がられたようだ。谷と同じく土佐出身の岩崎弥太郎に援助してもらってアメリカへ留学し、高等教育を受ける。それが彼の世界観を大きく変えていくことになった。当時のアジアの小国からアメリカへ赴き、そこで勉学するという体験が、ナショナリスト的な心情を醸成したのも自然な流れと言える。アメリカは移民国家であり、現地で世界各地から来ている人々と接触することになるからである。アメリカは世界中の抑圧された民族の吹き溜まりとなっていたという側面もあったので、そのような人たちとコミュニケーションしているうちに、東海散士自身もナショナリストになっていったのである。

図3-2　谷干城

東海散士がこの留学経験で得た体験に基づいて執筆したのが教科書にも登場する『佳人之奇遇』（一八八五―九七年）である。擬古文調で、しかも、まえがきは返り点もない漢文で書かれており、現代人には読み辛い文献である。また、文庫化等もされていないので、今の若い世代にはなかなか日に触れる機会がないのが実情である。その著作の内容は、世界各地のナショナリストたちが集まり、イギリス、フランスを中心とする帝国主義に対してどのように戦っていくかの議論を重ねていくというもので、その中にウラービーも登場しているのである。

東海散士は、明治維新の敗北組の子弟として、負け組エジプトと勝ち組イギリスの関係を、会津と薩長という構図に重ね合わせて見たようだ。会津出身の自分たちは薩長雄藩に敗れた者たちである。それは帝国主義大国イギリスに敗れたエジプトと同じ境遇なのである。反薩長の武士たちの一部は自由民権運動等に向かうが、東海散士自身は、第三世界の抑圧された人々に自身の境遇を重ね合わせ、英仏の植民地主義に対抗して闘っている人々に共感・同情を寄せて、ナショナリズムに傾倒していくのである。だからこそ、エジプトは、民族解放という観点から東海散士にとって極めて重要な意味のある場所だったということになる。彼は日本で最初にエジプトの歴史『埃及《エジプト》近世史』（一八八九年）を著した人物となった。今はインターネット上で見ることができるが[1]、先ほど触れた『佳人之奇遇』と同様に、今の若い世代を含めて戦後世代の読者には非常に読みにくい文体の本ではある。まだ現代語訳もない。しかしながら、日本とエジプトの深い歴史的な関係を考える際、この東海散士の名がすぐに浮かんでくるほどに、この人物がウラービーに入れ込んだことはよく知られているのである。

一方、谷干城も、欧米視察に出かけた際、東海散士と共にセイロン（現在のスリランカ）に流刑になっていたウラービーに会っている。時代は日清・日露戦争が始まろうとする頃である。日清・日露戦争以降は、日本はアジア諸国としては例外的な帝国主義的な大国になり、自らが支配する側になったことで、政府はもっぱらイギリスやフランスなどの宗主国がどのように植民地経営を現実化していったかということにその関心を移行させていった。だが、この時期は時代的にはまだ帝国主義時代に突入する前の過渡期で、日本も植民地化の瀬戸際にあり、欧米の隷属状態になりかねない危機にあった。そのため、イギリスやフランスに対する植民地の抵抗運動の展開や、アジア・アフリカのナショナリストに共感する余地がまだあったのである。

東海散士は、朝鮮半島に対する積極的な攻勢、いわゆる「征韓論」に乗るかたちで、日清戦争の原因となる閔妃《びんひ》暗殺事件にも関わった。ナショナリストとしてはいささか過激な行動を起こしていることは間違いない。あるいはその後の大陸浪人のプロトタイプと言ってもいいかもしれない。東海散士は晩年国会議員として活躍し、政治家として生涯を終えた。

東海散士は、被抑圧民族に対して同情したとはいっても、彼自身は強固なナショナリストであり、丸山眞男風に言えば「初期国民主義」、つまり「明るいナショナリズム」を代表する人物である。欧米によってまだ日本が植民地化される可能性があった時代における、国土を守るための、よい意味でのナショナリズムを体現した実践的知識人として、晩年は別として改めて評価してもいいのではないか。

ナポレオン戦争後の植民地化――アルジェリアとエジプト

本章では、植民地化について二つの問題を考える。一つ目は、アルジェリアのフランスによる占領の問題である。アルジェリアは、オスマン帝国の属州であった地域で最初にヨーロッパ諸列強に植民地化された国である。二つ目は、ウラービーの反乱に代表されるように、イギリスがエジプトをどのように植民地化したかという問題である。

前提として考えなければならないのがナポレオン戦争である。本書で二章にわたり論じてきたが、開国の問題がそれ以降の歴史を規定していくことになる。北アフリカにあるアルジェリアやエジプトは、イギリスとフランスの争いにより、門戸をこじ開けられるかたちで開国を余儀なくされた。以降、絶えずヨーロッパ植民地主義の争いの中に巻き込まれていくことになった。

ナポレオンは、イギリスに対抗するためにエジプトに遠征した。エジプトを確保すれば、イギリスの生命線である「インドへの道」を押さえることができると考えたからだ。つまりナポレオンのエジプト遠征の目的は、イギリスよりも優位にアジア政策を展開していくためだったのである。

ナポレオンはその後、ヨーロッパ全土に軍隊を展開したが、フランス軍による占領に対する抵抗運動から、それぞれの地域のナショナリズムを生み出すという結果になった。それまでなかった考え方、つまり自分たちは一つの民族であり、ある一つの国家の国民であるというネイション意識が出てくるきっかけになったのだ。フランスが生み出したナショナリズムはヨーロッパ各地に、さらにはヨーロッパ以外の地域にも広がっていった。このように、フランスやイギリスの侵略は、植民地化しつつも、同時にナショナリズムを生み出していく契機を作ったことになる。

フランスは、いわゆるマグレブ三国と言われるチュニジア、アルジェリア、モロッコの北アフリカを、さらに第一次世界大戦後にはシリア、レバノンという地中海東側の地域を獲得する。イギリスは「インドへの道」の寄港地を次々に確保し、さらにはその後石油が産出した地域をペルシア湾の海岸線に沿って獲得していった。

この中東地域が植民地化されていたという事実を確認した上で、これまで見てきたホーラーニーの『アラブの人々の歴史』を参照しながら考察していくことにする。

産業革命による世界の一体化と二極化

第一次世界大戦が始まる年（一九一四年）までを「長い一九世紀」と呼んでよいかと思われるが、この時代を大きく見ると、まず次のことが言える。この時代は、ナポレオンがヨーロッパを席捲して新しいナショナリズムの運動が展開されていくのと同時に、産業革命が浸透していく過程でもあった。産業革命は一八世紀末から始まり一九世紀初頭まで展開されたが、それが何をもたらしたのか？　大量にモノが作られるということである。蒸気機関の発明により大量生産が可能となった。このことは、作った商品を売りさばく市場を求めることにつながる。それに軍事的行動が伴っていく。とりわけそのような事態が典型的に現れるのが、工業先進国イギリスである。

イギリスについて、しばしば経済史において使われるのが「自由貿易帝国主義」という用語である。[2]自由主義と帝国主義がセットになっているのだ。イギリスはモノを売ることに重点を置いており、その市場となる地域を直接支配する意図はあまりなかった。東アジアに対しても同じ発想であった。中国を支配するつもりなどなく、商売で儲《もう》けたいという発想だ。中国から茶を買いたいが、こちらからは売るモノがないということで、編み出されたのがインド産のアヘンだったというのは有名な話である。要するにかなり強引なかたちで商売をやっていったのだ。その結果勃発したのがアヘン戦争（一八四〇—四二年）だった。

モノを売り込む市場としての植民地化が、この時期におけるポイントである。ちなみに、まだこの時期は石炭の時代であった。石油の時代はもう少し後の二〇世紀に入ってからで、第一次世界大戦でイギリスが船舶の燃料として石油を導入して、まだ石炭のままであったドイツを打ち破った。

以上の歴史的事実は学問的に述べると次のようになろう。(3) すなわち、ナポレオン戦争が終わると、ヨーロッパの影響はさらに拡大していって、新しい生産技術や産業の組織方法が、戦争から解き放たれた需要と活力で刺激を受けた。戦争が終わって商人や商品は自由に移動し始めたのである。新しく安価な綿織物や毛織物、そして金属製品が、最初は主にイギリスで、やがてフランス、ベルギー、スイス、ドイツ西部でも製造されるようになって世界市場が開かれていった。一八三〇年代と四〇年代になると、今度は蒸気船と鉄道が登場して「輸送革命」が始まった。かつて運輸は陸上輸送であったために割高で遅く、危険でさえあった。しかし、今や蒸気船や鉄道によって運輸が迅速かつ確実となって、それに比例して商品は安価になった。「輸送革命」は、遠隔地をも含む大きな市場を形成したため、奢侈《しゃし》品だけでなく大きな商品を荷物として移動することをも可能にしたのである。

世界の工場としてイギリスは、否、もっと広く言えば西ヨーロッパが、資本の輸出というかたちで発展していく。工場で大量にモノが作られるようになり、当然のことながら大きな工場では大量の労働力が使われることになる。さらに、動力として使われる大量の石炭を調達しなければならなくなる。まだ当時は坑道を深くまで掘る技術がなかったので、小さい穴を子供たちに掘らせるという児童労働が盛んに行なわれていた。

そのような過酷な労働が深刻な社会問題を引き起こした。子供を労働力として長時間にわたって過酷に使うことで（ディズニー映画『メリー・ポピンズ』の挿入歌として使われた「チム・チム・チェリー」の煙突掃除の少年が象徴的である）、子供たちが健康を害して病気になり若死にすることが多くなると、家族を持って再び労働力としての新しい生命を生み出すという意味での再生産ができなくなる、という悪循環が起こったのである。社会全体として人口が段々と減っていく。そうなると労働力が安定的に確保できなくなる。それでは社会は維持できず、まずいことになるということで、子供には労働はさせずにある年齢までは教育を授けて守る、という社会保障制度ができていった。すなわち、労働力の再生産のために子供たちを保護するという発想が出てきたのである。このような文脈において、家族の中である程度の年齢まで子供を育てるという考え方も出てくる。いわゆる「子供の誕生」である。歴史学者のフィリップ・アリエスの議論(4)で有名であるが、「子供」が保護の対象として資本主義の発展と共に登場した、ということだ。「子供」を保護することは将来的な労働力の再生産を可能にして社会全体の利益になっていくのである。

一九世紀に入って、蒸気船と鉄道の登場で、一八三〇年代、四〇年代には生産したモノを大量に運べるようになった。先ほど述べた「輸送革命」により市場がどんどん世界に拡大していった。その拡大に伴うかたちで市場として植民地を獲得していくという流れになったのである。モノが大量に動き始めると、当然、人間も動くことになる。それに伴って情報も動く。その結果、信用制度、つまり銀行や証券取引所等、イギリスのポンドに連動したかたちで国際金融市場が急速に成長していくことになる。現在の金融制度は資本主義的生産の発達に伴って形成されたわけである。このように増大する貿易の安定化の最終的な保障は貿易航路（現代風に言えば「シーレーン」）を守る軍事力であった。

ナポレオンは、国民国家的な新しい国民軍を作り上げた。それまでのような傭兵《ようへい》ではなく、国民そのものが兵士として戦う徴兵制度を採り、国民の軍隊が形成された。それがフランスの強さを象徴した。

生産力の増大と同時に技術の革新が進む。人間を安定的に再生産するシステムも作り上げられ、衛生面も技術の発展により改善されていく。長生きできるようになり、子供もたくさん産めるようになり、人口も増大する。それが大都市を作り上げていき、その大都市が生産の場になっていった。こうしてこの時期に産業都市が生まれた。「都市化」はこの時期から始まる。巨大都市の誕生もこの時期である。

ある程度の教育を受けていないと労働力としても使えない、ということで初等・中等教育が義務化されて、識字率も高まっていった。このことがメディアの発達を促し、新聞・雑誌が普及する。それがナショナリズムという新しい考え方を世界に広げていく役割を果たしたのである。この時期は、まさに現在の有り様が初期的なかたちで現れた時代なのである。
ヨーロッパにおけるこのようなモノのみならず情報も含めた資本主義的な発展は、中東を含む他の諸地域にも広がっていった。世界のあらゆるところに商品が行き渡ることになったのである。

イギリスの東地中海諸国への輸出額は、一八一五年から一八五〇年の間に八〇〇%増加し、その頃までにはシリア砂漠のベドウィンまでもが、ランカシャー製の綿シャツを着るようになった。それと同時に、工場の原料や、工場労働者の食糧に対するヨーロッパ側の需要が、商品作物の生産を促した。アラブ地域の穀物輸出は継続していたが、ロシアの穀物輸出の増大に伴い重要性を失っていった。チュニジアのオリーブ油は石鹸生産に、レバノンの生糸はリヨンの工場に、とりわけエジプトの綿花は、ランカシャーの紡績工場から需要があった。一八二〇年にはフランスの技士ルイ・ジュムルが、エジプトの農園で発見した高級織物に適した長繊維綿花の栽培を始めていた。それ以降、エジプトの耕地は綿花栽培に切り替えられ、そのほとんどがイングランドへ輸出された。ジュムルの着手に続く四十年間で、エジプト綿花の輸出額は、一八六一年までにゼロから約百五十万エジプト・ポンド（英ポンドとほぼ同価）にまで増えた(5)。

世界中に画一化された高品質の製品が行き渡るようになったという、現在のような消費社会の誕生は、この一九世紀前半には確立していた。貿易が世界を一つにしていく。衣料のみならず、食糧についても同じことが言えるのである。と同時に、原料を生産する場所とモノを高い技術で大量に製造する場所という二極化が始まる。それが支配と従属の経済構造を作り上げていった。例に挙げたチュニジアのオリーブ油、レバノンの生糸、エジプトの綿花というように、中東も原料を提供する場所として世界経済に巻き込まれていった。ホーラーニーの著作の一節に「エジプトの耕地は綿花栽培に切り替えられ」たとあるように、綿花をイギリスに供給するために、いわばモノカルチャー化が急速に進んでいった。同時に、綿花はエジプトにとっては富の源泉になっていった。資本主義の発展の時期はムハンマド・アリーとその後継者たちの時代なので、エジプトの近代化政策は、綿花の輸出により発展が保証されたことになる。

日本においても明治維新以降、絹や綿糸などの軽工業が日本の産業を支えていた。ちなみにレバノンの生糸生産は、日本の生糸の世界市場への席捲によって完全に潰されてしまう。フランスが日本製に切り替えたことで、レバノンの生糸産業は壊滅したのである。ちなみに、中東市場におけるイギリスの綿製品を日本の綿製品が席捲するのは、もう少し後の一九三〇年代である。

　要するに、一九世紀後半以降、貿易を通じて世界が急速に一体化していくと同時に、勝ち組と負け組がかなり明確になっていったのだ。モノの流通が拡大すると、モノを作る側が原料を作る側に対してどんどん有利になる。これがまさに植民地化の前提である。

　当たり前のことであるが、人間の移動に伴い伝染病も入ってきたが、その対処方法も衛生学の発展によって随分と変わってきた。アラブ世界はまだ鉄道時代の初期段階だったので、食糧等の生活必需品の輸送に関しても不十分で、飢饉《ききん》により人口減の恐れもあった。

　蒸気船による「輸送革命」が起こると、発展するのが港である。東地中海ではベイルートやイスタンブルである。日本で見ると、幕末の諸条約で開港場に指定された港湾都市がある。西から長崎、神戸、横浜、最初に開港した函館（箱館）、さらに新潟も含まれる。エジプトの代表的港湾都市アレクサンドリアもこの時期に大きく発展する。

　しかし、ホーラーニーは西ヨーロッパと違い、アラブ地域では生産のための投資ができず、原料の生産地に特化することにより、モノを生産するヨーロッパ経済に従属するかたちになっていったことを指摘している。

侵蝕されていくオスマン帝国

北アフリカがヨーロッパ列強による植民地化の最も典型的な例であるが、オスマン帝国はバルカン半島やクリミア半島をはじめとして周辺部からどんどん侵蝕《しんしょく》されていった。西からは地中海を隔てた隣国のフランスが、北からは大国ロシアが中東に入ってくる。さらにイギリスが「インドへの道」を確保するため、航路上にあるジブラルタル、マルタ、キプロス、スエズ、アデンなどといった主要な港市を植民地化していった。

さらに中東地域の特徴の一つとして、ペルシア（アラブ）湾岸地域の特殊な状況が挙げられる。この地域の人々の多くはかつて海賊を生業《なりわい》としていたため、イギリスは「海賊海岸」と呼んだりしていた。イギリスはそれを抑えるために「休戦協定」を結んだのである。このようなかたちでのイギリスとの関わりから、ペルシア湾の出入り口のアラビア半島側の海岸地域に小さな諸国家群が形成された。このアブダビ、ドバイ、シャルジャなどの「トルーシャル・ステーツ」（休戦条約諸国）と呼ばれる小さな国々が、現在において独立を維持している（現在では「アラブ首長国連邦」を構成している）のは、まさに偶然ではあるが二〇世紀に入って石油が出たことによる。日本の一つの県の面積にも満たない小さな国々が、現在に至るまで独立国家を名乗り、国連で一票を持つに至るのは、一九世紀始めに遡り、このようなかたちでのイギリスとの深い関係があったからだということは押さえておく必要がある。

アルジェリアの過酷な植民地化

アルジェリアはなぜ植民地化されたのか。これにはフランス国内の偶然的要素がかなり作用している。運命の悪戯《いたずら》と片づけるには、その後のアルジェリアが経験した植民地化の歴史はあまりにも過酷かつ悲惨過ぎると言えるが、やはり偶然の帰結であるということは強調しておかなければならない。

フランスではナポレオン没落後の一八一四年にブルボン王朝が復活するが（第二次王政復古）、一八三〇年にその王朝が人気取りのために海外へ出兵した先がアルジェリアだった。同年に七月革命が起こり、ブルボン王朝は潰れるわけであるが、フランスによるアルジェリア占領はその後もずっと続いてしまうのである。

ナポレオン戦争中、フランス軍はアルジェリアから穀物を徴収したが、その対価を払わずに踏み倒した。一八二七年、アルジェリアの太守《デイ》（オスマン帝国から派遣されていた総督）フサイン・パシャは催促したのだが、その交渉の中で太守がフランス領事ピエール・デヴァルを扇で叩《たた》いた。この些細《ささい》な出来事が、フランスが軍隊を派遣する口実になり、軍事占領に至るという悪い冗談のような結果に至った。借金をしている方が面の皮が厚いのか、踏み倒しながら逆に占領するという方向に向かったのだ。

したがって、フランスはとにかく明確な目的があって占領を開始したわけではないということが強調されてしかるべきだろう。フランスはアルジェリアを占領してみたものの、太守たちがいなくなったため、国が混乱し始める。ちょうどアメリカがイラクを占領した後の状態と同じである。フランスのアルジェリア占領も、国内問題への関心を外に振り向けるために軍隊を派遣し、占領に抵抗した地方政権を潰してしまった。しかし、そのまま放っておくと大変なことになるので軍隊は本国に戻れなくなった、という悪循環に陥ったのである。

オスマン帝国から派遣されてきた太守の政権が倒れ、それに代替するものがフランス軍しかなかった。現地の人々の間でそのようなフランスの占領に対する反発が出てくるのは当たり前だ。そのような混乱した状態の中で登場したのが、民族運動の指導者としてよく知られているアブドゥルカーディル・ジャザーイリー（一八〇七—八三年）［図3-3］なのである。

図3-3　アブドゥルカーディル・ジャザーイリー

アブドゥルカーディルはアルジェリア西部のカビール地方の出身である。新興勢力として登場し、その勢力を次第に伸ばしていった。彼はカーディリー教団という、スーフィズム（イスラーム神秘主義）のタリーカ（教団）のネットワークを有しており、急速にフランスに対する抵抗の組織を広げていった。

北アフリカにおいては共通していることであるが、このようなスーフィー（イスラーム神秘主義者）教団は、社会的な動員力を持つ組織として非常に強固なものがある。オスマン帝国から派遣され、軍隊を引き連れてやってきた太守たちは、社会の上層部しか押さえていない。社会そのものに関しては、実はこのようなタリーカが押さえていたのだ（西アフリカにも同様なことが言える）。そのようなネットワークにアブドゥルカーディルは乗っかった。現在のイスラーム的抵抗運動の原初的形態と言える。イスラーム神秘主義教団は、単に社会的な機能だけではなく政治的・軍事的な機能まで果たしているので、その意味では伝統的な社会組織とは明らかに異なる。

残念ながら、アブドゥルカーディルは一八四七年に敗北して指導者の座を追放される。しかし、ルイ・ナポレオン（ナポレオン三世）の時代に、彼は牢獄《ろうごく》から解放され復権する［図3－4］。フランスは、ナポレオン三世時代になると、現地の勢力を利用しながら支配するかたちに少しずつ方針が変わっていったが、アブドゥルカーディルの解放はその象徴的なエピソードである。幕末にあたる一八六四年から六八年まで駐日フランス公使として日本に赴任したレオン・ロッシュ（一八〇九―一九〇一年）もアブドゥルカーディルと深い関わりを持っている。ロッシュは一八三二年からおよそ三二年間の長きにわたってアルジェリアをはじめとする北アフリカに滞在した。彼はアラビア語にも堪能《たんのう》で、フランス軍の通訳官としても活躍した。そのため、ロッシュはアブドゥルカーディルとも対仏抵抗を止めるよう交渉したことでも知られている。

アルジェリアでは、単に軍隊を駐留させるだけではなくして、現地の人たちの土地を収奪しながら、そこに乗っかった上で農業経営が始められた。フランスやスペイン、イタリアから入植者たちがどんどんと入ってくる。それがアルジェリアにおける問題を引き起こしていくことになった。

図3-4　アンジュ・ティシエ《アンボワーズ城でアブドゥルカーディルを解放する皇子大統領（ルイ・ナポレオン）、1852年10月16日》1853-1861年　ヴェルサイユ宮殿美術館

土地は、フランス本国からやって来たお金を持っている人たちによって経営された。現地の人々は、小作化、または土地そのものから切り離されて都市労働者、あるいは農村での労働者になっていった。土地という生産手段から切り離される状況が生まれたのである。そういうことから生活が成り立たなくなったので、人口が急激に減少、つまり多くの現地の人々は死亡することになった。

このような過酷なやり方で、アルジェリアはフランスに植民地化された。中東における植民地化の最も過酷な形態と言ってよいかと思われる。一九五四〜一九六二年、独立戦争が起こったが、その戦争も激烈を極め、一〇〇万人以上の人々が亡くなったと言われる。その原型がこの植民地化の時期にあるのだ。

一八六〇年には、ほぼ二百五十万人のムスリム人口（征服戦争、伝染病、長年の凶作による飢餓で、以前よりも減少していた）に対して、アルジェリアにおけるヨーロッパ人人口は、およそ二十万人になっていた。アルジェや他の沿岸都市はおおむねヨーロッパ化し、入植は沿岸の平野部から高地へと南方に拡がった。経済生活は、官僚、大規模農業を行う資本を有した地主、アルジェリアとフランスの間で交易に従事する（ヨーロッパ人や現地のユダヤ教徒を含む）商人の間の、利権をめぐる一種の同盟によって支配されていた。こうした経済の過程は政治的な側面をもっていた。(6)

フランスによるアルジェリアの植民地化が進展するにつれ、フランスに完全に征服されて入植者が集中した地域は、行政的には一八四〇年代にフランス本国と同一とみなされた。すなわち、植民者による地方自治を伴いつつ、官僚によって直接統治されたからである。例えば、以前は政府とムスリムたちの媒介役を務めていた現地の名望家が下級官吏となり、植民地化の拡大につれて軍政から民政に移行していった。入植者はこうした状況が継続し、地域がフランス化することを望んだ。「もはやアラブ人はいない、われわれと違う言葉を話す人間がいるだけだ[7]」。

しかし、前述のとおり、ナポレオン三世（在位一八五二―七〇年）の時代になると、アルジェリアにおけるアラブ人とベルベル人（西はモロッコ、東はエジプト、南はニジェール川周辺まで居住する。ベルベル語を喋り、自称は高貴な人や自由人を意味する「イマジゲン」で、単数形は「アマジグ」）からなる現地人の統治の仕方は変化していった。

一八六〇年代の初めには、フランスの支配者である皇帝ナポレオン三世が、〔対英政策の一環として〕別な政策に関心を示し始めていた。彼の見解によれば、アルジェリアはアラブ人の王国であり、ヨーロッパ人の植民地であり、仏軍の駐留地だった。フランス国家、コロン、多数派ムスリムという、それぞれ個別の利害は調和されなければならなかった。このような考えは、一八六三年の政令（元老院決議）のなかにみることができる。この政令は、村の土地の分割政策〔現地住民の土地接収〕を終わらせ、耕作者の土地に対する権利を認め、仏国当局への協力を得るために、地方名士の社会的地位を向上させることを主張した[8]。

このように、現地の人たちを、既存の秩序を変えることなく取り込む政策が始まった。基本的にフランス植民地主義という点においては一貫しているが、それまでの押し付けるような、あるいは現地の人たちの犠牲の上に収益を上げていくことは止めて、彼らとお互いに一緒にやっていく、という政策になった（お互いに、とは言ってもこの場合はムスリム指導者、名望家と一緒に、ということになるが）。このようにフランス植民地支配のあり方も変わっていったのである。

北アフリカはなぜ植民地化されたのか？

同じ時期のことを、本書でこれまで参照してきたもう一人の歴史家ローガンはどのように描いているのか。

前にも触れたが、ローガンはホーラーニーから引き継ぐかたちでセント・アントニー・カレッジ中東研究センター所長を務めている。いわば師匠と弟子の関係だ。それなので、ローガンの著作は、ホーラーニーの著作をかなり意識して書かれたものだというのは間違いないと思われる。

まず、次のようなところからこの時期に関する議論が始まる。

アラブ人の土地が植民地化される素地は早くからあったが、ヨーロッパの帝国主義がアラブ世界に触手を伸ばし始めたのは一八七五年以降である。〔……〕中東諸国は、ヨーロッパ人のテクノロジーと融資に惹かれて実力以上の歳出をした結果、財政悪化を招いた。それが彼らに対するヨーロッパ勢の影響力を北アフリカからアラビア半島にいたるオスマン帝国領土全域にまで拡大させた。オスマン帝国と北アフリカにあるその自治州が経済的に破綻したことが、ヨーロッパの直接支配をしやすくしたのである。(9)

この文章の冒頭の言い回しを見ると、フランスによるアルジェリア占領は一八七五年以前なのでローガンはアルジェリア侵攻をフランス国内政治の帰結として例外であると考えていることになる。オスマン帝国の帝都イスタンブルの近代化に典型的に現れるように、中東諸国は、鉄道を通したり近代建築を建てたりするなど、いわばヨーロッパの技術を輸入するために、ヨーロッパから借金をしたのである。それが財政上の赤字になり借金が返せなくなる。近代化の度合いのスピードを落とせばよかったのであるが、急速に投資をしてしまったので、例えば、エジプトのように最終的に借金のかたに取られていた綿花がヨーロッパ人にどんどん吸い上げられていった。さらに最悪だったのが、スエズ運河会社の株式を売ってしまったことである。イギリスとフランスによる合同の債権委員会が作られ、事実上の植民地化、経済的な従属が始まった。ローガンはそのことを指摘しているのである。

オスマン帝国のイスタンブル政府とは別に、エジプトやチュニジアの自治州（属州）もそれぞれ帝国からは独立採算で近代化を始めた。したがって、北アフリカの地域は直接イギリスやフランスと付き合うようになり、中央政府の意向とは無関係にどんどんと隷属化していく事態を招いたのである。ヨーロッパの国々の間での取り決めで、一方的に自分たちだけで領有することはしないという、一八四〇年の議定書も事実上反故《ほご》にされ、各国が直接支配を始めるようになった。それが北アフリカの分割ということにつながっていった。

ヨーロッパ諸国による北アフリカの植民地化はアルジェリアを手始めに拡大していく。フランスはまずアルジェリアを領有し、一八八一年にはチュニジア、そしてモロッコの植民地化に至った。イギリスは一八八二年にエジプトを、イタリアは二〇世紀に入ってからであるがリビアを植民地化する。最終的にはモロッコがフランスとスペインによって「保護領」（protectorate）とされる。一九世紀末から露骨には植民地と言えなくなってしまったので、「保護領」という言葉を使い、現地住民の利益を守るという名目にしたのである。例えば、かつてラテン・アメリカのインカ帝国を徹底的に収奪して潰してしまったようなことはしない、ということになった。

ヨーロッパの帝国主義支配が北アフリカから始まった理由はたくさんある。まず、地理的にヨーロッパに近いこと、そして支配者（オスマン帝国）の首都イスタンブルからは遠いことが挙げられる。大シリア、メソポタミア、アラビア半島はオスマン帝国から見れば直轄領であった。帝都に近接した東アラブ地域は一九世紀のタンズィマートの時代に、オスマン帝国に直轄領として行政的に取り込まれていくので北アフリカのようにはならなかった。もちろん、東アラブ地域も第一次世界大戦後、イギリスとフランスによる「委任統治」という美名の下で実質的な植民地になっていくのであるが（本書第6章）、少なくとも第一次世界大戦までは、オスマン帝国から見れば東アラブ地域の領土は保全されていたということになる。

東アラブ地域の直轄領（大シリア、メソポタミア、アラビア半島）とは違い、北アフリカはヨーロッパ諸国にとって地中海を挟んで、まさに裏庭だったことが、その影響力を行使するには都合がよかった。まずはすぐ近い地域を自分たちの領土に入れる、という流れは自然だったとローガンは見ている。

ただし、偶然の産物としてのアルジェリアの植民地化、つまり一人のフランス国王の気まぐれによる占領ということがなければ、他の地域の歴史的展開もこのようにはならなかっただろう、ともローガンは見ている。フランスがアルジェリアを占領したことにより、他の地域にも植民地化がその延長線上的に広がっていったというのが彼の見方である。歴史に「ｉｆ」はないが、フランスの特殊な国内事情がなければ、このような植民地化の進展の仕方にはならなかったことは間違いないと言える。

チュニジアもアルジェリアもオスマン帝国が宗主国だったということは変わらないが、実権は現地の総督にかなり委譲されていた。だからこそ、自治権を持った副王（この副王という称号を使うのはエジプトだけで、他は総督や太守という称号を使用する）の権限が強いエジプトでは、中央政府に上納金さえ納めれば自治を行なうことができるという間接統治の構図が出来上がっていった。

こういった間接統治システムを採っていたことが逆に、ヨーロッパ列強による占領にプラスに働いた。北アフリカのオスマン帝国領は、例えば軍事的に侵略を受けた場合、オスマン帝国からどのくらい軍事援助が期待できるかと考えると、それほどでもなかった。実際に軍隊は送られたが、オスマン帝国では、バルカン地域における民族の独立運動が盛んになっていた時期なので、北アフリカまで軍隊を派遣する余裕がなかったのが実態である。そのような状況下では、北アフリカがフランスの植民地になっていくのは時間の問題だったと言えなくもない。ただ、植民地化されるプロセスにおいて、もしアルジェリアで起こったような偶然がなかったらその後の歴史も随分と違っていたことであろう。

以下はフランス国内の状況のローガンの説明である。(10) フランスでは、王政復古が起こり、それに反発する民衆運動が盛り上がっていたので何とかしなければならないという政治的状況であった。国内で問題が起こった際、国民の関心を外に向けるのは常套《じょうとう》手段であるが、アルジェリアのケースはまさにその一つだった。

シャルル一〇世（在位一八二四―三〇年）は国内外で深刻な事態に直面していた。フランス絶対王政を護持しようとした国王の努力は、フランス革命以前の時代に逆行しようとするようなものであった。国王が一八三〇年に憲法を一時停止した時、その危機は最高潮に達した。国王と当時のジュール・ド・ポリニャック内閣は国内の関心をそらせるために懸命にアルジェリアに目を向けさせようとしたが、しかし実際、国民はそのように動かなかった。その後まもなく七月革命によって、復古王政は崩壊することになる。以前触れたリファーア・タフターウィーはこの時期にフランスに留学しており、フランスの世論を冷静に見ていた。結果的にアルジェリアは占領されたが、アルジェリア占領はシャルル一〇世によるかなり恣意的な問題だったのだ。

こういったフランス国内情勢との絡みでアルジェリアが占領されたことが、後まで影響を及ぼすことになった。

エジプトに見る歴史の大きな岐路

次は、イギリスによるエジプトの占領について見ていく。占領に至る際には、外国は何らかの口実を作り上げる。エジプトも同じだった。どのような口実を以《もっ》てイギリスはエジプトを占領したのか。エジプトもムハンマド・アリーの改革の後、その孫にあたるイスマーイール・パシャが近代化を進めたが、結局借金を重ねることになった。

もう一度見ておくと、このイスマーイールの時代、アメリカで南北戦争が起こり、南部で生産されていた綿花がイギリスの工場に供給されなくなり、代わりにエジプト綿が注目され始めた。そのため、エジプトからの輸出が増えて、インフラ整備のために多額の投資が行なわれた。しかし、南北戦争が終わるとエジプトの綿花が売れなくなり、エジプトは借金が返済できなくなったことで植民地化への道を辿ることになった。スエズ運河（一八六九年に開通）の通行料により国庫を潤していく道もあったが、結果的に無計画にお金を使い過ぎたのである。

しかし、このイスマーイール副王にも多くの問題があるにしても、そもそもエジプトとヨーロッパ諸国との経済的な関係は不平等なものだった(11)。例えば、綿花の輸出や加工はヨーロッパ人の資本家に有利であり、運河や他の公共事業も同様だった。一八六二年から一八七三年の間に、エジプトは六八〇〇万英ポンドを借款したが、その実際の受取額は三分の二に過ぎなかった。エジプトはイギリス政府にスエズ運河株を売却して財源の増加のための努力を行なったにもかかわらず、一八七六年までには債務返済が不可能となり、その数年後には英仏の財政的な支配下に置かれてしまったので人である。

イスマーイール・パシャは、エジプトの中では非常に人気のない副王の一人である。というのも、エジプトを植民地化に導いた責任のある人物であるからだ。非常に派手好きな人で「エジプトはもうアラブの後進国ではない。ヨーロッパの一員だ」という発言をそのまま実行した。例えば、カイロのオペラ・ハウスでヴェルディの「リゴレット」がこけら落としで上演され、同じく有名な「アイーダ」が一八七一年一二月二四日に初演されたのもイスマーイール時代だった。当時のオペラ・ハウスの建物は一九七一年に火災で焼失してしまったが、その後日本政府が援助して、一九八五―八八年に建て直している。このオペラ・ハウスは、エジプトはヨーロッパの一員であるということを誇示するためのもので、日本で言えば鹿鳴館に当たるだろう。

このイスマーイールの名前は、今でもイスマーイーリーヤというスエズ運河会社の本社がある町の地名として残っている。このイスマーイーリーヤはスエズ運河が開通した土地であり［図3-5］、後の一九五六年の第二次中東戦争（スエズ戦争）では一番の激戦地になった。

タウフィーク副王（在位一八七九―九二年）の時代は、イスマーイールがそれまでに行なった軍隊の改革をご破算にして、農民から出世してきたアラブ人は将校にはしないという差別的な政策をとったので、それに対する不満が上がった。そのような不安定な国内情勢下において、エジプトは経済的には英仏に完全に支配されていたので、イギリスは軍隊をいつどのようなタイミングで投入するか、という介入のきっかけを模索していたわけである。フランスはこの時、国内問題があったので途中で撤退し（一八七〇年の普仏戦争で敗北し、アルジェリアへの出兵、チュニジア占領などで戦費がかさみ、返済能力を超える債務を負っていた）、イギリスはエジプトの単独占領を行なった。

いずれにせよ、タウフィーク副王の無能さがこのような事態を引き起こしたというのが、エジプトのナショナリストたちの主張であり、間違いなくそのような側面がある。占領の詳細なプロセスを以下に記そう(12)。

図3-5　イスマーイーリーヤのスエズ運河（1856-60年頃）

タウフィーク副王が本章の冒頭に記したようなウラービーの改革運動に譲歩するたびに、副王の権威とエジプト経済に対する英米の列強の影響力は低下していった。そこで、英仏は一八八二年一月、タウフィーク副王の権威を回復すべく「ガンベッタ・ノート」と呼ばれる共同声明を発表した（ガンベッタ（一八三八―一八八二年）は当時のフランス第三共和政首相)。しかし、その声明は皮肉なことに英仏が副王を保護するための政治的な脅しになってしまい、逆にエジプト国民に対する当の副王の立場を弱くしてしまったのである。さらに、ウラービーの更迭を求める列強の干渉によって、かえってウラービーへの国民の支持は強化され、逆にタウフィークはエジプト人の目からはさらにその正当性を失うことになった。

政治状況が悪化していった結果、英仏は最終的な強硬手段に訴えた。一八八二年五月、英仏両軍は合同で艦隊をエジプトに派遣したのである。このような露骨な力の誇示のためタウフィーク副王はその地位に留《とど》まることができなくなり、英仏に保護を求めて、アレクサンドリアにあるラス・アル・ティン宮殿に逃げ込んだ。エジプトは以上のようなプロセスを経て、アレクサンドリアの宮殿に閉じ込められた副王タウフィークと、臨時政府代表として人望のあるウラービーの二人によって支配されることになったのである。

しかし、このような二重支配の構造のためにエジプト人ナショナリストと英仏との間の緊張が頂点に達し、同年六月一一日にはアレクサンドリアで民衆蜂起が起こった。街頭での衝突から外国人に対するエジプト人の大規模な蜂起にまで発展して、五〇人以上が死亡し、負傷者は数百人に上った。

先述のフランス撤退後、イギリス艦隊は七月一一日、アレクサンドリアへの砲撃を開始し、一四日、アレクサンドリアを占領した。第二次中東戦争における英仏軍のスエズ運河撤退までの七五年間の長きにわたるイギリスによる占領の始まりであった。

アフマド・ウラービーは一八八二年六月から九月の約三ヶ月間、エジプトの政治・軍事の責任者であった。イギリスの侵略者に対して立ち上がったウラービーはエジプト国内では英雄になったが、反乱の失敗後はセイロンに国外追放された。先述のとおり、このときに谷干城、東海散士らが幽閉中のウラービーの面会に訪れた。

イギリスは占領の口実に、エジプト政府が正統な副王の権力に対抗しているため、政治秩序が崩壊したという主張をした。しかし、ホーラーニーによれば、同時代人のほとんどの証言者はこの主張を支持していないという。

〔イギリスによるエジプト占領の〕真の理由は、ヨーロッパ資本の利害に後押しされた、拡大期の国家の本能的な力の欲求だった。〔……〕英軍は国土を占領し、それ以降、イギリスはエジプトを事実上統治したが、諸外国との利害関係を考慮して、イギリスの支配が公式に表明されることはなかった。公式表明は、フランスがイギリスの同地における優先権を認めた一九〇四年の英仏協商で初めて行われた。[13]

以上見てきたように、植民地化のプロセスは、背景となる経済的支配があり、それから何らかの口実が作られる。エジプトの場合は軍隊が入ってきてそのまま駐留、長い占領が始まるということになる。

しばしば指摘されることであるが、日本の場合には、徳川幕府が天皇に恭順を示したことで、内乱というかたちにはならなかった（戊辰戦争はあったが、この戦争は政府軍による一方的な旧幕軍に対する攻撃なので内乱とは言えない）。そのため、英仏などの外国勢力が関与する余地がなかった。エジプトと日本の違いはそこにあるかと思われる。これも「ｉｆ」の話であるが、もし幕府が大政奉還をせずに徳川慶喜が大坂城に踏みとどまって戦っていたら、おそらくイギリスやフランスが日本の内乱に介入してきて、日本もエジプトと同じ道を歩んでいた可能性はかなりあるのではないかと思われる。

植民地化されるか、されないか、という大きな歴史の転換点には非常に大きな岐路があるということは、エジプトの例を見ればよく分かる。そのような観点からエジプトの占領を見ると違って見えるのではないか、と思われるのである。

第4章

帝国主義とナショナリズム

「帝国主義」の起源

本章は、弱肉強食の時代とも言われる帝国主義の時代を中心に論じる。「帝国主義」という言葉は、歴史学的な用語としては、世界に無主の地がなくなる、つまりヨーロッパ諸列強によって地球上の領土がすべて占領されて、さらにそれが再編されていく、一九世紀末から二〇世紀初頭にかけての状況を指す。新興の国々であるドイツやアメリカ、東アジアで言えば日本等の国々が、ヨーロッパ諸列強の旧勢力によって占有されていた世界に新たに割り込んでいった時代。それが帝国主義の時代と呼ばれる。

「帝国主義」という言葉はどのように使われ始めたのか。世界史シリーズはいろいろな出版社が幾度も刊行しているが、講談社から第二弾として一九八〇年代に出版された『世界の歴史』シリーズの中から『帝国主義の時代』を見ていこう。本書は帝国主義時代を研究する二人の著名な近現代史家による共著である。すなわち、インターナショナル研究で知られるドイツ史の故・西川正雄・東京大学名誉教授と義賊研究も射程に置くハンガリー史の南塚信吾・千葉大学名誉教授の共著である。

一八七〇年代末、イギリスで帝国主義という言葉が使われ始める。この時期、経済不況が続いて、回復のきざしが見えなかった。貿易と投資の利害を守るために大英「帝国」を拡大していくべきだ、という主張が高まり、それが帝国主義と呼ばれたのである。やがてこの言葉は、大英帝国拡大論だけでなく、アメリカその他の国々の場合を含めて、この時期から顕著になる膨張主義・植民地支配を一般的に意味するようになった[1]。

元々は「大英帝国」(British Empire) から「帝国主義」(imperialism) という言葉は出てきた。起源はイギリスだということが重要である。帝国主義の「列強」とはこの場合、英仏露伊独墺米をはじめとする欧米の大国を指すが、とりわけ一九世紀末の時点で再分割の焦点になってくるのはアフリカだった。帝国主義の時代の説明として必ず取り上げられるのがこのアフリカなのである。教科書にもアフリカが帝国主義時代の象徴として取り上げられることが多い。それまでアフリカ、とくにサハラ以南のアフリカはほとんど手付かずの状態であった。それがこの時代に英仏、あるいはベルギーによって植民地化される状況となったのであるが、そこにドイツが割り込んできたのである。

ジョゼフ・コンラッド（一八五七―一九二四年）というポーランド出身の作家が、イギリスに移民して英語で書いた『闇の奥』（*Heart of Darkness*）という小説は大変有名である。小説の主人公はコンゴ河をどんどん遡り、その奥地に到達する。この小説を元に、舞台をベトナムに変えて映画（フランシス・コッポラ監督『地獄の黙示録』、一九七九年）が製作される等、様々なところで引用されている。「闇」（darkness）という言葉で、アフリカは未知の世界のイメージで捉えられている。暗い闇であるアフリカが白人による探検で白日の下に晒《さら》される。当然のことながら、中東もその未知の世界の一部であり、とりわけ北アフリカがその対象となっていった。

帝国主義と言えば、必ず参照されるのがアフリカ大陸を股にかけたイギリス・ケープ植民地首相セシル・ローズ（一八五三―一九〇二年）の諷刺画《ふうしが》である［図4-1］。セシル・ローズは、イギリスのいわゆる「3C政策」、カルカッタ（コルカタ）から、アフリカのカイロ、ケープタウンまで鉄道を敷設し、アフリカの南北を結ぶ植民地政策の推進者であった。ドイツの「3B政策」（ベルリン・ビザンティウム（イスタンブルの旧名）・バグダードを鉄道で結ぶ）との対立でしばしば説明される。

英仏関係で言えば、アフリカ大陸の南と北を結ぶイギリスの縦貫政策に対してフランスはアフリカ大陸の東西を結ぶ横貫対策をとっていた。この両者がぶつかったのが現在の南スーダン共和国に位置する場所で起こった「ファショダ事件」（一八九八年）で、英仏帝国主義列強の衝突のピークを象徴する戦争として有名だ。この時代に登場したデイヴィッド・リヴィングストン（一八一三―七三年）やヘンリー・モートン・スタンレー（一八四一―一九〇四年）といった探検家も、まさにアフリカ「探検」の象徴である。このようなかたちで、アフリカはイギリス、フランス、ベルギーといった国々、そして後から入ってくるドイツにより支配されていく。

　この時代において、インドやオーストラリア、カナダ等の地域がイギリスの領土になり、「大英帝国」が形成されていった。フランスも、イギリスに比べると領土的に狭いという印象があるかもしれないが、西アフリカ、北アフリカを中心に領土を拡大していった。アフリカ東海岸のマダガスカルもフランス領になり、フランスはアジアにおいてはインドシナ、つまりベトナム、ラオス、カンボジアの地域をも獲得している。

図４‐１　アフリカ大陸を股にかけたセシル・ローズの諷刺画（イギリス『パンチ』誌、1892年12月10日）

　このように「帝国主義」という言葉は、元々イギリスから派生したが、第一次世界大戦前にレーニン（一八く知られていった。

日本においても帝国主義についての著作を著した人がいる。天皇暗殺を企てたという大逆事件（一九一〇年）で処刑された幸徳秋水（一八七一―一九一一年）だ（実際には冤罪《えんざい》であったということで、現在は名誉回復がなされているが、しかしながらこの事件の反響は大変なものがあった）。彼も彼の師に当たる中江兆民（一八四七―一九〇一年）も土佐の出身である。中江兆民は若い頃に藩からフランス留学を命じられ、ルソーの思想を吸収し、日本に紹介した。つまり革命的な思想を日本に広めた人物である。それを継承するかたちで幸徳秋水は登場した。

幸徳秋水は、社会主義者として出発したが、最終的には無政府主義者になっていく。著書『廿世紀之怪物帝国主義』（一九〇一年）は、レーニンに先立つこと十数年前、二〇世紀に入ってすぐに書かれた。彼は素養として漢文で教育を受けているため、文章は非常に難しい。そのため近年では現代語訳も出版されている(2)。日本においては、この『廿世紀之怪物帝国主義』という著作が広く読まれたことによって、帝国主義という言葉が定着したのだ。

『廿世紀之怪物帝国主義』には「序文」として内村鑑三（一八六一―一九三〇年）が文章を寄せている(3)。彼と幸徳秋水は『萬朝報《よろずちょうほう》』で記者として同僚であった。基本的な考え方としてはキリスト者と社会主義者ということで異なるが、両者とも当時は同僚として健筆をふるい、共に日露戦争に反対するという立場にあった。

当時はまだ第一次世界大戦以前なので、「社会主義」といっても、キリスト教的社会主義といったものもあるし、ソヴィエトが成立する以前の、第二インターナショナルが代表していた社会主義運動（労働者運動と言ってもいいかもしれない）もある。いわゆるソ連が成立してからの第三インターナショナルとも性格を異にしており、「共産主義」という名称が出て来る前の段階である。したがって、当時の社会主義は知識人を中心にかなり広いつながりを持ったものであった。

幸徳秋水は冒頭から、次に引用したような文を書いている。

○盛なるかないわゆる帝国主義の流行や、勢い燎原《りょうげん》の火の如く然《しか》り。世界万邦皆なその膝下《しっか》に慴伏《しょうふく》し、これを賛美し崇拝し奉持せざるなし。
○見よ英国の朝野は挙げてこれが信徒たり〔……〕。(4)

漢文調の文体で、今やイギリスを始めとして帝国主義が広がっていると書かれている。二〇世紀初頭にこのような文章を書くということは、当たり前に「帝国主義」という言葉が使われていた、ということが分かる。

アラブにおける帝国主義

ところで、現在は入手しにくいが中岡三益・板垣雄三『アラブの現代史』（一九五九年）は、日本におけるアラブ現代史研究の先駆けとなった二人の研究者中岡三益、板垣雄三が分担執筆した共著である。[5] エジプトのナセル時代を背景に、一九世紀以降のアラブ現代史を第二次世界大戦後初めて包括的に紹介した通史が本書だと言える。今回紹介する部分は時期的には中岡が執筆した箇所で、帝国主義時代はアラブ社会ではどのように理解されているかが論じられている。

アラブは、アブデュル・ハミト〔二世〕の専制をつうじて、直接・間接に帝国主義体制にくみこまれた。オスマン帝国がドイツの世界政策と密接な結合をもったということだけでなく、オスマン帝国がその国内体制の集中化とアラブへの圧力の異常な強化に転換したこと自体、帝国主義の衝撃の一部である。[6]

ここで「アラブ」という時、念頭に置いているのが、オスマン帝国の支配を直接受けているアラブであり、現在のシリア、レバノン、ヨルダン、パレスチナ、イラクといった東アラブ（マシュリク）地域である。すでに見てきたように、帝国主義の直接支配を受けたのは、オスマン帝国の中でも、エジプトを含む北アフリカの国々であった。しかし、ここで強調されているのは、帝国主義の時代には、植民地化されなくても、オスマン帝国のそれぞれの地域自体における支配が、帝国主義的な性格を帯びていったということである。この点がこの時代の様相を理解する際に重要になる。

エジプトのムハンマド・アリーによるシリア遠征の失敗後、オスマン帝国は一八三九年のギュルハネ勅令から一八七六年のオスマン帝国憲法（通称、ミドハト憲法）の発布に至る時期に近代化のための一連の諸改革を行なった。およそ三七年間にわたるこの時期をオスマン史ではタンズィマート（諸改革）期と呼んでいる。この諸改革は内憂外患の状況に陥っていた帝国において官僚機構を改革し、近代的な軍隊を創設して、ヨーロッパ諸列強の脅威に対抗するものだった。

そして帝国主義の時代に入って、オスマン帝国のアブデュルハミト二世（在位一八七六―一九〇九年）は専制政治を布いた。ヨーロッパからの圧力に対して、帝国の支配領域を締め上げて一体化することによって対抗しようという意図であった。後に述べるように、オスマン帝国のような先進国と後進国のはざまにあった国家のこのようなあり方は帝国主義時代の表れと言ってもいい。

また、一九世紀末からオスマン帝国はドイツの資本を受け入れていった。それが先の引用文で「ドイツの世界政策と密接な結合をもった」と表現されている。つまりドイツが市場としてのオスマン帝国に入ってきたわけである。典型的なのがバグダード鉄道の建設である。ドイツが鉄道を敷き、オスマン帝国をその市場にしていったのだ。第一次世界大戦の際には、オスマン帝国はドイツと同盟関係を結び、フランス、イギリスと戦っているが、この当時からのドイツとの密接な関係が第一次大戦への序章となっているわけである。

帝国主義への移行は一国の経済発展の段階から考えられることが多いようだが、帝国主義時代の世界は決して「独占資本」の国と植民地というような単純な関係であらわされるものではない。日清・日露戦争の時代の東アジアも、そして同時代のオスマン帝国も、アンバランスな関係の複雑な組合わせの中で帝国主義時代を迎えていたのである。(7)

先進国と後進国、あるいはヨーロッパとアジア、アフリカといった二分法では理解できない面があるということである。なぜこのようなことに言及しているのかというと、オスマン帝国のような中間の段階にある国も帝国主義化していったことを強調しているからだ。

福澤諭吉の『文明論之概略』の中では、ヨーロッパを先進地域として「文明国」と呼び、オスマン帝国や日本については「半文明国」という表現を使っているが、その点がこの話とつながってくる。資本主義的レベルにおける発展という観点から見ると後進ではあるが、かといって完全に遅れているわけではなく、直接支配されるような「野蛮」な国ではない。中間段階にある地域を考える際には二分法では済まないということである。そのため、日本のような後進の帝国主義を考える際には、コーロッパとは違った特徴が出て来ることになる。

同時に、これまでも何度か見てきたように、バルカン地域においては、オスマン帝国からの独立運動が盛んになっていく。当時、この地域では、オーストリア＝ハンガリー帝国が形成され（一八六七年）、ロシアの南下政策も進められた。バルカン地域の諸民族は、独立するか、オーストリア帝国（ハプスブルク帝国）の中に組み込まれていくことになった。

バルカン諸国の独立はオスマン帝国にとっては大きな危機である。次第に領土を失っていく中、最後まで領土として持っていたアラブ地域（シリア、レバノン、イラク、ヨルダン、パレスチナなど）を抑圧するというかたちで、オスマン帝国は何とか直轄の領土を守ろうとした。つまりオスマン帝国とアラブ地域の関係は二重、三重の支配の構造になっているわけである。

東アジアの例で言えば、ロシアの南下により、満州（中国東北部）、あるいは朝鮮半島が重要な問題の焦点になった結果、日本が日清・日露戦争で大陸に出ていったのと非常によく似た状況である。前近代におけるオスマン帝国の領土の統治は、単に帝国という傘を掛けていただけで、実際には間接支配であった。それが帝国主義時代になると、直接支配に変わらざるをえなくなった。それは政治的には抑圧というかたちをとるわけである。

「アラブ民族」の自覚

そういった中で、アラブ人たちは「反トルコ人」という立場で民族的自覚を持ち始める。フランス支配下に入ったアルジェリアやイギリスに占領されたエジプトは、欧米の植民地主義に対して直接的にナショナリズムを表現していった。一方、ここで言われている「アラブ」——シリア、レバノン、イラク、ヨルダン、パレスチナという、直接ヨーロッパの支配を受けていない東アラブ地域——においては、「トルコ民族」に対する「アラブ民族」の抵抗としてナショナリズムが興隆したのである。

再び東アジアに関連させて言えば、一九一〇年以降、朝鮮半島は大日本帝国の支配下に入ったが、「日本帝国主義」に対して朝鮮ナショナリズムが勃興したのと非常によく似たパターンである。

シリアのアレッポ出身で、イスラームとアラブを結び付けたイデオローグとして大変有名な人物であるアブドゥルラフマーン・アル・カワーキビー（一八五四／五五―一九〇二年）は、具体的には、大シリア地域におけるオスマン帝国の専制政治を次のように批判した。預言者ムハンマドは元々アラブ人でありアラビア語を話していた。したがって預言者の後継者カリフはアラブ人でなければならない、と。今、トルコ民族の手にカリフ職が渡っているのは間違っており、アラブ民族の手に戻さなければならないという、イスラームをナショナリズム的に解釈する立場を強調したのである。

本来、カリフ職はイスラーム教徒であればどんな民族であっても関係ないわけであり、イスラーム的にははっきり言って間違いということになるが、当時はこのようなナショナリズム的な議論が広く受け入れられた。民族のレベルにおいて誰に宗教の優先権があるかという話にすり替わっていくのである。これも帝国主義時代の特徴と言える。

このように帝国主義時代におけるナショナリズム的な反応は、民族というレベルもあり、宗教というレベルもあり、様々なレベルで起こったのである。アラブ・ナショナリズムもこの時期に形成される。もちろん、「アラブ」という言葉はこの時期以前にも存在したが、その意味はもっぱら遊牧民を指す「移動民」を意味していた。そもそも、「アラブ」という単語の原義は「横切る」という意味であり、意外に思われるかもしれないが、同じセム語系の言語であるヘブライ語の「ヘブライ」と語源的には同じだ。したがって、「アラブ人」という民族意識は新しい概念なのである。

アラブにおけるナショナリズムの発端

当初、アラブという民族概念が生まれた背景にはオスマン末期の宗教・宗派紛争がある。というのも、オスマン帝国はイスラームを中心に宗教が集団形成の基礎にあったからである。この宗教・宗派集団に対してオスマン帝国が衰退するにつれて、ヨーロッパ諸列強がキリスト教諸派の存在に目をつけて宗教的同胞を保護するという名目で介入してきた。例えば、オスマン帝国にとっては北方からの脅威であったロシア帝国の宗教はロシア正教である（正教会全体の名称はあくまで「正教会」であるが、正教会の組織としては国名もしくは地域名を冠した組織を各地に形成するのが基本である）。エルサレムにおける正教会はギリシア正教会が主流であり、聖墳墓教会（イエスが十字架にかけられ昇天し復活したとされるゴルゴタの丘に建てられた教会）にはギリシア正教会が広い礼拝場所を有していた。このギリシア正教会はロシア帝国によって支援されていたのである。

同じように、エルサレムでは十字軍以来、ローマ・カトリック教会も影響力を有していたが、主に修道会を通じて影響力を行使していた。しかし、近代に入ってカトリック教会をフランスが支援することになったのである。カトリック教会は同時にギリシア正教会、アルメニア正教会、シリア正教会などの東方諸教会にローマ教皇の権威を認めさせた。教皇の権威を認めた東方諸教会は東方典礼カトリック教会（ユニエート教会、合同教会など）とも呼ばれ、ギリシア・カトリック（メルキット派）教会、アルメニア・カトリック教会、あるいはシリア・カトリック教会などを形成している。したがって、フランスはレバノンでは、レバノンの東方典礼カトリック教会であるマロン派教会を支援している。

以上のように、ロシアと正教会、フランスとカトリック諸教会などの関係に見られるように、ヨーロッパ諸列強とオスマン帝国内のキリスト教諸派は相互に緊密な関係を保ち、諸列強の外交的関係がオスマン帝国内のキリスト教諸派の間の相互関係に影響を及ぼすという事態になるのである。

その典型的な事件がクリミア戦争（一八五三―五六年）だ。その発端は、ロシアのニコライ一世（在位一八二五―五五年）がオスマン帝国内のギリシア正教徒の保護を申し入れるが、オスマン帝国がそれを拒否したのでロシアがオスマン帝国に宣戦したことである。ナポレオン三世のフランスとイギリスは、サルディーニャ王国と共にオスマン帝国を支援するため参戦した。この戦争はエルサレムにおけるキリスト教の諸宗派間の聖地管理権という国内的な問題に端を発して、仏露間の国際的な対立へと発展していった［図４－２］。

しかし、ヨーロッパ諸列強のオスマン帝国への干渉によって、逆にアラブ地域ではヨーロッパ的な意味でのナショナリズムが勃興することになった。レバノンでアメリカのプロテスタントのキリスト教宣教師たちと協力関係にあったブトルス・アル・ブスターニー（一八一九—八三年）は、アラブ・ナショナリズムの初期的段階における文化的ナショナリズムを体現することになった。彼は近代アラビア語辞典『ムヒート・アル・ムヒート』（同時期の一八八九—九一年に出版された日本語辞典の大槻文彦『言海』と同じ意味の書名である）を、一八六七年から七〇年までかけて編纂《へんさん》・出版して、アラビア語改革運動を推進した。ブスターニーはマロン派キリスト教徒であったが、キリスト教徒からアラビア語という言語を強調する民族意識が提起されたことは極めて重要である。というのも、前述のとおり、当時は諸列強と結びついた宗教・宗派紛争が深刻になっており、むしろそのような宗派的な対立を克服するための新たな考え方としてナショナリズムが提起されたからである。

さらに、世紀末から二〇世紀初頭になるとイデオロギーとしてのアラブ・ナショナリズムも形成されてくることになる。その代表者がナジーブ・アーズーリー（一八七〇—一九一六年）である。レバノンのマロン派の出自を持つアーズーリーは一九〇五年にフランス語で『アラブ民族の覚醒』（*Le réveil de la nation arabe*）を出版した。アーズーリーはパリでこの本を出版したが、当時、アラブ・ナショナリストはパリにお

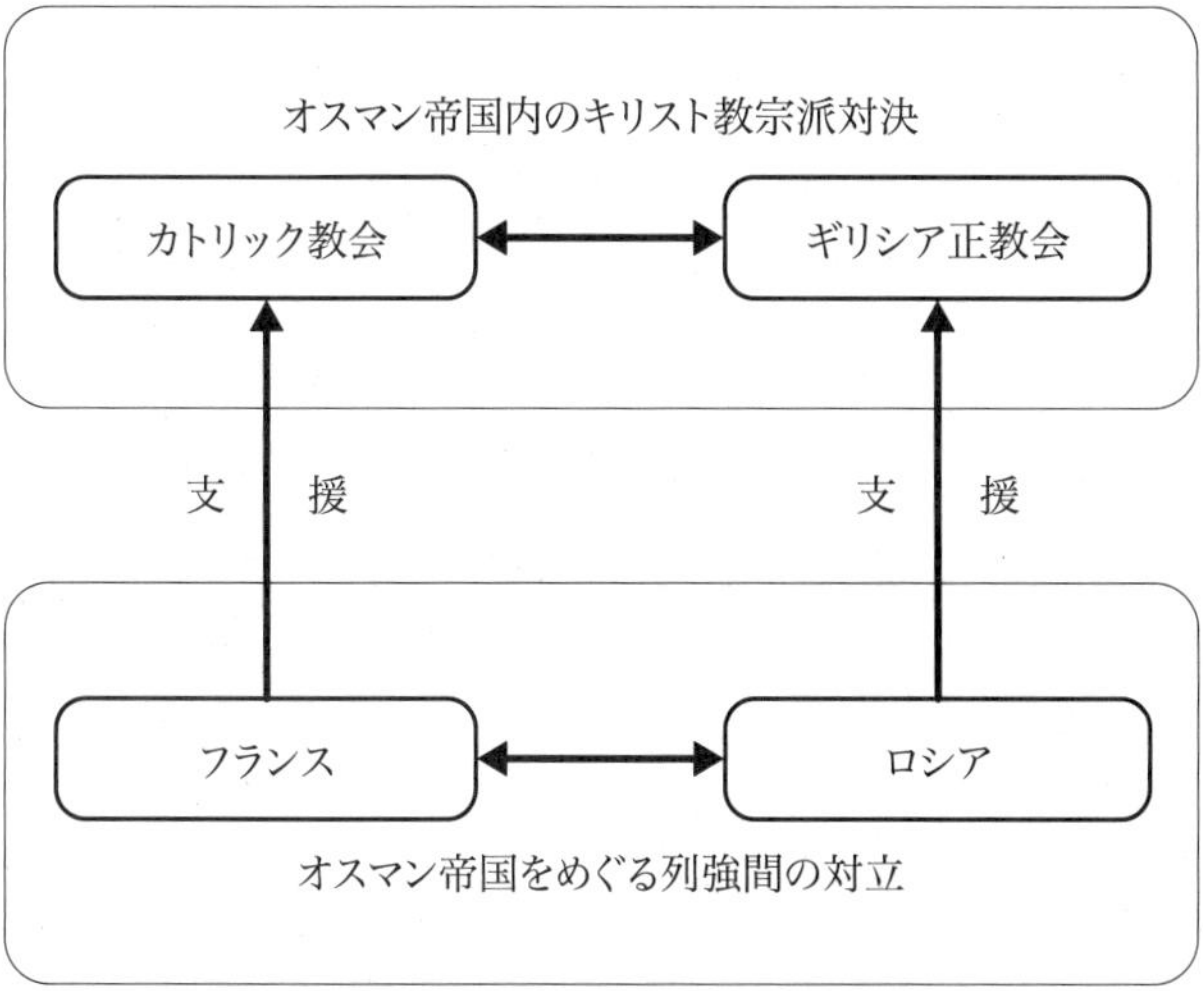

図4-2　クリミア戦争の対立の構図

いて会議を開催するなどの政治活動を行なっていた。

「民族」という単語に相当するフランス語の「ナシオン」は「カウム」(qawm)というアラビア語に置き換えられて、抽象名詞にするための女性形語尾が付けられて「カウミーヤ」(qawmīya)と呼ばれ、これがナショナリズムの訳となった。したがって、アラブ・ナショナリズムは「カウミーヤ・アラビーヤ」と呼ばれて、(疑似)血縁的な関係を示すナショナリズムを表すことになった。すなわち、この文脈では、アラブ人とは、アラビア語を話し、アラビア語に基づく文化的伝統を継承する人々という意味ではあるが、その後、アラブ人の起源を「アラブ民族主義」として歴史を遡って説明するようなスタイルにもなり、アラブ民族は有史以来存在するといったような、本質主義的な説明が主流となっていくようなことも起こったのである。

一方、アラビア語が話されている地域においては、アラブ民族主義的な考え方と並行して、その帰属はそれぞれの生まれた土地に根差しているというパトリオティズムに対応するものとして、「ワタン」（フランス語の「パトリ」（祖地）をアラビア語に訳して「ワタン」（waṭan）と呼んでいる）という言葉から「ワタニーヤ」（waṭaniya）という考え方も生まれた。例えば、エジプトに生まれたエジプト人という国民意識を強調するような考え方をエジプト国民主義（ワタニーヤ・ミスリーヤ）と呼ぶ。現在引かれている国境に従って、その国民意識を強調するような考え方である。

しかし、アラブ民族主義とそれぞれのアラブ諸国の国民主義は必ずしも矛盾するものではなく、例えば、エジプトに住むコプト教徒であっても、自らをキリスト教徒であるとともにエジプト人であると規定すると同時にアラブ民族の一員であると認識している。したがって、アラブ世界に生きている人々は、民族や宗教に関わるアイデンティティのあり方が複合的であることには注意を払う必要があろう。

さて、カワーキビーであるが、彼はオスマン帝国により幽閉されたが、釈放後各地を回った。オマーンからタンザニア、ケニアにはたくさんのアラブ人が定住している。

この地域ではスワヒリ語が話されているが、スワヒリとは沿岸、海岸を意味するアラビア語の「サワーヒル」という言葉から来ている。つまりスワヒリ語とはアフリカの沿岸部で話されている言葉という意味になる。カワーキビーは、そのような地域、つまり、民族的意識は未だ萌芽《ほうが》的な状態にあるアラブ世界の周辺部を回り、隅々までアラブ意識を宣伝して回ったということだ。

帝国主義時代の北アフリカ

ホーラーニーはこの帝国主義の時代をどのように考えていたか。(8) 帝国主義は経済的側面から説明されると指摘したが、エジプトやチュニジアのような北アフリカにおいても同様である。つまり近代化のためにヨーロッパから新しい技術を取り入れるという目的で借金をする。しかしそれに見合うだけの生産力の増大ができないので借金を返せない。結局、欧米により差し押さえが行なわれ、植民地化されていったのである。

エジプトについては前章で詳述した。チュニジアでは、ヨーロッパの諸銀行への負債が増大したので、外国人の債権者たちが集まり国際財務委員会を作り、取り立てをした。財政改革、司法制度の再編成、近代教育の拡充などの諸改革が続けられ、さらに外国企業に開放されていった。取り立てやすいように経済体制を変えていき、とにかく返済用の金を作れということで近代化が要請されたのだ。フランスはアルジェリアを既に押さえていたので、そこを拠点にマグレブ地域への影響圏を広げていった。そして結果的にチュニジアも一八八一年にフランスの植民地支配下に入っていくことになる。以前のような露骨なかたちでの植民地支配から、「保護領」(protectorate)という恩恵的な名称に変わったものの、結局チュニジアはフランスの実質的な植民地になっていったのである。

さらに帝国主義時代の特徴として挙げることができるのが、列強同士が協定を結び、勢力範囲を決める動きである。弱肉強食と言いながらも、帝国主義国家間で勢力圏の調整が行なわれた。支配する側で勢力圏を認め合うことで新しい秩序を作っていこうというのである。そのような帝国主義的策動に対して支配される側は大規模な反乱を起こした。

イギリスは、ナイル川に沿って次々とエジプトを占領していき、ナイル川の南にあるスーダンまで勢力圏を拡張した。そのスーダンで起こったのがマフディーの反乱(一八八一年)である。「マフディー」は「救世主」という意味で、キリスト教で言うところの「キリスト」、ユダヤ教の「メシア」と同じ意味である。そのマフディーあるいは救世主の再来として登場したのがムハンマド・アフマド(一八四四―八五年)[図4-3]であった。スーダンは事実上エジプトによって占領されるのだが、そのエジプトを占領しているのがイギリスということで、スーダンは一八九九年にはエジプトとイギリスによって二重支配されるという構図になり、複雑な状況になっていく。

中東、とりわけ北アフリカにおいて、オスマン帝国領ではなかったモロッコは、ある意味では帝国主義時代の錯綜した状況を象徴する場所として語られている。オスマン帝国領に関しては、英仏が協定を結び勢力圏を確定したが、モロッコはオスマン帝国支配下ではなかったため、非常に激しい争いの場になったのだ。最終的にはスペイン、フランスにより分割されていくが、二〇世紀初頭には新興国であるドイツが割り込んできて、それが第一次世界大戦へとつながる要因になった（第一次・第二次モロッコ事件、あるいはタンジール事件、アガディール事件）。

モロッコに行かれた方はご存知かと思われるが、セウタとメリーリャは、現在に至るまで、モロッコの国内にありながらスペインの飛び地（スペイン領）としてある［図4-4］。北モロッコは、スペインの影響が大変強く、スペイン語も通じる地域であるが、この二都市は特に町の風景がほぼスペインのように感じられる。

また、モーリタニアは一九二〇年にフランス領西アフリカの一部としてフランスの保護領となったが、一九六〇年に独立を達成した。その

図4-3　ムハンマド・アフマド

ため、現在でもフランス語が広く使用されている。モーリタニアの正式国名はモーリタニア・イスラーム共和国であり、イスラームを国教としている。また、アラビア語が公用語で、アラブ連盟（本書第7章）にも加盟している。

図4-4　モロッコ周辺地図
（ス）はスペイン領を示す

イスラームの改革者たち

ローガンの著作は、この帝国主義という同じ歴史的事象を違う角度から書いている。

大方の帝国主義の歴史は、傲慢な政略と国際的な駆け引きの観点から書かれている。だが、北アフリカの人たちにとって、帝国主義は彼らの生活をきわめて重要な点で変化させた。こうした変化がその当時の社会全般にもたらした意味を、一人の人間の経験が如実に物語っている。(9)

この文章の後に、知識人を中心とした具体的な個々人の話に入っていくことになる。帝国主義の時代は、当然のことながら外国支配という大きな物語だけではなく、個人的体験に体現される問題としても展開されていくわけである。

ナショナリズムは、アラブ地域全体あるいはそれぞれの国家のレベルにおける民族的自覚から展開されるのであるが、ジャマールッディーン・アル・アフガーニー（一八三八／三九―九七年）〔図４‐５〕の場合は、最も早い時期においてヨーロッパとの対抗という観点から、アラブ民族よりも、さらに広範な地域に多数派として居住するムスリムの統一を強調した。この考え方は「パン・イスラーム（汎イスラーム）主義」と呼ばれるが、広域的なナショナリズムに基づくイスラーム運動が同時並行的に唱えられた。初期の段階ではナショナリズムとイスラームは必ずしも相互に矛盾するものではなかったのである。ナショナリズムか、イスラームか、の二者択一というよりも同時並行的に展開されていった。

図４‐５　ジャマールッディーン・アル・アフガーニー

ヨーロッパ支配に対して、どのようにイスラームを変えて対抗していくかを考えること自体が帝国主義時代の産物なのである。ムスリムがヨーロッパに植民地支配されたのは、イスラームそのものが堕落していたからであり、だからこそ自らを変えていかねばならない、という考え方からイスラーム改革運動がこの時代に起こった。「イスラームの名において、イスラーム教徒として一つであり、お互いに連帯しなければならない」という考え方は帝国主義時代の特徴である。

アフガーニーといったイスラーム改革運動を担った人たちのこともローガンの本では論じられている。(10) アフガーニーが唱えたのが、コーラン（クルアーン）の積極的な読み直しである。コーランの解釈によってイスラームを再生できる、という考え方なのである。アフガーニーの下からは、新世代のイスラーム的なナショナリストたちが登場する。

アフガーニーの弟子であるムハンマド・アブドゥフ（一八四九―一九〇五年）［図4-6］は、イスラームとナショナリズムを融合させつつ、エジプトという場においてイスラーム改革を実践した人物でもある。アブドゥフもアフガーニーと同じような解釈を採り、新しい方向にイスラームを導いていこうとした。次の世代のラシード・リダー（一八六五―一九三五年）もイスラーム改革運動を継承し、アブドゥフと共に『マナール（灯台）』という雑誌の編集に携わった。さらに、ワフド党を率いたサアド・ザグルール（一八五七―一九二七年）［図4-7］は、一九一九年革命を達成する第一次世界大戦後のエジプトの政治指導者になっていく（本書第6章）。その伝統は一九五二年のエジプト革命を成し遂げたナセル大統領（一九一八―七〇年）に受け継がれていく。

ところで、アブドゥフはナイル・デルタの村に生まれ、シャリーア法廷の裁判官であった。エジプトのイスラーム最高法官にまで出世の階段を駆け上った。ジャーナリストでもあり、『アル・アハラーム（ピラミッド）』紙に寄稿し、タフターウィーと同じようにエジプト政府の官報の編集者も務めた。一八八二年の反乱の時にアフマド・ウラービーの熱烈な支持者になったが、そのためイギリス官憲によってベイルートに追放された。アブドゥフは追放中にフランスを訪れて、パリでアフガーニーと出会った。そして、そこで彼とムスリムに帝国主義に対抗する必要性を呼びかけるイスラーム改革派の雑誌『固き絆』を発刊したのである。

図4-6　ムハンマド・アブドゥフ

図4-7　サアド・ザグルール

アブドゥフは、一八八〇年代末にエジプトに帰国したが、この時期に出てきたのが現在でも問題になっている「サラフィー主義」である。アブドゥフのもっと進歩的なイスラームへの呼びかけは、逆説的だが、ムスリムの最初の信徒共同体を手本にしたものだった。アラビア語で「サラフ」と呼ばれる、預言者ムハンマドとその教友（サハーバ）および成立期ウンマ（ムスリム共同体）を支えた人々の共同体が理想として掲げられたのである。イスラームが堕落したのは原点を忘れたからであり、預言者の時代に戻るべきだという考え方がこの頃から始まったのだ。

サラフィー主義は、二〇一一年に殺害されたウサーマ・ビン・ラーディンなどに代表されるムスリムの反西洋の思想と行動の最も過激な一派と結びついてしまっている。しかし、アブドゥフの時代はそうではなかった。繰り返しになるが、サラフィー主義とは、預言者ムハンマドの時代に戻れという原点への回帰運動なのである。イスラームの勃興から拡大の時代が続いた後、ムスリムの考え方はコーランの文字面通りの解釈で硬直化していったというのである。ムスリムを以上に述べたような膠着《こうちゃく》状態から解放することによってのみ、ウンマは先達が築き上げた純粋で合理的な宗教慣行に戻り、イスラームの活力を回復できると主張したのだ。

最後に取り上げるアフマド・アミーン（一八八六―一九五四年）は、エジプトを代表するムスリム知識人である。アミーンはアル・アズハル大学の学生だった時に、ムハンマド・アブドゥフの講義に出席した。アブドゥフの講義は、イスラーム改革者の潑剌《はつらつ》とした感覚を学生たちに教えてくれた、とアミーンは記している。「私は二つの授業に出て、彼の美しい声を聞き、風格ある姿に接し、自分が典型的なアズハルの長老たちには教わらなかったことを、彼から教えてもらった。〔……〕アブドゥ〔アブドゥフ〕はときどき脱線して、ムスリムの現状や欠陥、その改め方について論じていた」[11]。

二〇世紀初頭のエジプトのナショナリストたちにとっては、エジプト人がイギリス支配に対して反乱を起こすことができるような状態ではなかったという厳しい課題があった。もちろん、エジプト人は外国支配には憤っていたものの、イギリス人はきちんとした政府と政治的安定をもたらし、税金を安くしてくれたと考えていたからである。エジプト人が植民地支配を甘受するのであれば、イギリスもエジプト人を刺激するようなことはしなかった。しかし、一九〇六年にディンシャワーイー事件が状況を一変させた[12]。

同年六月二七日、イギリス人グループがナイル・デルタにあるディンシャワーイー村にハト狩りにやってきた。農民たちは怒ってイギリス人に、ハトを殺すのだけはやめてくれ、と詰め寄った。間もなく小競り合いになってイギリス人将校が負傷し、ほどなく死亡した。当時、エジプト高等弁務官のクローマーがエジプト国外にいたのが不幸の始まりであった。イギリス人の役人たちは過剰な対応をした。事件に関わった村人五二人を逮捕し、臨時法廷で裁判にかけたのである。

エジプト人はハトを食べる習慣がある（モロヘイヤのスープの中にハトの肉を入れて食べる等）。今でも農村に行くと、ハトを飼うための土で作った円柱のような建物がたくさんある。この事件ではハトをめぐってイギリス人と衝突した。些細なことからエジプト人の生活の機微に触れる反乱が起こってしまった。しかし、エジプト・ナショナリズムを考える上での出発点と位置づけられている重要な事件なのである。

このディンシャワーイー事件後、エジプトは大きく変化した。先に触れたアフマド・アミーンは事件の起こった日をよく覚えていた。事件の当日、アミーンは友人とアレクサンドリアで夕食をとっていた。「新聞がきて、ディンシャワーイーの村人のうち四人が死刑、二人が終身重労働刑、一人が禁固一五年、六人が禁固七年、五人が五〇回のむち打ち刑を宣告されたことを知った。われわれは「悲しみで打ちひしがれて」、宴会は葬式みたいになり、ほとんどの者が涙を流した[13]」。それ以降、アミーンは『ムスタファ・カーミル』という過激なナショナリストの新聞をコーヒー店で熟読するようになったというのである。

アフマド・アミーンは後に『わが生涯』という回想録を出版したが、彼の自伝はエジプトの初期ナショナリズムを考える際に重要になる。この人物はアラブ・ナショナリズムとは何かということを記しているからである。アミーンはこのディンシャワーイー事件を機にナショナリストに生まれ変わった。アミーンだけが例外ではなかった。新聞によってこの悲劇は大々的に伝えられ、イギリスの過酷な支配に憤るようになったのである。

オスマン帝国の「トルコ化」

一九世紀末のオスマン帝国では、アブデュルハミト二世の専制政治に反対して、ミドハト憲法の復活を求める「青年トルコ人」と呼ばれる運動が展開されたが、その中核であった統一進歩団が国内外で活動を行なっていた。一九〇六年サロニカで結成されたオスマン自由団は統一進歩団と合流し、その後ムスタファ・ケマルも加わった。一九〇八年、オスマン帝国憲法の復活が一方的に宣言されアブデュルハミト二世はこれを追認したため、青年トルコ人革命は成功した。

一方、オスマン帝国支配へのアラブ人の幻滅は、青年トルコ人革命以後、いっそう深まった(14)。青年トルコ人は熱烈なトルコ・ナショナリズムを掲げたからである。もちろん、革命初期の段階では青年トルコ人はオスマン支配の制約を解いてくれるように思えた。ところが、この青年トルコ人の新体制は、「トルコ化」という民族主義的な方向性を厳しく適用して、アラブ諸州の支配を徹底的に強化する決意をしていたことがまもなく明らかとなった。

初期アラブ人ナショナリストたちは厳しいトルコ化政策で苦難に直面した。オスマン帝国による直接支配は帝国領の津々浦々にまで及び、非合法のナショナリスト的政治活動を容赦なく弾圧していった。アラブの独立を求めていた人たちは、その目的を達成するための有効な手段を見出せなかった。オスマン帝国は中央政府をよりいっそう強固にして、アラブ諸州をイスタンブルの直接支配に有無を言わせず従わせたのである。

駆け足になったが、帝国主義の時代とは、アラブ側から見れば「トルコ化」したオスマン帝国に対するアラブ・ナショナリズムの勃興の時代ということになる。アナトリアでもトルコ・ナショナリズムがこの時代に興ってくるし、イランでも同じことが起こる。帝国主義の時代においてナショナリズム運動が並行して出て来るのである。さらに、ナショナリズムと連動しつつ、イスラーム復興運動も同時に出て来ることになる、ということがこの時期のまとめということになろう。

第5章

第一次世界大戦とオスマン帝国の崩壊

第一次世界大戦の衝撃

第一次世界大戦は、日本自体が戦場にならなかったので、日本人にとってはほとんど記憶の外に置かれてしまっているかのように思われる。しかし、ヨーロッパにおいては、第二次世界大戦と同等、もしくはそれ以上の衝撃があった。

一九一四年に勃発した第一次世界大戦は、それまでの戦争のあり方を抜本的に変えてしまった。第一次世界大戦は二〇世紀最初の地球規模の大戦争であり、その性格を代表する表現として「総力戦」(total war) がある。この「総力戦」の概念は第一次世界大戦後、ドイツのエーリヒ・ルーデンドルフ(一八六五―一九三七年)によって提唱された。

総力戦とは、軍事力だけではなく、国家の人的・物的な諸資源、生産力など、すべてが動員されて戦われる戦争のことである。それまでの戦争は、基本的には兵力として動員されて一般国民を全面的に巻き込むことはあまりなかった。もちろん、フランス革命以降、一般国民が徴兵されて兵士として戦うというパターンが出てきてはいたが、第一次世界大戦では銃後の女性たちまでも動員されたのである。戦争が予想以上に長引いたことで、武器・弾薬等をより大量に生産しなければならなくなった。ところが、男性はほとんど戦場に動員されてしまっていたので、銃後の女性が兵器等を作る工場に労働力として動員された。すべての国民が戦争に巻き込まれていったのである。そのような意味で、第一次世界大戦は総力戦だと呼ばれている。他方、これ以降、労働力として戦争経済を支えることになった女性の政治参加が急速に進んだ。そのような様々な波及効果もあったのだ。

日本に関して言えば、一九〇二年にロシアとの対抗のために締結した日英同盟に従って第一次世界大戦に参戦はしたものの、日本の国土そのものは戦場になっていない。それでも実際には、日本はイギリスの要請により駆逐艦等を地中海に派遣している。基本的には、兵站《へいたん》や負傷兵の看護等、後方支援の役割を担当した。戦闘に巻き込まれて日本海軍の兵士たちも亡くなっている。当時イギリスの植民地だったイタリアの南方に浮かぶ島国マルタの首都ヴァレッタには、日本兵のための戦没者慰霊碑が建てられている。

第一次世界大戦の場合、日本が直接軍事的に関わったのは中国・青島《チンタオ》におけるドイツの租借地だった膠州湾《こうしゅうわん》での戦いである。日本軍が派遣され、ドイツ軍との戦闘で勝利し、ドイツ兵捕虜を日本の俘虜《ふりょ》収容所に収容した。最も有名なのが徳島県にあった板東俘虜収容所で、ベートーヴェンの第九交響曲が日本で初演されたというエピソードがある。あるいは、捕虜のドイツ人たちがバウムクーヘンを作ったりするなど文化的交流も生まれた。青島ビールは現在では日本でも有名だが、これもドイツ人が中国の租借地で作ったものである。

中東との関係で言えば、一九四八年に半年ほど首相を務めた芦田均《あしだひとし》（一八八七—一九五九年）が、一九二五年から三〇年まで、トルコ共和国の日本大使館（当時は領事館）の一等書記官としてイスタンブルに駐在している。それ以前に芦田はソヴィエトにも滞在しており、ロシア、トルコに関しては専門家の一人であった。イスタンブルに滞在していたので、第一次世界大戦勃発の原因となった場所であるバルカン半島について、『バルカン』という概説書を執筆している。(1) ボスポラス・ダーダネルス両海峡問題に関連して、帝都イスタンブルをどのように外交的に位置づけるかといった学位論文も著している。(2) 第二次世界大戦についての著作もある。(3)

また、陸軍に桜会という秘密結社的な団体があったが、それを組織した橋本欣五郎《はしもときんごろう》（一八九〇—一九五七年）も、芦田均とは赴任時期がずれているが、一九二七年からイスタンブルの日本領事館に勤務している。その時に橋本が影響を受けたのがムスタファ・ケマル・アタテュルク（一八八一—一九三八年）だったようだ［図5-1］。後に日本で引き起こすクーデタ計画（一九三一年の三月事件・十月事件）は、アタテュルクから間接的に学んだところがあるのではないかと言われている。イスタンブルと日本との関係で言うと、以上のようなことが挙げられる。

第一次世界大戦時、オスマン帝国はまだまだ大国としての存在感があり、ドイツ帝国と同盟関係を結んでいたため、参戦国の一つとなっている。緒戦においては、ドイツ、オーストリア＝ハンガリー帝国と共に戦い、ドイツ人将校の指揮下にオスマン軍も編成され、極めて強力だったようだ。オスマン帝国を敗戦国と言ってしまうと簡単に負けたように捉えられがちだが、現在でもトルコ共和国において顕彰されている勝利した戦いもある。一年近く続いたガリポリの戦い（一九一五年二月―一九一六年一月）である。この戦いにおいて、英・仏および豪などの大英連邦国軍はオスマン軍に大敗を喫したのである。

図５-１　ムスタファ・ケマル・アタテュルク

これは、最初に首都イスタンブルを攻略しようと、大英連邦国軍がエーゲ海からの入り口にあたるダーダネルス海峡にあるガリポリ半島に上陸しようとした戦いである。大英連邦国軍が海峡に入っていったら、海峡の両側に据えられた砲台から激しい砲撃を受けて甚大な損害を被ってしまう結果に終わり、イギリス側にはほとんど戦略がなかったと批判されている。イギリスはこの戦いでオスマン軍から予想以上の軍事的な抵抗に遭い、その事実上の敗北の責任をとるかたちで、当時のアスキス英首相は辞任に追い込まれた。その後のロイド＝ジョージ内閣は、挙国一致体制という新たな態勢でこの総力戦に臨んでいくことになる。この時、ガリポリの戦いにおいてオスマン軍側で指揮を執っていたのがケマルであった。イギリス側はウィンストン・チャーチル（一八七四—一九六五年）が指揮を執っており、大敗北を喫したので一時期第一線からは退いたが、第一次世界大戦後には植民地大臣として復活する。

第一次世界大戦で注目すべき点は、この時代から大英連邦のオーストラリア、ニュージーランド、南アフリカ、カナダ等の連邦構成国の兵士たちも参加していることである。地中海側の対オスマン戦線や、イラク（当時はメソポタミアという呼称だった）における戦線ではインド兵も動員されている。つまり植民地からも兵士が多く動員されていたのである。そのような意味でも、第一次世界大戦は世界規模に拡大した「世界戦争」と言うことができるのである。

もう一点注目すべき点は、ヨーロッパにおける戦線が膠着したことで、オスマン領であった中東が戦略的に新たに見直されたことである。例えば、この文脈でアラブの反乱を助けた「アラビアのロレンス」ことトーマス・エドワード・ロレンス（一八八八―一九三五年）、イラク建国に関わった「砂漠の女王」ことガートルード・ベル（一八六八―一九二六年）、そしてサウジアラビアのイブン・サウード国王の顧問となったジョン・フィルビー（一八八五―一九六〇年）といったイギリスの諜報《ちょうほう》活動員たちが登場してくる。オスマン帝国を内側から攪乱《かくらん》していく戦術である。「アラブ大反乱」における「アラビアのロレンス」についてはまた後に述べることにしたい。

三国同盟と三国協商の対立

一九世紀末、ドイツがどんどんと工業的生産力を増大していく中、新たな世界戦略の一つの柱として出てきたのが、オスマン帝国との関係強化を目指した3B政策（ベルリン・ビザンティウム（イスタンブル）・バグダード）に基づくバグダード鉄道の建設である。北アフリカでは、ドイツの進出で焦点となったのがモロッコである。オスマン帝国の支配が及んでいたのはアルジェリアまでであるが、そのアルジェリアが一八三〇年にフランスに占領され、モロッコは国際的な権力政治における空白地帯として残っていたのである。前章でも述べたとおり、フランスがスペインと共にモロッコに進出してきたが、そこにドイツが割り込んでくる。そのため二度にわたって「モロッコ事件」（一九〇五年のタンジール事件と一一年のアガディール事件）が起こった。ドイツの進出に対抗するため、フランス、イギリスはドイツの影響力を排除しながらお互いに棲《す》み分けを行ない、モロッコはフランスに、エジプトはイギリスに、という約束を取り交わす。これが英仏協商（一九〇四年）である。このような陣取り合戦、つまり「世界分割」が第一次世界大戦へとつながっていった。

もう一つ大きなポイントは、イギリスとロシアが手を組んだことだ。これにより様々なところに影響が及んだ。東アジアにおいて決定的な要因は日本であった。日本が一九〇四年から〇五年にかけての日露戦争で勝利したことが、大きく世界の情勢を変えていくことになる。中東関連で言うと、本書で以前触れたように、イラン、アフガニスタンをめぐる「グレート・ゲーム」と呼ばれる問題がある。ロシアは南下政策、イギリスは英領インドといった大英帝国領の保持という利害があり、イランとアフガニスタンは両国の覇権をめぐる緩衝地帯だった。東アジアの政治状況が大きく変わったこと、つまりロシアが日露戦争でイギリスと同盟を組んだ日本に敗北したため、逆にロシアとイギリスが手を組むというかたちで中東地域での問題が解決される（一九〇七年の英露協商）。そして同盟を組んだ英露の両国は急激に台頭してきたドイツ帝国に対抗することになり、最終的に三国同盟と三国協商の対立へとつながっていった。

このような大きな国際政治における変化が二〇世紀初頭に起きた。東アジアにおける問題は日露戦争後に解決し、英露協商の後にはイラン、アフガニスタンをめぐる問題も解決したことで、より西方に目が向けられるようになり、ロシアに代表されるスラブ系民族とドイツ・オーストリアが担うゲルマン系民族が覇権を争うバルカン地域が注目されることになったのである。

バルカン戦争——第一次世界大戦の前哨戦

バルカン半島には、スラブ人として一つだという「パン・スラブ主義」の勢力があった。そしてロシアがスラブ系民族（ブルガリア、セルビア、モンテネグロ、ギリシア）に手を組ませ、バルカン同盟を締結させることになる。これらの国々は皆、「正教会」である（スラブ系民族は宗教的には概ね正教会系に属している）。他方、スラブ系民族に対してオーストリア＝ハンガリー帝国のオーストリアの多数派はドイツ語話者なので、「パン・ゲルマン主義」としてドイツとつながった。この両者の政治的対立が二〇世紀に入って表面化するのである。

同時期に、オスマン帝国では一九〇八年に青年トルコ人革命が起こり、その混乱に乗じて同年一〇月、元々オスマン帝国領であったボスニア＝ヘルツェゴヴィナがオーストリア＝ハンガリーに併合される。さらに隣国であるブルガリアが独立を宣言する。

こうしてバルカン戦争が勃発する時期、係争地になったのがマケドニアという地域である。マケドニアは現在では小さな面積しかないが、本来的にはマケドニア人が住んでいる地域はかなり広く、大マケドニア主義と言われるほどであった。このマケドニアをめぐる問題が、オスマン帝国とバルカン諸国の間で起こる。それがバルカン戦争につながっていったのだ。マケドニアはオスマン帝国領だったのだが、そこをめぐって周辺のバルカン諸国が争い、バルカン戦争が終わった後にはマケドニアは地図上からなくなってしまう。これがまた新たな戦争を引き起こしていくことになる。ちなみに、二〇一八年六月、マケドニアは国名を「北マケドニア共和国」に変更することでギリシアと合意した。ギリシアには北部に同名の地方があり、領土権の侵害につながると主張して、マケドニアという国名の使用に反対しており、両国はマケドニアが旧ユーゴスラビア連邦から独立した一九九一年以来争っていたという背景があった。

もう一つの大きな問題が、前述のオーストリア＝ハンガリー帝国によるボスニア＝ヘルツェゴヴィナの併合である。「サラエヴォ事件」のきっかけになっていく領土問題である（一九九〇年代のユーゴスラビア内戦につながる話でもある）。

バルカン戦争を図式化する［図5-2］。最初は、オスマン帝国領であったマケドニアをめぐり、周辺のバルカン諸国（ブルガリア、セルビア、モンテネグロ、ギリシア）が陣取り合戦を行なった。最終的に最も領土を拡大したのがブルガリアだったので、第二次バルカン戦争ではブルガリアが獲得した領土をめぐり、オスマン帝国までがセルビア等と手を組んで戦争を仕掛けた。

このように合従連衡に基づく複雑怪奇な世界がまたもや展開される。この二次にわ

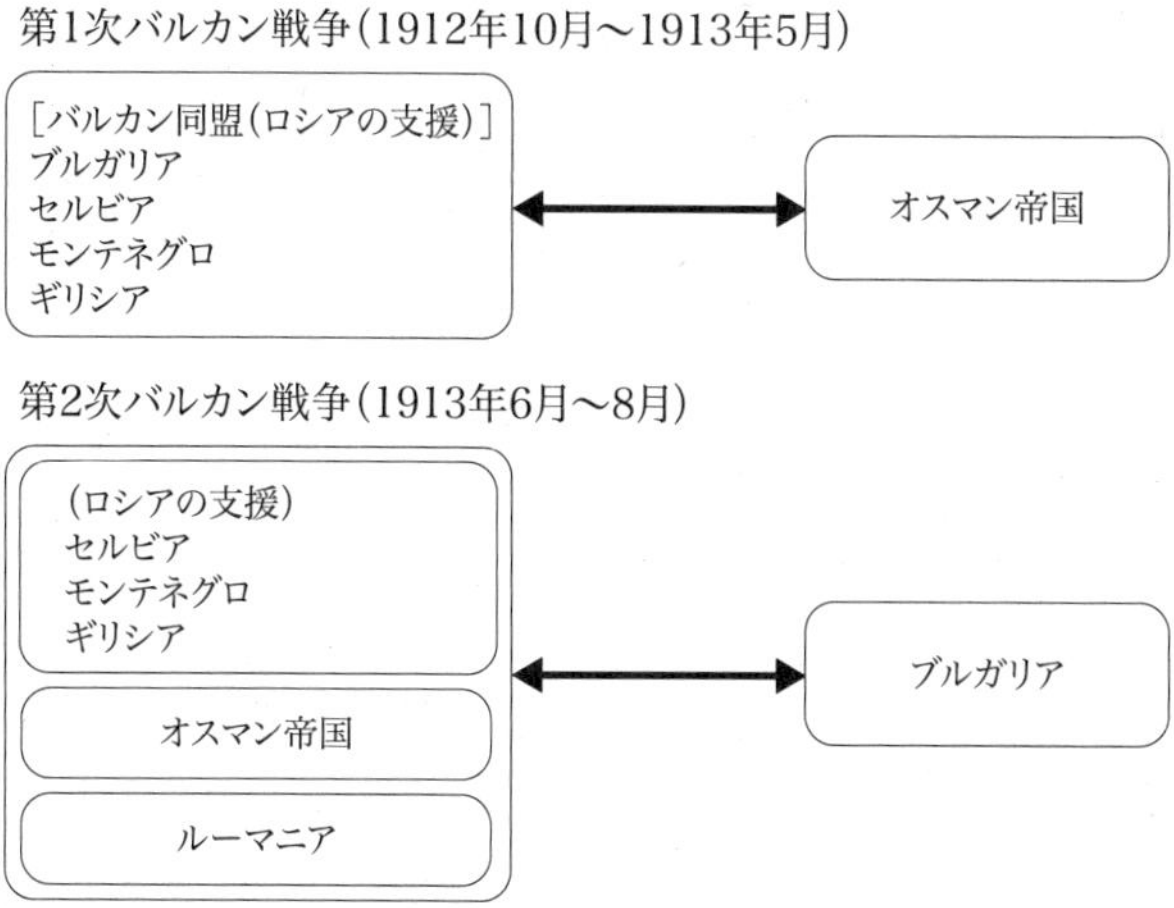

図5-2　第1次・第2次バルカン戦争の対立の構図

たるバルカン戦争が第一次世界大戦の前哨戦と呼ばれている。第一次世界大戦の前までに、このようなかたちでバルカン地域の国境線が目まぐるしく大きく変わっている。バルカン問題は現在に至るまで深刻な問題として残っているわけだが、その根は第一次世界大戦前にあったのである。

そしてバルカン問題に端を発して第一次世界大戦へと突入していく。いずれにせよ、ゲルマン系民族が占めるオーストリア＝ハンガリー帝国の支配と、それに対して不満を持つスラブ系諸民族との対立があり、その中で戦争が起こったということになる。

この時期はイタリアも動いた。オスマン帝国とバルカン諸国が紛争で混乱している状況に乗じて、イタリアはリビア（当時は「トリポリ・キレナイカ」と呼ばれていた）に軍隊を派遣し、軍事占領する。その結果、リビアをめぐってオスマン帝国とイタリアの間に戦争が起こったが（イタリア・トルコ戦争、一九一一年九月―一九一二年一〇月）、オスマン帝国はまたしても敗北してしまい、リビアはイタリア領となった。オスマン帝国は、敗退に敗退を重ね、国際的にどうにもならない瀕死《ひんし》の国家と見なされるようになる。しかし、先ほど述べた第一次世界大戦におけるガリポリの戦いのように、一方的に負け続けていたわけではないのである。

第一次世界大戦の勃発

サラエヴォ事件では、オーストリアの皇太子夫妻が、セルビア人の青年の銃撃を受けて亡くなった。現在、その場所は歩道にプレートがはめ込まれて観光名所の一つになっている。

この事件の後、次第にオーストリアとセルビアのお互いの緊張関係がエスカレートしていき、関係国はそれぞれの同盟関係に従って、順次、宣戦布告をしていくのであるが、政治指導者の判断によって拡大を避けることができた可能性も否定できない。まず、オーストリアが、ドイツはその宣戦布告を黙認するという約束で、セルビアに宣戦布告する。それを受けたかたちでロシアが総動員をかける。そして、ドイツがロシアに対抗するかたちで一九一四年八月一日に宣戦布告した。しかし、これが問題なのであるが、ドイツが中立国ベルギーに八月三日に侵入し、フランスに宣戦布告した。しかし、ベルギーが、ドイツ軍がフランスへ進軍するためにベルギーを通過することを拒否すると、ドイツはベルギーにも宣戦布告したのである。この侵攻がイギリス参戦の理由となった。このように、ドイツとロシアの動きが結果的に全面戦争を引き起こしていくことになったのである。

イタリアは最初三国同盟国側に加わっていたが、オーストリア＝ハンガリー帝国との領土問題を口実にして、同盟を離脱し三国協商側につく。アドリア海の一番奥に位置するトリエステという大きな港町がオーストリア＝ハンガリー帝国にずっと長い間占領されたままだったので、イタリアは「未回収のイタリア」と呼んで、この戦略的に重要な場所を取り戻そうとしたのだ。

世界大戦争と呼ばれた第一次世界大戦は予想に反して次第に長期化していった。多くの人は、夏に始まったこの戦争は同年のクリスマスまでには終わるだろうという見込みで熱狂的に参戦したのだが、そのような早期収拾の期待はすべて裏切られていった。結局、ヨーロッパ戦線では膠着戦になっていく。フランス・ドイツ間の戦線を西部戦線というが、そこでは塹壕《ざんごう》が掘られて相互が睨《にら》み合いを続けた。東部戦線では、ロシアとドイツが対峙《たいじ》したが、そこでも同じことが起こった。戦線は広大な地域に広がり、戦争は長期化していったのである。

塹壕戦で膠着状態になった時に、どのように打開すればよいか、ということで新たな「飛び道具」が発明された。飛び道具と言えば一般的には鉄砲であるが、この時代に初めて毒ガスという新兵器が登場した。毒ガスをばら撒《ま》くと風に乗って遠くまで届くということで、使い始められたのである。また、塹壕が深く掘られていてもキャタピラの付いた戦車であれば簡単に乗り越えられるということで、戦車が大量に投入された。飛行機は上から爆弾を落とせる兵器として使用される（当時はまだ爆弾を抱えて乗り、手で落とすという原始的な手段であった）。つまり塹壕をどのように越えていくかという戦術的な問題が、不幸なことに武器の「技術革新」につながったのである。

そのような兵器を大量に生産する工場が稼働し始め、銃後の女性たち、あるいは植民地の住民も動員され、「総力戦」と呼ばれることになる。このようなかたちでそれぞれの国が挙国一致体制をとり、戦争のために政治的な新しい動員体制を作り上げていった。反戦運動に関与してきた者たち、とりわけ社会主義者たちもむしろ積極的に戦争に協力するようになっていった。いわば反戦勢力まで戦争に巻き込まれるかたちとなったのである。第一次世界大戦では、このように様々な面においてこれまでに経験したことのないような新たな戦争状態が生まれたのである。

日本は軍事行動としては東アジアと南太平洋に限定し、先ほど触れたように青島を中心とする中国の膠州湾に軍を進めた。さらには南太平洋のミクロネシア、当時は南洋群島と呼ばれたところにドイツ領があったので、そのような飛び地としてのドイツ領を占領した。中東関連で言うと、一九一四年一一月にはオスマン帝国が参戦した。このように東アジア、西アジアにも戦線が拡大していった。さらにアメリカも参戦し、世界規模になっていく。そして、最終的にドイツが降伏し、一九一九年に講和条約としてヴェルサイユ条約が締結されることになる。

しかし、この講和のあり方が問題になり、次の戦争を準備してしまうことになった。つまりドイツに対する過酷な賠償金を課したことが、ドイツに過大な負担になって尋常でないインフレを引き起こして、そんな経済的な不満からナチス・ドイツを生み出す要因となり、第二次世界大戦が再びドイツをめぐって起きることになるからである。第一次大戦後の一九二〇年に国際連盟が結成されたが、国際連盟を提唱したアメリカのウィルソン大統領は国内で議会の否決に遭い、結局アメリカは加盟しなかったため、国際連盟は中途半端な出発となり、結果的に第二次世界大戦へとつながってしまったのである。

第一次世界大戦中の中東をどう見るか？

では、中東という視点から第一次世界大戦を見るとどうなるであろうか。チャールズ・D・スミス・アリゾナ大学名誉教授の著した『パレスチナおよびアラブ・イスラエル紛争』(4)は史料が付いたテキストで、高等教育機関で広く使われており、二〇二一年に第一〇版が出版された。イギリス等で主流になっている歴史観に対して批判的な研究者のテキストが、アメリカにおいて広く使用されるのはめずらしいと思われる。アメリカの中東研究もイギリスの延長線上にあるからだ。一九六〇年代にいわゆる頭脳流出があり、オックスフォードやケンブリッジといった有名大学から中東研究者がアメリカの大学や研究機関に移動した。だからアメリカの中東研究は、イギリス出身の中東研究者たちとアメリカの新しい世代、あるいは新しい考え方を持つ人たちの間で大きな対立があるようだ。予想以上にアメリカの中東学会の事情は複雑である。その中で、スミスはいわゆるネオコン（新保守主義者）系列の中東研究者に対して、きわめて厳しい批判的立場をとっている人物なのである。

第一次世界大戦をめぐる議論はどのようなものが多いか、スミスなりの総括で、次のように批判的に述べている。

第一次世界大戦の歴史記述のほとんどは、とりわけ英語文献は、一九一四年にはまだオスマン領であったアラブ地域を特にパレスチナに関連して奪った帝国主義諸国の意図に集中してきた。米国で出版された（英国の場合よりは少ないが）このテーマに関する歴史学的文献は、イギリス帝国主義の公然たる擁護がしばしばであり、現代パレスチナ・イスラエル問題への明快な含意をもってシオニストの主張を正当化し、アラブの議論を非難する意図がある。必要があれば、後述する通り、史料の恣意的な利用も行われることとすらある。

第一次世界大戦や中東へのこのようなアプローチは研究の基準を侵しているが、しかし、大学出版局の中にも、そのような出版社がある。帝国主義の擁護や非西洋の行動や見解への軽蔑は、中東の「例外主義」を正当化している。一般に中東史の分野は、歴史的分析の他分野では見いだされるようなアプローチや比較規準が反映されていないことがしばしばある。トルコのみならずアラブの視点を含めることは新たな語りに導くことになり、帝国主義諸国に抱かれた政治的立場に従属した歴史過程の語りを変えることになるのである。(5)

英語文献の多くでは、議論の焦点がおおむねパレスチナに収斂《しゅうれん》している。つまり、なぜ帝国主義諸国はこの地域をめぐって争ったのかに集中しており、そして、イギリスがこの地域に干渉するのは正しいことである、という立場から議論がなされているとスミスは指摘している。極めて政治的に偏っている、ということだ。さらにシオニスト、つまりイスラエル支持を公然と語る人たちに対して、怒りを爆発させるような表現をしている。六〇頁にもわたる箇所で、シオニストの主張を正当化する研究について具体的かつ詳細に分析している。それらの中には「史料の恣意的な利用も行われることどすらある」、つまり捏造《ねつぞう》レベルのものもある、とまで非難している。

そして、大学出版局の出版物でさえもそういった偏向を持つところがあると糾弾している。スミスがかなり怒っているのが文章から分かる。つまり、イスラエルによって歴史観が支配されていると言いたいわけである。しかし、そのように明言すると「反ユダヤ主義」とレッテル貼りをされることになるので微妙な表現をとっているが、もっぱら「シオニスト」という表現を使っている。

「例外主義」という言葉は、学術的議論でよく使われる。中東には国際政治や国際関係論における他の地域で常識として使われている議論が適用できない、なぜならば中東は特殊である、つまり「例外」であるからだ、という見方である。中東のみならず、イスラームに対しても同じことが言われたりするが、その一番大きな要因は、いわゆる国民国家と言われるものがうまく機能していないところに起因している。中東地域では、国民国家という枠組みを超えてパン・イスラーム的な動きがある。イスラーム教徒として国境を越えてしまう動きが出てきたりするからである。あるいは、アラブ民族主義で一つにまとまろうとするアラブ統一運動等が起こったりしている。基本的に、他の地域、特にヨーロッパでは、国家を中心とした分析ができるのだが、中東は国家を基準に分析をしていくと、何が起こっているのかまったく分からない。その典型的な事例がＩＳの問題であったと言えよう。

冷戦が終わるまで、中東は例外地域として扱われ、比較政治の分野では除外されてきたとも言える。他の地域と同じ基準で物差しが使えないということで、ほとんど議論されてこなかったのである。ところが米ソ冷戦が終わり、既存の国家システムが以前よりも強力に維持されるようになってきたところで、ようやく中東地域でも国際政治あるいは国際関係論というかたちで大学の教科書的なテキストが作れるようになったのである。しかし、冷戦終焉後に国家機能がようやく他の地域並みになったと思ったら、今度は「アラブの春」を経てまた地域の秩序が壊れてしまった。相変わらず例外論が出てきてしまう状況である。この「例外主義」についての議論は現在に至るまで繰り返し行なわれている。

上記の引用の最後の部分にある「トルコのみならずアラブの視点を含めることは新たな語りに導くことになり、帝国主義諸国に抱かれた政治的立場に従属した歴史過程の語りを変えることになるのである」という一文は、中東という地域を分析する者として地域そのものをきちんと見ていこうという、ある意味では、マニフェストのような性格を持つものである。現実に起こっていることに基づいて本当に新たな語りを導き出せればいいのだが、それ以前に現実の事態の方がずっと早く進行してしまって、すでに今では何が起こっているのか分からないという複雑怪奇な事態になっているからである。

スミスは、第2章でも触れたバーナード・ルイス・プリンストン大学名誉教授についても言及している。二〇〇三年にアメリカのブッシュ・ジュニアがイラクを攻撃したが、そのイラク攻撃を進言し続けたのがネオコンたちである。そのような歴史観を代表する議論を展開しているのが、このバーナード・ルイスなのである。ロンドン生まれのユダヤ系のイスラーム史の学者で、元々ロンドン大学で教鞭を執っていたのだが、プリンストン大学に引き抜かれてアメリカに渡った。

ルイスの議論は、かなり乱暴に一言でまとめれば、支配された側はいつも支配する側を敵として不満ばかり言っているが、支配されるのは自分たちに責任があるのだから自分たちで責任をとれ、というものだ。同じ国内、あるいは同じ民族の中で自己批判的にそのような議論になるのならまだしも、ルイスのような敵対的な外部者に対しては「あなたのような考え方の人には言われたくない」というのがアラブ側の、イスラーム教徒の研究者たちの言い分である。アメリカ国籍を持ち、ユダヤ系シオニストで、なおかつネオコンでもあるような人間から口を挟まれたくはない、ということだ。

もちろん、ルイスの議論を好意的に受け止めるとすれば、いつまでも国家運営や経済的発展がうまくできないアラブ諸国は、その原因を外側の責任にするな、自分たちの責任も当然あるだろう、ということになるし、経済発展したアジア諸国と比較してみれば分かる、という話にもなる。つまりアジア諸国では経済発展しているのに、なぜ中東ではそれができず混乱ばかりなのか、それは自分たちに責任があるからではないか、ということなのである。ルイスの議論も一概には否定できないのだが、しかしながら、議論の仕方とそのタイミングと政治的意図の問題もあるだろう。

スミスは次のようなまとめ方をしている。

この中東例外論の典型例は、バーナード・ルイス『イスラム世界はなぜ没落したか？――西洋近代と中東』〔*What Went Wrong: Western Impact and Middle Eastern Response*：邦訳は、臼杵陽監訳、日本評論社、二〇〇三年〕である。ルイスは現代イスラーム世界、とりわけアラブ中東世界を、その技術的後進性と西洋への敵意を説明するための言い訳を探しているかのように提示する。多くの第一次世界大戦研究者がやっているように帝国主義を擁護するというよりも、むしろルイスは彼の著作の結論において一頁だけでそのテーマを終わらせてしまっている。

英米支配は、ルイスの見解によれば、「中東地域の貌を変えてしまったが、中東の国々〔傍点は筆者〕や諸社会の内的な弱点の結果であって、原因ではない」のである。したがって中東諸国を、インド、シンガポール、香港など旧イギリス・アジア植民地と比較するのは間違っている。もっとも、ルイスはシンガポールと香港をアデンと比較しているのではあるが[6]。

スミスは、「中東諸国を、インド、シンガポール、香港など旧イギリス・アジア植民地と比較するのは間違っている」と指摘している。それぞれの地域の独自の歴史的な発展という問題に関して、具体的な諸条件を考慮しないでそのまま比較するのは間違っているという論調である。とりわけ東アラブ地域である現在のシリア、レバノン、イラク、ヨルダン、イスラエルといった国々は、第一次世界大戦後に出来た国であり、それ以前に遡って議論をしようとすると、皆オスマン帝国の支配下にあったのであるから、オスマン帝国そのものの問題になる。だから歴史的経過をただ並列して比較するのは無意味だというのがスミスの反論である。シンガポールと香港をアデン（イエメン南西部の港湾都市）と比較するのは、そもそも間違っている、と。イギリスの金融センターとして位置付けられている香港、シンガポールに対して、単なるイギリスの軍事的な寄港地に過ぎなかったアデンとは比較できず、同じ俎上《そじょう》に載せて比較するには、同じような条件でなくてはできないということである。

いずれにせよ、こういった反論が執拗《しつよう》なまでになされるということは、逆に言えば、ルイスの議論が広汎なかたちで強い影響力を持っていることの裏返しでもある。

オスマン帝国の参戦——ヨーロッパ列強に利用されたジハード宣言

これまでも何度も引用しているローガン・オックスフォード大学教授は、どちらかと言うと修正主義、つまり既存の解釈とは一線を画す議論に近い立場である。彼は現地の立場を重要視しているから、スミスと近い立場ということになる。

第一次世界大戦中の中東に関連して、二点だけ重要な論点について述べておきたい。第一は大戦中の「ジハード宣言」である。第二は大戦中のオスマン帝国軍によるアラブ弾圧である。

まず、第一の大戦時における「ジハード宣言」に関してであるが、同盟側も協商側も「イスラーム」を政治的に利用しようとしたのである。ローガンはこの点を次のように指摘する。(7) すなわち、青年トルコ人政府のリーダーの一人、エンヴェル・パシャ（一八八一—一九二二年）はドイツの称賛者であり、ドイツを、中東に領土的野心を持たず、信頼できそうな唯一のヨーロッパの国だと思い込んでいた。ロシア、フランス、イギリスといった諸列強は、東方問題を通じてオスマン帝国に対して覇権を拡大してきた歴史がある。このような諸列強の侵略に対して、ドイツは新興国としてオスマン帝国が必要とする保護を与えてくれるとエンヴェル・パシャは信じていた。エンヴェルは、第一次世界大戦勃発直後の一九一四年八月二日、ドイツと同盟条約を締結した。この条約は、オスマン帝国が宣戦布告する見返りに、ドイツが軍事顧問、軍需物資、財政援助を与えることを約束したものだった。ドイツは、オスマン帝国のスルタンが持つカリフ職という地位を利用して、イギリスとフランスに対するジハードを行なうことができると考えていた。英仏の植民地支配下にある南アジアや北アフリカには数百万人に上るムスリムがいるので、スルタンのジハード宣言は英仏の軍事活動に対して大きな影響を及ぼすだろうとドイツの軍指導者は想定したのである。一九一四年一一月一一日、オスマン帝国が三国協商に対して宣戦布告すると、スルタン・メフメト五世（在位一九〇九―一八年）は世界中のムスリムにイギリス、ロシア、フランスに対するジハードという聖なる戦いに加わるように呼びかけたのである。

オスマン帝国は、スルタン＝カリフ制であった（現在の研究では、スルタン＝カリフ制はオスマン帝国が意図的に自称したものであり、歴史的連続性はないということになっている）。ドイツは世界のムスリムの協力を得るために、スルタン＝カリフにジハードを宣言させ、イギリス側に付いているイスラーム教徒も動員しようとした。そのようなジハードによって敵国を内側から攪乱することが可能になるわけだ。

一方、イギリス側も同様の手を使った。オスマン帝国のスルタン＝カリフは当時のイスラームの政治的な意味での権威であったが、より歴史的に見て権威のある預言者ムハンマドの直系（ハーシム家）でありメッカのシャリーフ（オスマン帝国より与えられた聖地の守護者としてのタイトル）であるフサイン・イブン・アリー（在位一九一六―二四年）に、オスマン帝国あるいはドイツに対してジハードを宣言させたのである。それによってイギリス支配下にあるイスラーム教徒を仲間に引き込むことができると考えた。つまり、独英はお互いに同盟したムスリム国家にジハードを出させ合い、どちらがより正統性を持つか、競わせるようなことを行なったのである。イギリスとハーシム家との間で一九一五年を通じて交わされた一連の書簡（フサイン＝マクマホン書簡）も、ジハードの文脈で捉えると、イギリスがイスラームを通じて敵に対する宣戦を布告するという新たな政治的意味を帯びることになる。

換言すれば、ジハードが国家間の争いにおいて利用されたのだ（今も政治的に利用されているが、今の場合はテロリストの問題である）。「ドイツ製聖戦（ジハード・メイド・イン・ジャーマニー）」という研究があるくらいに[8]、ドイツ側はオスマン帝国に対してジハードを出させる努力をかなり強力に行なった。イギリス側も同じようにジハードをアラブ側、特に預言者ムハンマドの直系であるハーシム家に出させた。このジハード宣言の問題はイスラームの正統性の観点から深刻な事態になっていく。イスラームが政治的プロパガンダとして利用されたからである。ある種の情報戦と言ってよいかと思われる。しかし、このような側面は第一次世界大戦を語る際、意外と見落とされがちな面なのである。

オスマン帝国によるアラブ弾圧

もう一点が、第一次世界大戦中に、オスマン帝国軍が分離主義的傾向を持つアラブ・ナショナリストを含むアラブ人に対して徹底的な弾圧を行なったことである。[9] すなわち、青年トルコ人の三人のリーダーの一人であるジェマル・パシャ（一八七二―一九二二年）は、大シリア地域（オスマン領アラブ地域）のアラブ人ナショナリストたちを大逆罪で告発したのだ。一九一五年、レバノン山地に軍事法廷が設置され、同じ年の間に数十人がベイルートとダマスカスで絞首刑、数百人が長期刑、数千人が追放処分を宣告された。このような情け容赦のない処罰で、ジェマルはアラブ住民から「アル・サッファーフ」（虐殺者）というあだ名で呼ばれた。戦時中のジェマルによる圧政はナショナリストだけでなく、アラブ諸州のすべてに影響を与えた。オスマン帝国軍は大勢の若者を招集して戦地へ送り込み、従軍中に戦死した者も多かったのだ。

この第一次世界大戦前から大戦中におけるオスマン帝国によるアラブ弾圧が遠い過去まで投影されていき、現在のアラブ人のトルコ嫌いの民族感情が形成されることになる。今のトルコ共和国の大統領レジェップ・タイイップ・エルドアン（一九五四年

―）が出てくるまでは、トルコはアラブ人に非常に嫌われていた。トルコが来たからアラブがダメになった、アラブの栄光はトルコによって潰された等々、巧妙に言葉が変えられて反トルコ的嫌悪が向けられていた。オスマン帝国は歴史的にはイスラーム帝国なのであるが、アラブ人たちはそれをトルコという国名で名指しした。つまり、ヨーロッパ諸国によるオスマン帝国の呼称である「トルコ」で呼ぶようになり、アラブとトルコという民族レベルで考えるようになったわけである。アラブからすると、過去に遡って適用されてオスマン時代は「暗黒の時代」という話になる。

そのような考え方が形成されたのが、第一次世界大戦中のオスマン軍による徹底的な弾圧だった。さらに食糧が不足する事態も起き、その記憶は長く投影されることになるが、二〇一〇年にパレスチナのガザ地区支援のために支援団体が出したトルコ船がイスラエル軍によって攻撃され、トルコ人の死傷者を出した時に、エルドアンはイスラエルを非難したため、アラブ人にとって英雄になった、という逸話はトルコとアラブの歴史的な関係を考える際、大きな転換点になったと言える。

ド・ブンセン委員会報告――オスマン帝国領分割の画策

サイクス＝ピコ協定やフサイン＝マクマホン書簡等については歴史の教科書にも出ているので、今ではイギリスの「二枚舌外交」あるいは「三枚舌外交」は有名だが、実はオスマン帝国領を戦争後に分割するという元々の計画を作ったのはド・ブンセン男爵（一八五二―一九三二年）という人物である。ド・ブンセン委員会という名称の下でイギリスではよく知られている人物である。

本章の冒頭で取り上げたガリポリの戦いの前後から、イギリスは中東地域の分割を考え、ド・ブンセン委員会に付託して検討させていた。戦後、中東をどうしていくか、ド・ブンセン委員会は五つの案を示し、政策決定者や政治指導者たちが最終的に決定したのである。現在の国境線に近い分割の案である。

イギリス側としてはっきりしている点は、イギリス、フランス、ロシアで戦後オスマン帝国領を分割するということだ。ガリポリの戦いの頃であるから、イギリス側は戦争が始まった直後からその戦後処理を考えていたことになる。実際問題として、どのように分割が実施されるかは計画が立てられた時点では未確定だったわけであるが。

大戦中、イギリス軍は、一方でインドからペルシア湾岸のバスラに向かい、イラク（メソポタミア）に入って、チグリス・ユーフラテス川を遡っていった。他方ではエジプトから地中海の海岸線を北上、さらにアラブ反乱軍（後述）の支援を受けて内陸側で南から北へとダマスカスに向けて進軍させていくという軍事行動が同時に行なわれ、その軍事計画の中でこのような東アラブ地域の分割の議論がなされたのである。

一九一五年、ハーバート・アスキス英首相が付託したド・ブンセン委員会の報告は、イギリスの第一次世界大戦の戦争目的を考える際に非常に重要である。もちろん、そのまま実現されたわけではないし、その後の「三枚舌外交」が通常の歴史記述の上では前面に押し出されているので、ド・ブンセン委員会報告書は現在の議論の中でなかなか表に出てくることはない。しかし、現代の中東の国割システムの形成を考えると重要な位置づけになることが分かる。

「帝国の連絡網（communication line）」、つまり「インドへの道」を確保することがイギリスにとって非常に重要なことだった。今風に言えば「シーレーン」の安全の確保である。スエズ運河とインドを結ぶ道を、いかに安全に船舶が通れるように、安定的に確保するか。その結果、スエズ運河を押さえ、スエズから南に下って紅海を出て、その出入り口にあたる港町アデンを押さえ、さらにはペルシア湾の出入口であるオマーンや、ペルシア湾岸にある現在のＵＡＥ（アラブ首長国連邦）に当たる海岸地域（トルーシャル・ステーツ）も押さえた上で、湾奥のクウェートも確保するというかたちになった。その湾岸地域での枠組みが一九七〇年代までイギリスの植民地として機能していたのである。

もう一つ大きな問題が石油である。アラビア湾岸諸国ではすでに原油が産出していたので、石油を運ぶためのパイプラインの問題も出てきた。アラビア半島で本格的に石油が出るのは一九三〇年代以降だが、すでにイランやイラクの一部では石油が産出されていた。イラクの石油に関して第一次世界大戦まではドイツが押さえていたこともあり、ドイツが敗戦すればイラクの石油はイギリス側に入ってくるはずだと目論《もくろ》み、イラクの南北にあるバスラやキルクークの両油田で産出した石油をどのように地中海に運んでくるかという問題も、この時点で早くも議論されている。

このようにイギリス側の中東地域に対する視座が、ド・ブンセン委員会の報告によってかなり明確に見えてくるのである。

ホーラーニーは第一次世界大戦について次のように述べている。(10) すなわち、一九一四年の第一次世界大戦時には、オスマン帝国は脆弱《ぜいじゃく》で、また帝国に関わる権益が重大であったことから、同帝国領は最も激しい競争の場になったのだったと指摘する。すなわち、オスマン帝国は、ヨーロッパ帝国主義諸列強の間の帝国領をめぐる争奪戦である「東方問題」の新局面を第一次世界大戦によって迎えることになったのである。

イギリスの「三枚舌外交」

イギリスは、一九一五年から一七年にかけてオスマン帝国内のアラブ人の住む領域を戦後分割するために三つの矛盾する約束を行なった（「三枚舌外交」）。一つ目は、フサイン＝マクマホン書簡として知られる、独立アラブ王国をつくるというメッカのシャリーフ・フサインとの約束である。二つ目は、サイクス＝ピコ協定と呼ばれる、シリアとメソポタミア（現イラク）をイギリスとフランスの間で分割するという取り決めである。三つ目は、パレスチナにユダヤ人の「民族的郷土」を建設するというシオニストへの約束である。第一次世界大戦後のイギリス中東外交の目的は、この相矛盾する三つの約束をどのように調和させるか、そのやり方を何とか見出して窮地を脱することだった。

最初のアラブ人との約束は東アラブ全体に関わるものだった[11]。ド・ブンセン委員会報告が出されてまもなく、キッチナー英陸相（一八五〇―一九一六年）は、カイロ在住のヘンリー・マクマホン高等弁務官（一八六二―一九四九年）に、イスラームの聖地メッカのシャリーフ・フサインと手を結ぶ交渉の権限を与えた。一九一五年夏までに、イギリスとオーストラリアやニュージーランドなどの英連邦軍はガリポリの戦いにおいてオスマン帝国軍とドイツ軍の強い抵抗に遭遇して事実上敗北し、撤退を余儀なくされていた。マクマホンは、一九一六年三月までの八ヶ月間に一〇回に及ぶ文書のやり取りを通して、シャリーフ・フサインがアラブ独立国家を建設することをイギリスが認める見返りとして、ハーシム家がオスマン帝国に対してアラブ人の反乱を率いることで合意した。イギリスはアラブ反乱軍に資金、武器、食糧を支援する約束をしたのである。

フサインとマクマホンとの間の交渉において最大の焦点になったのは、将来のアラブ国家の国境線をどこに設定するかであった。シャリーフ・フサインは、西側はシナイ半島のエジプト国境から、トルコ南部から南東部に横たわるタウルス山脈(トルコ語では「トロス山脈」)とその南部に当たるキリキア地方(キプロス島に面した現トルコ共和国南東部の海岸地域)に至るシリア全領域、東側はオスマン帝国領とペルシア領との国境に至るメソポタミア全領域、南側はイギリス植民地のアデンを除いたアラビア半島を将来のアラブ国家の領域として要求したのである。

一九一五年一〇月二四日付のマクマホンからの書簡においては、シリア海岸部とメソポタミアのバグダード州・バスラ州という二つの部分を除いてシャリーフ・フサインが提案した国境線を約束している。マクマホンは以上のような修正をアラブ側が認めるならば、シャリーフ・フサインが要求した領域でのアラブ国家の独立を承認し支援するとフサインに約束したのである。

シャリーフ・フサインはイギリスとの以上のような合意に基づいて、一九一六年、オスマン帝国に対してアラブの反乱を呼びかけた。この「アラブ大反乱」はヒジャーズ地方(アラビア半島西部の紅海沿いの地域)にあるオスマン政府の諸施設への攻撃によって開始され、メッカやジェッダが反乱軍の手に落ちた。しかし、メディナにあったオスマン帝国軍の基地は確保されていたため、オスマン軍はヒジャーズ鉄道を使って補給を再開した。反乱軍はヒジャーズ鉄道の破壊作戦にとりかかった。この破壊工作は「ダイナマイト隊長」ことイギリス軍のトーマス・E・ロレンス（「アラビアのロレンス」の名前の方がよく知られている）［図5-3］に活躍の場を与えることになった。

翌年の一九一七年、シャリーフ・フサインの三男であるアミール・ファイサルは、紅海の出入り口に当たる要衝アカバ港（現在ヨルダン領）にある、難攻不落と言われたオスマン帝国軍の要塞を奪取した。ファイサルはアカバを拠点にしてヒジャーズ鉄道への攻撃を着々と進めていった。反乱軍は、ヨルダン南部のオアシス都市マアーンにおけるオスマン帝国軍の激しい抵抗に直面しながらも、一九一八年には、現ヨルダンの首都アンマンから一〇〇キロメートル東にあるアズラクというオアシス都市にまで北進した。アラブ反乱軍は、この沙漠の中の新たな拠点から軍事作戦を行なって、一〇月二日にダマスカスを占領することで、その最大の政治目標を達成したのである［図5-4］。

図5-3　トーマス・E・ロレンス（アラビアのロレンス）

イギリスの連合軍はアラブ反乱軍と共に戦い、アラブの独立国家の樹立を鼓舞した。このようなイギリスの行動を導いた理由は、「アラビアのロレンス」によって説明される場合が多い。

ホーラーニーは『アラブの人々の歴史』で、次の一節をロレンスの著作から引用する。

東洋には、新しい要因、つまり数や生産力や精神的活動などの面でトルコを凌ぐところの勢力、あるいは種族が必要であるということはわれわれには理解できる。そうした性質のものがヨーロッパから既製品の受売りで供給され得るかと考えてみるに、その歴史に徴すればその見込みは全然ない。……われわれのうちのある連中は、アラビア人たち（旧トルコ帝国の最大の構成分子である）にはありあまるほどの潜勢力があると判断している。なにしろ彼らは多産のセム族大集団であって宗教的思想の面では偉大なものをもち、相当に勤勉で商人的な才覚もあり、政治的でありしかもそれは性格を鮮やかにするというよりはむしろ和らげる作用をするものだった[12]。

この文脈で明白なことは、アラビア語を話す人々が一つの民族を構成し、アラブ国家を持つべきだという主張が初めてイギリスによってその程度には問題があるとはいえ、受け入れられたということだった、とホーラーニーが評価している点が重要である。

ところが、イギリスによるオスマン帝国領の分割に関する第二の秘密協定が事態を錯綜させた。(13) マクマホンがシャリーフ・フサインと交渉を続けていたころ、その一方で英仏の両政府はオスマン帝国領に関する戦後の分割について両国間だけで秘密協定を結んでいた。キッチナー将軍の中東問題アドバイザーであったマーク・サイクス（一八七九―一九一九年）と、フランソワ・ジョルジュ＝ピコ元ベイルート仏総領事（一八七〇―一九五一年）は一九一六年初めに合意に達した。

のちに「サイクス＝ピコ協定」として知られるようになる秘密外交の典型というべきこの著名な密約によれば、イギリスがバグダード州とバスラ州の排他的な特権を有することになっており、フランスはキリキアとシリアの沿岸部の特権を保持することになった。さらに、イギリスはイラクのキルククークからガザに広がるアラビア半島の北部地域の管理権を要求し、フランスはイラクのモースル、シリアのアレッポとダマスカスを結ぶ広大な三角地帯の管理権を要求した。この秘密協定で、東部アナトリアにおけるロシアの領土的要求の境界線も確認された。ロシアは自

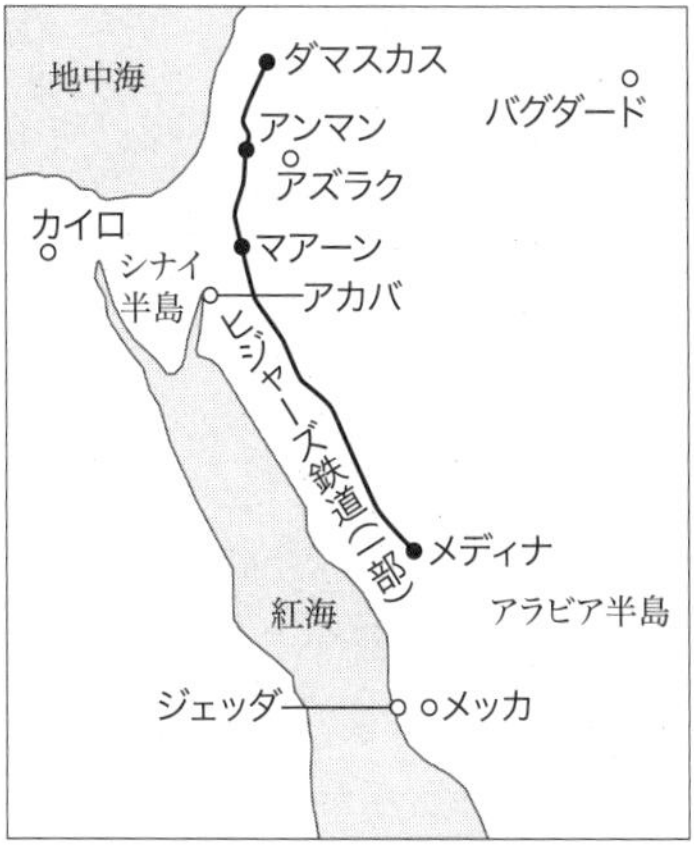

図5-4　アラブ大反乱の関連地図

国の領土的な主張がイギリスとフランスに了承されるという条件付きで、同意したのである。

このサイクス＝ピコ協定は問題解決になるどころか、様々な問題を生み出すことになった。サイクス＝ピコ協定はフサイン＝マクマホン書簡の内容をまったく尊重しておらず、内容的に相反するものであった。

さらにもう一つの深刻な問題が、サイクス＝ピコ協定における例外地域として、パレスチナを「国際管理下」に置いたことであった。パレスチナの問題との関連では当時のイギリス外相アーサー・バルフォア（一八四八―一九三〇年）によるバルフォア宣言を挙げることができる。すなわち、パレスチナにユダヤ人の民族的郷土を建設するということにイギリス政府が賛意を表明したのである。ちなみに、二〇一七年という年はバルフォア宣言の出された一九一七年から一〇〇周年に当たり、バルフォア宣言に関する研究がたくさん出版された。それまでも多く出版されてはいたが、新たな観点から研究が公表されたのである。このバルフォア宣言については次章でも言及する。

第6章

両大戦間期の委任統治

中東の「長い両大戦間期」

通常、「両大戦間期」とは、第一次世界大戦と第二次世界大戦の間の期間を指すが、中東においては、ヨーロッパや東アジア、東南アジアといった他の地域とは少々事情が異なる。中東ではイギリスの影響力が大変強く、第二次世界大戦が終わって米ソ冷戦が始まって以降も、その影響力を保持していた。

ということで、中東における「両大戦間期」は、一九五六年のいわゆる第二次中東戦争までの期間を指すことにしたい。いわば「長い両大戦間期」である。スエズ運河国有化をめぐるイギリス、フランス、イスラエルによるエジプトに対する攻撃に対して、米ソの両超大国が共同歩調で安全保障理事会において非難決議を出して、その結果としてイギリス・フランスがスエズ運河地帯から撤退する時期まで続くのである（朝鮮半島、ベトナム、東西ドイツという地域においては、ソヴィエトとアメリカ合衆国の対立がかなり深刻で、いつ直接的な戦闘に入ってしまうのか分からない状況であったが、中東においてアメリカとソヴィエトの影響は、英仏と比べればさほど大きなものではなかった)。

本章では、第二次世界大戦の頃まで触れたい。中東に関しては、世界史の教科書では第一次世界大戦時のイギリスのいわゆる「二枚舌外交」あるいは「三枚舌外交」と呼ばれる話題の次に、一九四八年のイスラエル建国と第一次中東戦争を記述し、その後は一九五六年の第二次中東戦争まで飛んでしまうというパターンがほとんどで、第二次世界大戦直前の出来事は出てこない。こと中東に注目すると、教科書では決して時系列的に連続性を持った歴史記述がなされているわけではないのである。

第一次世界大戦時に日本は戦勝国になったということは前章で論じたが、この第一次世界大戦を契機に日本は大国の仲間入りをした。アメリカのウィルソン大統領の提唱により設置された国際連盟の、今でいうところの「常任理事国」(理事国)になる。日本は名実ともども列強の仲間入りをしたのである。国際的地位が上がり、その影響力は大きなものになっていったが、その象徴的な人物は、以前の五〇〇〇円札に描かれていた新渡戸稲造(一八六二―一九三三年)で、国際連盟の事務次長としてナンバー2になっている。

国際連盟との関係で最近ようやく注目され始めているのが、日本の民俗学の父と言われている柳田國男(一八七五―一九六二年)である。柳田は貴族院書記官長を務めていたが、その書記官長を辞め、東京朝日新聞社を経て、新渡戸の推薦でジュネーヴにある国際連盟の常設委任統治委員会に委員として派遣された。柳田は日本の民俗学の父として日本そのものに関心を向けていたという学問的な側面があまりにも有名なので、国際的に活躍していた側面がほとんど見えなくなっているのだが、最近ジュネーヴ時代の柳田について研究が出始めている。柳田は、一九二〇年代初めの国際連盟が出来た直後、常設委任統治委員としてイギリスやフランス等の代表と喧々諤々《がくがく》の議論を交わしていたのである。

柳田を取り上げたのは、彼がずっとパレスチナに関心を持っていたからである。聖地の問題にかなり関心を抱いていたようだ。柳田はパレスチナを訪問したいと日本の外務省に問い合わせていたが、実現しなかった。日本は第一次世界大戦時にドイツに対して宣戦布告して参戦し、戦後、戦勝国として委任統治領の南洋群島（現在はミクロネシアと呼ばれている地域）を最終的に獲得した。そして、日本はイギリス、フランスが獲得した地域については口を出さないという、ある意味では棲み分け的な方法を取る。だからこそ、柳田は委任統治委員として影響力を持つ立場であるため、外務省の中の親英派から「余計なことはするな」と圧力がかかったようなのだ。柳田は一八七五年生まれなので、当時、年齢的には四〇歳くらいと思われるが、もしパレスチナを訪問できていたら、その後の柳田の研究者としての人生は変わっていたかもしれない。

中東に関してはイギリス、フランスの両大国の影響力が圧倒的だったことで、日本はほとんど口を挟まないという姿勢を貫いた。そのようなことが如実に表れているのが一九二〇年のサンレモ会議である。イタリア北西部にあるサンレモは、現在は保養地として有名だが、この地でロイド＝ジョージ英首相（一八六三―一九四五年）が主宰した戦後処理のための会議が開催された。戦勝国であるイギリス、フランス、イタリアを中心とする国々、そして日本、ギリシアも参加している。イギリス、フランスからは首相、外相という首脳陣が集まったのだが、日本は松井慶四郎駐仏大使（一八六八―一九四六年）を送っただけである。つまり、この会議において日本は中東問題に関しては外交的に口を出さないことを示したのだ。

このように、当時日本は実際にはかなり及び腰だったことが、柳田の問題とこのエピソードから分かる。第一次世界大戦後の中東、つまり敗戦国であるオスマン帝国の領土をどうするか、という問題をめぐって最終決定をする会議で、日本はこういった消極的な姿勢を取ったのである。

中東地域はイギリス、フランスによって統治されたが、日本は南洋群島を獲得した。本章では中東の「委任統治」を中心に論じていくが、日本の場合、委任統治のＡＢＣという三つの段階の中のＣ式委任統治が適用された。日本の南洋庁による直接統治である。『李陵《りりょう》』や『山月記』等の教科書にも載っている作品で著名な夭折《ようせつ》の作家・中島敦（一九〇九―四二年）は一九四一年六月、南洋群島で使う日本語の教科書編纂のために、文部省から南洋庁のあるパラオに派遣されている。C式委任統治、つまり言語を含めて受任国の直接統治になるので、日本語がこの地域で教えられることになり、当然教科書が必要になったのである。中島の小説には古代中国を舞台にした作品が多い。彼の滞在は太平洋戦争の戦局の悪化のため一年にも満たないものであったが、南洋群島の滞在をめぐっては、日記やこの地を舞台にした小説『南島譚』なども著している。

委任統治とは何か？

委任統治は国際的な妥協の産物であったという点をここで強調しておきたい。委任統治は、それまでの古い帝国であり、植民地大国であったイギリス、フランスといったヨーロッパの国々と、新たに登場してきたアメリカがどう折り合いを付けるかという文脈の中で出てきた。理想主義を掲げるウィルソン米大統領が、「一四ヶ条の平和原則」の中で「民族自決」を訴え、一九世紀的な意味でのヨーロッパ諸列強による植民地支配は止めるべきだ、と主張した状況の中で委任統治という形式が採択されたのだ。

「委任統治」とは一言で表現するなら、読んで字のごとく、敗戦国の植民地あるいは属領であった住民が自分たちで自治ができるまでの間の暫定期間、国際連盟から委任された受任国（受任国は第一次世界大戦の戦勝国）が統治をするという政治システムである。現地の住民が自分たちで自治ができるようになれば、将来的には独立国へと進んで行くことが前提となっている。かつての搾取を目的とした植民地支配とは随分と様相を異にしていることになる。だからこそ、一見すると「委任統治」は新しい時代を象徴する新しいシステムということになるのだが、基本的には従来の植民地支配と何ら変わりなかった。最も典型的に表れているのがC式委任統治、つまり日本が直接領有した南洋群島である。日本は南洋庁を通じて直接統治を行なう事実上の宗主国である。A式委任統治は旧オスマン帝国領に適用され、イギリス・フランスなどが受任国となって統治した。ただ、C式とは違って、A式では本国の受任国からは独立して、本国から派遣されてきた高等弁務官が統治を行なった。B式委任統治はもっぱら旧ドイツ領のアフリカであり、A式とC式の中間的な統治形態をとった。

具体的には、A式委任統治は、住民自治を認め、早期独立を促すものであり、そのため、住民には受任国とは別の国籍が与えられた。B式は、宗教その他の面で地域住民の独自性を可能な限り尊重することが要求され、受任国とは別の法制度による統治方法がとられる地域であるものの、受任国の国籍が与えられた。C式は、人口が少なくその文化が受任国の文化と共通点が多いとして、受任国の構成部分として扱い、受任国の国籍が与えられた。したがって、日本委任統治領となった南洋群島の住民には日本国籍が与えられた。

委任統治という政治システム成立において重要な役割を果たしたのが、南アフリカ連邦のヤン・スマッツ将軍（一八七〇―一九五〇年）である。この人物は、国際連盟を設立することに関しても、委任統治というシステムを作り上げる際にも発言力を持っていた。南アフリカ連邦は、英連邦諸国の一国であり、彼は第一次世界大戦時にはイギリス軍の将校として戦っている。だからこそ、戦後の新しい秩序を築く際にも、イギリスに対する影響力は大変大きなものがあった。我々日本人の認識ではよく見えてこないが、英連邦諸国の中で南アフリカは極めて重要な役割を果たしたのである。同時に、彼は極めて熱心なユダヤ人国家の支持者でもあり、後々イスラエルにつながっていくパレスチナ委任統治にも、かなり深く関わったと言われている。

委任統治は、この時期非常に大きな意味を持った。委任統治をどのように運営していくかという中で、先ほど触れた柳田國男などが活躍することになる。とりわけ、イギリス、フランスといった旧植民地帝国はキリスト教徒なので、キリスト教的価値観を押し付けるのに対して、アジア新興国の日本はそのような伝統を持っていないということで期待されて、第三者的な公正性が一部であるが認められたこともある。ヴェルサイユ条約を結ぶパリ講和会議の場において、牧野伸顕《まきののぶあき》（一八六一―一九四九年）という日本の次席全権大使が、人種差別撤廃条項を国際連盟の憲章に入れることを主張したが、議長であったウィルソン米大統領によって否決されている。人種差別に関してはアメリカには黒人問題があったため、同大統領はこの条項は受け入れることができなかった。国際連盟では議長裁定によって人種差別撤廃条項が阻止されたのであるが、このように当時はアジア・アフリカ諸国から日本に対する期待があったことは強調しておいてもいいかもしれない。

アメリカは国際連盟を提唱しながら、結局アメリカ自身は加盟しなかった。いわゆる「孤立主義」、つまり、大西洋を越えてヨーロッパの政治には関わらないというモンロー宣言以来のアメリカのスタンスである。孤立主義との関連ではドナルド・トランプ米政権でも同じようなことが起こった。孤立主義の下、アメリカの上院下院議会において国際連盟への加入が否決され、結果的にアメリカの国際連盟の加盟が実現されなかったことが、その後の大戦間期における国際政治を考える上で非常に重要になってくる。

民族運動の新展開

民族自決の原則が適用されたのは旧オーストリア＝ハンガリー（ハプスブルク）帝

国、あるいはロシア帝国の一部である。結局、民族自決の原則はヨーロッパ地域の諸民族においてのみ適用され、旧オスマン帝国領を含む、それ以外の地域のアジア・アフリカなどの諸民族に対しては適用されなかった点が、パリ講和条約の限界であった。すべての被抑圧民族に適用される普遍的原理としての民族自決ではなかったのだ。民族自決とは、英語では"self-determination"つまり自己決定権のことである。民族単位に基づき自分のことは自分で決めることができる、独立と同等の価値を持つ考え方だと言ってもいいだろう。これをアメリカのウィルソン大統領が提唱したのであるが、イギリスやフランスといった植民地宗主国は認めず、自らの植民地に関しては手つかずの状態にしておくべく画策した。その結果、敗戦国オスマン帝国の支配下にあり、英仏の委任統治の下に入った国々では、民族に対する自決権は認められなかった。

民族自決権が認められなかった典型例としての旧オスマン帝国領（アラブ地域）は、第一次世界大戦後、ヨーロッパの国々の恣意的な線引きによって、一部の民族は分断され、あるいは複数の民族が一つの国家に入ってしまう事態も起きた。基本的にナショナリズムは、国境線とその中に住んでいる人々が一致することが原則だが、そういったネイション（nation）としての民族（国民）とステート（state）としての国家が一致している国民国家（nation-state）の設立が事実上不可能になってしまったのが、第一次世界大戦後に恣意的な国境線が引かれたアラブの諸国家だったのである。

とは言いながらも、国民国家という新しい考え方は人々の心を捉え、その建設が目指されたこともたしかである。ヨーロッパで生まれた考え方だが、独立した国々はその考え方を踏襲せざるを得なかった。つまり新たなかたちでの国境線の押し付けという中で、ヨーロッパからナショナリズムがもたらされることになったのである。

もう一点、この中東地域の歴史で興味深いのが、ヨーロッパの植民地宗主国が戦争に関与する間に植民地において出てきた新たな動きである。

まず、民族資本家と言われる人々が、第一次世界大戦が契機となって影響力を持ち始めた。民族資本家の具体例を挙げると、エジプトのタラアト・ハルブ（一八六七―一九四一年）が有名である。今でもカイロのタラアト・ハルブ広場に銅像が建っている［図6-1］。彼はミスル銀行を創設した人でもある（ミスルとはアラビア語でエジプトを意味する）。エジプト民族資本の代表者として、イギリスからの植民地解放に向けて、自分たちの国民経済的な力を付けていこうとしたのだ。エジプトは元々アラブ世界の中では商工業が発展していたが、例えばアルジェリアはフランスの植民地支配下にあったので、民族資本家は育たなかった。こういったことも念頭においておく必要がある。

図6-1　タラアト・ハルブ

また、欧米などの植民地宗主国で教育を受けた人々が後に民族主義的な政治指導者になっていく。パリ講和会議には、ベトナムのホー・チ・ミン（一八九〇―一九六九年）等も駆け付けて民族自決の観点から独立を要求した。フランス植民地の場合は若い知識人たちはパリに出ることが多く、そこで教育を受けるので、フランス人の理屈をきちんと踏まえた上で議論をするような指導者たちが生まれてきた。

さらに、同時期にロシア革命（一九一七年）も起きたこの時期以降、民族運動に加えて、それぞれの地域において共産主義運動も開始される。有名な話だが、日本共産党は朝鮮半島や台湾の人々の民族解放運動と連動するかたちで動いていた。共産主義運動は、必ずしも共産主義革命を目指すだけではなく、民族解放という目標までも理念の一つとして抱え込んだのである。

中東においては、共産主義者になっていくのは民族的・宗教的マイノリティーの人たちであった。宗教で言えばイスラーム教徒よりも、ヨーロッパの知識や思想を受け入れやすい立場にあったキリスト教徒やユダヤ教徒であった。

共産主義運動に関して特に悲劇的だったのがパレスチナである。パレスチナにおいては、共産党員はほとんどがユダヤ人で、それもロシアあるいはソ連から移民して来たユダヤ人ばかりであった。一九三五年に開催された第七回コミンテルン（第三インターナショナル）大会において、ここで言う民族資本家あるいは民族ブルジョワジーと共闘しながら革命を遂行するという戦術転換が行なわれた。その際、パレスチナ共産党の指導者だったユダヤ人はほとんどがパージされ、ソ連に追い返されて、その上でアラブ民族指導部が据えられたのである。ユダヤ人指導者はスターリン独裁時代の一九三〇年代にそのほとんどが粛清された。コミンテルンによるパレスチナ共産党の「アラブ化」（共産党指導部をアラブ人に交代させる）の指令のために、追放されたユダヤ人指導者がソ連で非常に悲劇的な運命を辿ったのである。

そういった共産主義者の活動は、それぞれの地域の民族運動との矛盾を最も抱え込んでしまうことになった。結果的に、中東に関して言えば、共産主義運動が広がることはほとんどなかった。後の話になるが、一九四七年に国連でパレスチナ分割決議案の採択が行なわれた際、後にソ連外相となるグロムイコ・国連安保理ソ連常任代表（一九〇九―八九年）が演説を行ない、ユダヤ人国家の創設にソ連が賛成票を投じた。そのためアラブ世界の一般のムスリムたちは、「ソ連がユダヤ人国家の建設を支持している」としてソ連をまったく信用しなくなり、共産主義運動はアラブ世界では影響力をほとんど持ち得なくなったのである。

トルコの独立と世俗化

アラブ諸国と違い、ナショナリズムという観点で最も成功したのはトルコ共和国である。どの教科書を見ても、アジア・アフリカ新興諸国の中でモデルになるような近代国家を創設したと記述されている。「トルコ万歳」という感じで、記述量においてもかなり紙幅が割かれている。

一九二〇年にオスマン帝国と英仏などの戦勝国の間で締結されたセーヴル条約ではオスマン帝国の敗戦国としての立場がはっきりしており、現在のトルコ共和国の領土が戦勝国によって分割されるような事態になっていた。それに対して、ケマル・パシャ（ケマル・アタテュルク）が登場する。

第一次大戦が終わるとオスマン帝国領は英仏伊とギリシアの占領下に置かれた。ギリシアは大ギリシア主義を掲げて、一九一九年五月にアナトリアのイズミル（スミルナ）を占領して内陸部に進軍した。しかし、ムスタファ・ケマルは二〇年四月、アンカラでトルコ大国民議会を開設して議長に選出され、ギリシアなどの連合国と戦い、二二年に大攻勢に出てギリシア軍をイズミルから放逐した。さらにケマルはオスマン帝国を解体に追い込んでスルタンを追放した。この勝利により、オスマン帝国が結んだ屈辱的と言っていいセーヴル条約を破棄して、一九二三年にヨーロッパ列強と新しくローザンヌ条約を結び直すことに成功し、彼は新しい政府であるトルコ共和国を宣言するのである。トルコ共和国のこの成功は他の地域では見られない特色と言っていいかと思われる。

しかし、ローザンヌ条約によって、セーヴル条約では認められていたクルド人の独立国家樹立の夢は打ち砕かれることになった。クルド人は現在、トルコ、イラン、イラク、そしてシリアに分断されて居住している。その主要居住地域は「クルディスターン」と呼ばれているものの、その領域は分断状態が続いている。クルド語はインド・ヨーロッパ語系に属しており、その人口は三〇〇〇万人とも言われるが、統一国家がないためその具体的な人口数は分からない。二〇一一年に始まったシリア内戦では、シリアのクルド人はISの対抗勢力として米軍によって支援されたため、IS壊滅後、トルコ・イラク国境地帯を中心にシリア国内にその実効支配地域を広げている。

ギリシアは一九世紀初めにオスマン帝国から独立を果たして以来、トルコを目の敵にしていた。犬猿の仲とも言うべきで、とにかくトルコ・ギリシア間の関係は、現在でもキプロス島をめぐってかなり危うい。その歴史的記憶として一番大きなものが、今のトルコ人から見れば第一次世界大戦直後のギリシアのアナトリアへの侵略ということになる。ケマルの活躍がなければアナトリアの一部はギリシアによって割譲されたかもしれない（現在のトルコ・ギリシア国境がエーゲ海のアナトリア寄りの海岸線のギリギリのところに引かれていることが象徴的である。エーゲ海はほとんどがギリシア領ということになる）［図６－２］。

ギリシア側はギリシア側で、エーゲ海を含めてギリシアの固有の領土であるという主張を持っている。元々エーゲ海周辺は、古代ギリシア以来、連綿としてギリシア人が住み続けていたから我々の土地である、というのが自らをヘレネスと呼ぶギリシア人のナショナリズム的な自己認識だったのである。しかし、オスマン帝国というイスラーム国家が成立して以来、その従属下に入ってしまっていた。そのような歴史的な記憶も相まって、ギリシア民族意識が近代以降形成されて、最終的にギリシア・トルコ間での戦争が起こったのである。

トルコ共和国の独立の成功で何が一番大きな要因だったかと言うと、第一次世界大戦で敗北したのはオスマン帝国であり、侵略してきたギリシアを追い出したのはその後に成立したトルコ共和国である、という歴史的事実である。オスマン帝国との歴史的連続性を持たないトルコ共和国という新たな政治主体が成立してその独立を守り、トルコ民族主義的な認識の下で新たにローザンヌ条約を結び直したということになる。トルコはようやくこの段階でヨーロッパ諸列強との不平等条約を撤廃することができた。日本の場合、日清・日露戦争後に条約改正に成功して治外法権を撤廃し、関税自主権を回復することができたが、トルコの場合、第一次世界大戦が終わったこの時点でようやく完全独立を獲得した。

この後、ギリシア人とトルコ人の間では住民交換という凄まじく悲劇的な事態が起こった。ギリシアに住んでいる「トルコ人」――と言っても「トルコ人」というのは

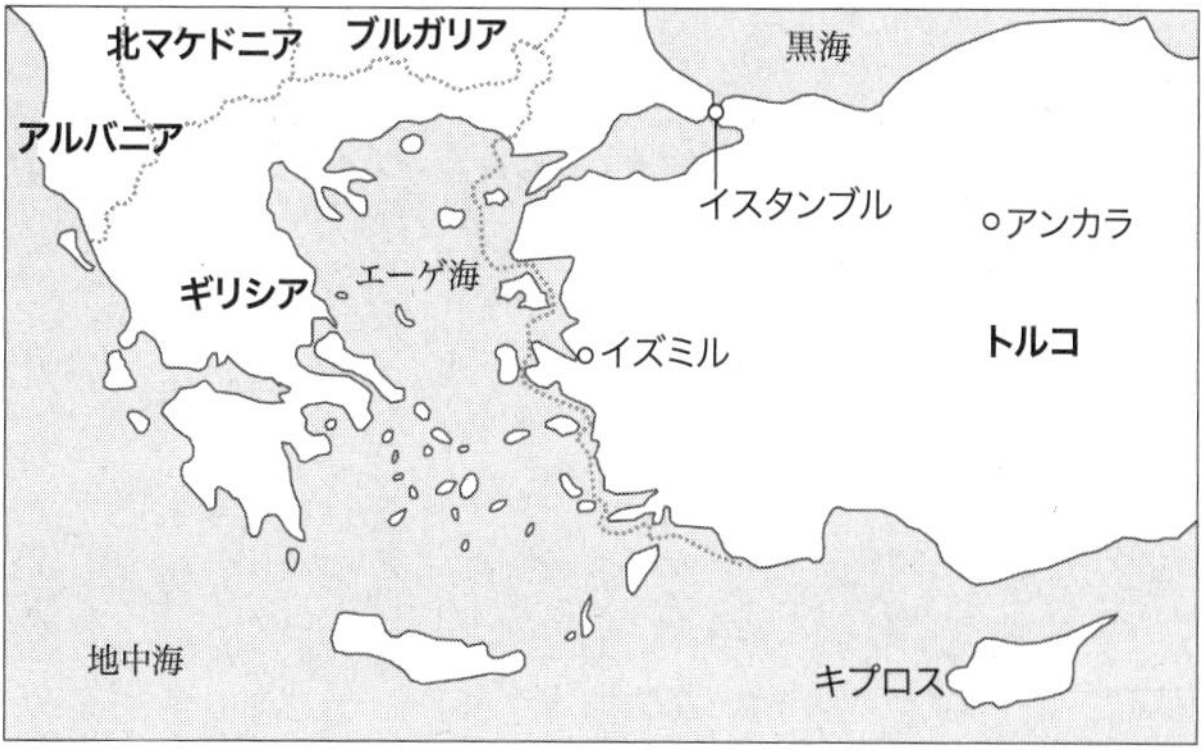

図6-2　トルコ・ギリシア周辺地図

新しくできた概念であるので、民族は関係なくイスラーム教徒のことである——をトルコ側に追い出し、トルコに住んでいる「ギリシア人」——この場合もトルコ内に住んでいる人々は民族的な意味で「ギリシア人」という認識を持っていたわけではなく、宗教的な意味でのギリシア正教徒のことであった——をギリシアに追い出した。これをもって「トルコ人」と「ギリシア人」の「住民交換」と呼んでいる。

追い出された人々が新しい場所で生活できるかというと、やはり大変な困難を伴っていた。例えば、『タッチ・オブ・スパイス』（タソス・ブルメティス監督、二〇〇三年）というギリシア映画があるが、イスタンブルからアテネに追い出されたギリシア正教徒の料理好きの少年の記憶と思い出を通して、イスタンブルのギリシア正教徒の食生活がアテネの料理とは違っていたことから生まれる問題をテーマの一つとしている。結果的に、トルコから追い出された人々のかなりの数は、そのまま新大陸へ渡るというような事態になった。例えば、イスタンブル生まれのギリシア正教徒であった著名な映画監督としてエリア・カザン（一九〇九―二〇〇三年）がいる。アメリカにおけるユダヤ人差別を描いた『紳士協定』（一九四七年）でアカデミー賞作品賞・監督賞を受賞したし、交通事故で若くして死去し神話化された俳優ジェームス・ディーンの主演映画『エデンの東』（一九五五年）の監督でもあった。いずれにせよ、トルコ人やギリシア人といった「民族」という概念がこの地域に未だ確立していない段階において、両国間において強引な住民交換が行なわれ、その際に凄まじい軋轢《あつれき》が生じたのである。しかし、この住民交換は国際連盟によって承認された。

後々になって南アジアでも同じ悲劇が起こる。第二次世界大戦後、インドとパキスタンの分離独立の際、インド人とパキスタン人の住民交換が行なわれた。トルコ、ギリシアに比べ、南アジアの場合、人口規模においてゼロが三つくらい違うので、非常に数多くの犠牲者が出た。おそらく数十万の単位で人が亡くなっていると思われる。

住民交換というかたちで問題を解決していく、つまり民族問題をそれぞれの領域に住んでいる人を入れ替えることによって解決するというパターンは、国民国家あるいは民族国家といったシステムが規範的な解決方法として適用された場合に起こる必然的な悲劇である。

ところで、トルコ共和国成立後、ケマルは大統領となり、一九二四年にカリフ制を廃止し、世俗化（つまり政教分離）政策をとった。そしてフランス型の世俗国家を目指し、憲法を公布した。旧オスマン帝国のイスラーム的と呼ばれるような制度はほとんどすべて廃止された。タルブーシュ（トルコ帽）も、一九世紀初めに軍制改革で軍隊の正式な服装（ヨーロッパ式の軍服）を定めた際に作られたので、必ずしもイスラーム的ではないにもかかわらず、旧いオスマン帝国のやり方ということで廃止された。

また、基本的にイスラームでは太陰暦であったが、太陽暦に変更された。さらにトルコ語をアラビア文字からローマ字表記に変更する文字改革も行なった［図6－3］。

図6-3　ローマ字を国民に教えるケマル・アタテュルク（1928年）

これは単にアラビア文字からローマ字、ラテン文字に変えただけではなくして、イスラームに関わる語彙、つまりアラビア語やペルシア語の一部も、どんどんと排除したのだ。そして元々あるトルコ語、古いチュルク語に変えていくこともなされた。すべての排除は実際上出来ないので多少は残ったが、かなりの数の語彙が変えられたのである。

ケマルによる世俗化政策が、その後のトルコの近代化を規定していく。現在、イスラームを前面に押し出すエルドアンの台頭により、その世俗主義がかなり危うい状況になっているのは、よく知られているところだ。ケマル信奉者すなわちケマリストと呼ばれるような人たちが、彼の世俗的な価値を守るという態度を貫いており、その一番の拠点が軍隊になっているのだが、そこに不幸がある。イスラームと世俗主義者の対立が軍のクーデタというかたちで起こってしまう、というパターンになるわけである。ただし、エルドアンが率いる公正発展党は、結党の頃は公共の場でのアルコールの飲酒や販売の禁止を訴えるなどイスラーム化政策を打ち出していたが、与党となってからはイスラーム化を重視はするものの中道右派路線をとっている。

イランとアフガニスタンの王政

イランの場合はどうか。ここでも新しいパターンが出てくる。パフラヴィー朝初代国王であるレザー・シャー（在位一九二五―四一年）の登場である。パフラヴィー朝以前のカージャール朝（一七七九―一九二五年）は、カスピ海南東岸のアスタラーバード（現ゴルガーン）を本拠地としたトルコ系のキズィルバーシュ系カージャール族出身の、アーガー・ムハンマド・シャー・カージャール（在位一七七九―九七年）が建設した王朝である。カージャール朝はサファヴィー朝以来のシーア派の十二イマーム派を国教としたが、それに続くパフラヴィー朝（一九二五―七九年）はイスラームを排斥するようなかたちで登場してくる。

なお、ペルシア語はインド・ヨーロッパ語系で、イランという名称は元々「アーリア」（アーリアとは元々はインド・ヨーロッパ語系に属する諸言語を使う諸民族の祖をなすと措定される民族を指している。したがって、アーリア語と言えば、インド・ヨーロッパ諸語をすべて含むことになる）という意味であるが、その呼称が使われ始めて、現在に至る。ナチス・ドイツは自らがアーリア人であることを誇示していたが、イランはそれよりずっと以前からアーリア人の国だと言っていたことになる。これは言語から来る認識で人種とはまったく関係のない話である。

話を戻すと、パフラヴィー朝となってから、イランでも近代化が始まった。その際、どちらかと言うとイスラームが脇に置かれ、そのしっぺ返しが一九七九年のイラン革命ということになる（本書第8章）。

アフガニスタンも一九一九年にイギリスから独立して王国として成立した。しかし、旧王族の一人であるムハンマド・ダーウードが一九七三年にクーデタを起こし、王政を廃止した。長きにわたり国王の座にあったザーヒル・シャー（在位一九三三―七三年）は亡命した。ダーウードは国家元首（国家元首一九七三―七七年、大統領一九七七年）

―七八年）に就任し、ソ連との関係を強めて、イスラーム主義者を弾圧した。しかし、一九七八年、アフガニスタン人民民主党を支持する軍人がクーデタを引き起こし、ダーウード大統領は殺害され（四月革命）、アフガニスタン民主共和国が成立した。ところが、新政権では主導権をめぐって争いが続き、一九七九年一二月、ソ連のアフガニスタン介入を招くことになったのである。アフガニスタンと言えば、九・一一事件の後、タリバーン政権がアメリカによって崩壊させられたということで、私たちのイメージとしてはイスラーム的なものが非常に強いのだが、イランと共に長く王朝の下で独立国家であったことはここで特記しておく必要があろう。

パレスチナ問題をめぐる様々な解釈

前章で論じたイギリスの「三枚舌外交」についても、戦後の視点で捉えていく必要があるだろう。定評のあるテキストであるカリフォルニア大学ロサンゼルス校（UCLA）のジェイムス・ゲルヴィンの著書『中東現代史』を少し見てみよう(1)。

この『中東現代史』は、基本的に大学で使用されることを想定して書かれた。版を重ね、現在では第五版になっている。ゲルヴィン自身は、元々、第一次世界大戦中にアラブの反乱を率いたハーシム家の息子で、アラビアのロレンスと共に活動したファイサルがシリアに作ったシリア・アラブ王国について研究していた人物である。前章で取り上げたチャールズ・D・スミス同様、現在のアメリカの中東政策に非常に批判的だ。本書に推薦文を寄せているザカリア・ロックマン（ニューヨーク大学教授）はユダヤ系であるが、彼もどちらかと言うとアメリカの中東政策に批判的な人である。ゲルヴィンは次のような議論を展開している。

なぜイギリスがこのような（バルフォア宣言のような）約束をしたのかに関しては歴史家間に見方の相違がある。イギリスは戦略的理由からそれを行なったと主張する者がある。パレスチナでのユダヤ人入植はムスリム・アラブ人に数的に圧倒されるだろうから、ユダヤ人はイギリスに依存しつつも、イギリスによるスエズ運河周辺の安全保障への助力となるだろうという見方である。

イギリスがアメリカやロシアでのユダヤ人の影響力を過大評価したためにバルフォア宣言を出したと論じる歴史家もいる。イギリスはアメリカ側が三国協商側につくことを望んでいた。ロシア側もそうであることを望んでいたが、ロシアは大戦中に革命に見舞われてしまった。イギリスはウッドロー・ウィルソン米大統領およびボルシェヴィキ運動に対してユダヤ人がかなりの影響力を行使できると考えたため、ちょっとだけ幇助《ほうじょ》すれば長期的にうまくいくだろうと踏んだのである(2)。

まず、ゲルヴィンはここで、バルフォア宣言は、基本的にはイギリス国内の事情に由来するという見解に触れている。というのも、約束をした相手がイギリスのシオニスト連盟会長であるライオネル・ウォルター・ロスチャイルド（一八六八―一九三七年）だったからだ。つまり中東という現地とは関係のない人物なのである。なぜそうしたのか。イギリスはユダヤ人には利用価値があると考えており、ユダヤ人もイギリスに頼らざるを得ず、ずっとイギリス側につくだろうというイギリスの想定があったからだ。

次に、イギリスは同盟国であるアメリカやロシアに対してユダヤ人を通じて影響力を行使できるのではという思い込みがあったのではないか、という見方が取り上げられている。ウィルソン大統領自身がユダヤ人に同情的であるので、ユダヤ人が大統領に影響を与えられるのではないかといった評価である。また、ロシア革命を達成した人々の中には、有名なトロツキーやブハーリンといったユダヤ系の人々がたくさんいたことも重要な点である。引用の英語原文では「幇助」（abet）であるが、非常に悪意を持つ表現を狙っているので、こういう単語が使われている。つまり裏から工作すればうまくいくのではないか、と考えたという論調である。

また、ゲルヴィンの議論には、イギリスはユダヤ人の力を過信していたにもかかわらず、バルフォア宣言はその後大した影響などは持たないだろうくらいにしか思っていなかったのではないか、という批判的なトーンが全体的に底流にある。その後現在に至るまで、つまり二一世紀にまで続いてしまうような深刻な問題になるとはイギリス当局の当事者たちは思っていなかった。その場しのぎということだ。

ロイド＝ジョージ英首相としては、バルフォア宣言を出した理由を少なくとも九つほど回顧録に挙げている。もっとも説得力のある理由は「敵を弱体化させ、同盟国のチャンスを増大させるような意見や協力を世界中から動員するためのプロパガンダ戦略の一部である」という言明である。換言すれば、同宣言は打撃にもならないだけでなく、役にも立たないのである。周知のように、イギリスはバルフォア宣言の影響を低く見積もっていたのである。戦時中の約束はその当時予想していた影響をはるかに超える諸結果をもたらしたのである⑶。

ロイド＝ジョージの回顧録でバルフォア宣言を出した理由として挙げられている一つに、宣伝材料として使った、ということが書かれているという。単に宣伝材料として使えれば十分ということで、実際的な政治的影響はほとんどないと考えていた、ということである。戦争を遂行するため、つまりイギリスにとっては膠着しているヨーロッパ戦線を何とか打開したいということで、三つの矛盾する約束をしたものの、実は深く考えていなかった、というのがゲルヴィンの意見である。このあたりは見解が分かれている。つまりバルフォア宣言に関する評価は対立したままで、何が本当か分からないというのが現状である。

秘密裏に取り結ばれた条約が、そのまま戦後に実施されていく。戦後、最善の解決案を模索するのだが、それに対してはほとんど効果がなかったということになる。どうしてかと言うと、戦時中に出した約束や協定はその場しのぎのものなので、そもそも約束や協定そのものが矛盾していたからだ。パレスチナ問題に関して言えば、サイクス＝ピコ協定について、それぞれの国が勝手に解釈してまったく異なる解釈が出てきてしまうのである。

ゲルヴィンはまずフランスの解釈を挙げている。サイクス＝ピコ協定は旧オスマン帝国領を英仏露で山分けするという約束であり、シリアはフランスに約束されており、パレスチナもシリアの一部である、とフランスは解釈した。これだけでは意味が分からないかもしれないが、元々現地で「シリア」として認識されていたのはアラビア語で「シャーム」(al-Shām) と呼ばれており、英語で言えば「大シリア」(Greater Syria：歴史的シリアあるいは地理的シリア）と呼ばれる地域だったということだ。

アラビア語で「シャーム」と呼ばれる地域は今のシリア・アラブ共和国の領域だけ

ではなかった。オスマン帝国時代に「シリア」と言えば、今のシリア、レバノン、ヨルダン、パレスチナを含む地域であった。伝統的には今のヨルダン、イスラエル、パレスチナのある地域は「南シリア」と呼ばれていた。アラビア語で言えば、「スーリーヤ・ジャヌービーヤ」である（「スーリーヤ」という言葉が「シリア」のアラビア語表現である）。つまり、フランスとしては、当然のことながら南シリアに位置するパレスチナも将来的にはフランスの領土になるという解釈も出て来ることになる。その後交渉の中で規定されていくのだが、シリアという言葉を使うとこのような地理的範囲の曖昧さという問題も起こるのである。

さらに当時まだ存在したロシア帝国が解釈するとどうなるのか。基本的にロシアが関心を持っていたのは、イスタンブルを中心とする両海峡、つまりボスポラスとダーダネルスの両海峡を挟む地域である。黒海から地中海へ抜ける道が確保できればいいわけで、そこが重要な関心であるから、シリアやパレスチナ等は基本的に英仏のものになっても構わないわけだ。パレスチナとは、元々聖書の文脈で使われる言葉で、聖地エルサレム周辺を表している。ロシアとしては、エルサレムは三つの一神教の聖地がある宗教的な共通の地域であり、したがって、聖地を誰かが排他的に獲得することなどは考えず、むしろ国際管理にすべきだ、という主張になる。

アラブ側の解釈はどうか。フサイン＝マクマホン協定もあるから、パレスチナはアラブの国の一部になるべきだ、という解釈である。このように、それぞれの国や当事者の立場によって自分にとって都合良く解釈するので、ぶつかり合うことになる。

戦後、さらに話は混沌としていった。問題となっている場所を実効支配しているか否かで交渉が優位になる。イギリスの場合、具体的にはイラク、そして地中海の海岸線の領域も占領していたので、それに基づき主張している。とくに重要なことは、イギリスとしてはパレスチナをフランスには絶対に渡さないということであった。パレスチナは現実問題としてイギリスの占領下にあったので、他国には何も言わせないという立場をとったのである。

ロシア革命によってボルシェヴィキ政権が成立したために、さらに混沌としていった。レーニンは、ツァー政権の中東政策を放棄しただけではなく、ロシア帝国の関わった密約を暴露してしまった。元々外交は秘密裡に行なわれ、後になって公にされるものであるが、まだ進行中あるいは協議中の話を暴露してしまったのである。意外な観点ということになるかと思われるが、ソヴィエトは社会主義政権で共産主義を目指しているので、当然「無神論」である。ロシア正教会は、ギリシア正教会の名の下に、エルサレムの土地を結構たくさん所有していた。しかし、ボルシェヴィキ政権は、それまでのロシア帝国が主張していたロシア正教会の所有地を放棄してしまうのである。社会主義政権としては宗教問題に関与しないという立場であった。

最後にアメリカ側の動向である。先に述べたとおり、ケマルの抵抗の結果、ギリシア、イタリア、フランスが秘密協定であるセーヴル条約で決めたようにアナトリアを分割できなくなった。そこでもう一点重要になってくるのがアメリカの主張だ。世界史の教科書にも必ず記載されるウィルソンの出した一四ヶ条の平和原則は、大きな重みがあったことが見えてくるのである。アメリカという新しい大国が主張しているわけで、イギリスやフランスといった旧植民地帝国としても無視できず、ある程度は考慮しなければならない主張だったということだ。ウィルソンが、理想主義と言っていいような、崇高な理念に基づく考え方を政治の場に持ち込んだことで、イギリスやフランスの側からすれば様々な問題を引き起こすことになる。ヨーロッパ諸国が尻込みしたウィルソンの提示した条項が三つあった。

第一は「開かれたかたちで到達した開かれた和平の盟約」と「秘密外交の禁止」である（第一条）。レーニンも同じ時期に同様に主張している。新しい国際秩序をめぐり、レーニンの主張とウィルソンの主張が競合関係にあった。当時、社会主義国家であるソ連がどうなるか分からない時期だったので、どちらがイニシアティヴをとって新しい国際秩序を作るかという問題があった。その両者が秘密協定をとにかく撤廃することを主張したのだ。新たに出てきた勢力が、新たな国際秩序について立派なことを言っている。それを真に受けたのが、それぞれの地域における民族主義者たちであった。そして戦時中の秘密協定は無効だ、と彼らは彼らで自分に都合よく解釈する。

第二が、植民地が独立したとき、「当事者である住民の利害が、法的権利の決定を待つ政府の正当な請求と同等の重みを持たされなければならない」(第五条)。住民の権利は、支配する人たちと同等の権利で決定されねばならないという主張である。すでに見た「民族自決」の原則に関わるものである。これにまた中東の民族主義者たちが呼応する。

最後に、「現在のオスマン帝国のトルコ人居住区域は確実な主権を保証されるべきだが、いまトルコ人の支配下にある他の諸民族は、確実な生命の安全と自立的発展のための絶対的に邪魔されることのない機会を保証されるべきである」(第一二条)。これについても中東の民族主義者たちは、民族自決権が保証されたと解釈した。

このようにヨーロッパ列強にとっては困ったことをウィルソンは主張した。ウィルソン米大統領の一四ヶ条は大きな反響を呼び、新しい流れができたと皆が受け止めた。しかしながら結果的には、このような理想主義的なアメリカの主張は、旧来のイギリスやフランスに代表されるヨーロッパの伝統的外交とは乖離があり、中東ではほとんどが実現されなかった。先ほど議論した委任統治についても同じである。スマッツのような人物が出てきて、その落としどころを探り、結果的にウィルソン的なものが切り捨てられていく。最終的にはアメリカが国際連盟に加盟しなかったことが大きいだろう。このことは大きな禍根として残ることになる。

委任統治システムに閉じ込められたアラブ世界

エジプトでは、[4]オスマン帝国の宗主権が大戦勃発によって一九一四年に事実上消滅し、イギリスの保護領とされてしまっていたが、一九一九年、エジプト政府が独立するための主張を行ないにパリ講和会議へ出席することがイギリスによって拒まれると、国民的な独立運動が誘発された（一九一九年革命）。運動は鎮圧されたものの、サアド・ザグルールを政治指導者とする国民主義政党・ワフド党（この「ワフド」とはパリ講和会議に派遣される「代表」という意味を持つアラビア語である）が設立を達成した一九二二年には、イギリスによるエジプトの形式的な「独立」宣言が布告された。同宣言は憲法を発布することを可能にし、ファード一世（在位一九二二―三六年）が国王に就任した。エジプト南部のスーダンは、マフディーによる反乱（本書第4章）が鎮圧され、イギリス・エジプトの共同統治で保護国化されていたが、エジプトの形式的な独立とともに、エジプトの兵士や官吏がスーダンから放逐され、共同統治は名目だけのものになってしまった。

ホーラーニーは、オスマン帝国の他のアラブ属州では状況はより複雑だったと評価する。[5]東アラブ地域の政治的運命を決定したのは委任統治であり、ヨーロッパ諸列強の利害が反映されていた。一九二二年、国際連盟によって委任統治が正式に承認されて、イギリスはイラクとパレスチナ（当初はトランスヨルダンも含んでいた）、フランスはシリアとレバノンの統治を行なうことになった。

シリアでは、アラブ大反乱の支持者がイギリスからの一時的な支援を受けて、ファイサルの下でアラブ独立国家を建設しようとした。しかし、この動きはフランスに阻止され、フランス委任統治下で二つの新国家が設立された（フランスによってシリアを追放されたファイサルは、後述のとおり、イラク国王となった）。一つはシリアであり、もう一つが一八六一年に設置されたムタシャッリフィーヤ（帝都イスタンブル直轄の行政区長官であるムタシャッリフの統治する地）という特別県を拡大したレバノンである。

しかし、フランス委任統治はすぐさま破綻の様相を呈することになった。一九二五年、シリア南部のドゥルーズ派が居住する地方で、フランス支配に対する不満が、アラブ・ナショナリストの反仏闘争と結びついて、反乱に発展したのである。委任統治当局はこの反乱の鎮圧に苦労した。

パレスチナ東部のトランスヨルダン（ヨルダン川東岸部。イギリスの委任統治時代、パレスチナから見て「ヨルダン川の向こう側」という意味）は、ファイサルの兄であるアブドゥッラー（シャリーフ・フサインの次男）が首長《アミール》として統治することになった。そのため、イギリスのパレスチナ委任統治領から、東半分がトランスヨルダンとして切り離された。イギリスはトランスヨルダンの領域に関してはユダヤ人の民族的郷土に含める意図はなかったのである。

ここで強調しておくべきことは、アラビア半島のサウード家である。アフビア半島のサウジアラビア王国は基本的に植民地の経験はない。中東で植民地経験を持っていないのは、アナトリアのトルコ共和国、そしてこのサウジアラビア王国である。一九三二年、アブドゥルアズィーズ・イブン・サウード（在位一九三二―五三年）の下で、現在のサウジアラビアの領域は画定する。重要な点が、一九二四年にイスラーム教の聖地メッカ、メディナを併合したことである。つまり、シャリーフ・フサインが統治していたヒジャーズ地方が、ハーシム家からサウード家の支配へと変わったのである。この時期は未だ大油田が発見されていない時代である。一九三〇年代後半に入ってからアメリカのメジャーが石油開発に成功してサウジアラビアは潤っていくが、この段階で、ワッハーブ派と呼ばれるイスラーム法学派の中でも、非常に厳格にイスラーム法を解釈するハンバル学派というイスラーム法学者たちと、王族であるサウード家がつながり、新しい国の体制を作っていった。

イエメンは一九一八年、第四代カリフ・アリーの曾孫ザイドに忠誠を誓ったザイド派のイマーム（指導者）、ヤフヤー・イブン・ムハンマド・ハミードゥッディーン（在位一九一八―四八年）の下で独立した。この独立国家イエメンは一九三〇年代、東アジアの大日本帝国と極めて親しい関係を保った。とりわけ、東京の代々木にモスク（現在の「東京ジャーミイ」の前身）が建設されるとその式典にイマーム・ヤフヤーの代理としてムハンマド皇太子が出席したのである。

アラビア半島に関して強調すべき事実は、外部世界とのつながりもほとんどなく、イギリス植民地主義勢力に四方を囲まれていたことである。アラビア湾岸のイギリスによる保護領化は続いており、サウジアラビアは南部と東部においてイギリスと対峙しなければならなかった。アラビア半島の南西部では、イギリスの援助を得て、マスカットにおけるオマーンのスルタン勢力が内陸部へ拡大した。すなわち、イエメンやサウジアラビアはようやく限定的な独立を維持するだけだった。

イギリス委任統治領イラクのゆくえ

イラクはアラブ諸国の中で最も不自然なやり方で建国された国家である。というのも、そもそも、「イラク」と称する領域自体が第一次世界大戦以前には存在しなかったからである。オスマン帝国期には「イラク」という地域は、モースル、バグダード、バスラという三つの州から構成されていた。三つの州をイラクとして一つにまとめることによって主権国家を強引に作り出したのである。州という統治単位が長いオスマン帝国期における行政区であったため、例えば、サッダーム・フセイン（一九三七―

二〇〇六年）が湾岸戦争を引き起こす原因となった一九九〇年八月のクウェート侵攻の際に「クウェートはバスラ州の一部である。したがってイラクの領土である」という政治的な主張を持ち出してくることが可能になった。イラクという国家の枠組みはまさにイギリスが残した植民地主義的遺産である。

イギリスはサイクス＝ピコ協定をフランスと秘密裏に締結したために、シャリーフ・フサインに約束したはずのアラブ独立国家を建設することができなかった。その約束に代わってイラク国王としてハーシム家の三男のファイサルを据え付け、トランスヨルダンのアミールには次男のアブドゥッラーを据え付けるというかたちでお茶を濁したのである。

イラクでイギリスによる委任統治が開始されたのは一九二一年である。(6) 委任統治時代にイギリス本国から派遣された高等弁務官は、イギリスの政治的意向を背負い、その植民地政策を実施するための存在だと考えていいわけで、植民地支配の事実上の総督と言っていい。イラクの場合、パーシー・コックス（一八六四―一九三七年）という人物で、彼は、ファイサル国王を承認させるための国民選挙に先立って、新国王が国民の人気を獲得するためイラク全国を訪問する大がかりな旅行を企画した。

一九二一年八月、ファイサルはイラク国王となったものの、現地の人々は反英の国王であれば認めるけれど、イギリスの言いなりになるような国王は絶対に受け入れないという姿勢であった。ところがファイサルはイギリスに反抗できない。結局、イギリス無しにはやっていけないのがイラクという国だった。正式に独立するのはもっと後だが、一応委任統治というかたちで形式的には独立してイギリスとは違う国家となっているので、イラクはイギリスと協定を結ぶことになる。しかしその内容があまりにも酷《ひど》い、イギリスべったりだということで問題が起こった。

このイギリス・イラク協定は、イラク王国の経済、外交、法律に対するイギリスの強権を露骨なまでに表していた。「イラク国王陛下は、この条約の全期間を通じて、大英帝国国王陛下の国際的、財政的義務と利害関係に影響を及ぼすすべての重要事項について、高等弁務官を通じて提供される英国国王陛下の勧告に従うことに同意する」とその協定は明記している。(7) イギリスは条約の期間を二〇年間として、それ以後、協定は更新もしくは破棄されることになっていたが、結局ファイサルはイギリスの言いなりに過ぎないのではないか、という現地の人たちの不信感が噴出し、イラクの不安定化が進んでいくことになる。最終的にイギリスは、協定を軍事力で押し付けるという、いつものパターンに戻っていくことになる。

高等弁務官付の書記官だったガートルード・ベルは、イラク国境の画定に最も貢献した人物で、この女性の筆先でイラクが出来たと言われているくらいであるが、「二度と国王づくりには携わりたくない。あまりにも重圧が大きいから」と語った話はよく知られている。イラクがいかに不自然なかたちで建国されたかが分かる。早い話が、北にあるキルクークの油田と南のバスラにある油田を「イラク」という一つの国の枠内に置きたいという意図で、三つの州を一つにしてイラクという国家を作ってしまった。イスラーム国（ＩＳ）によってイラク自体が分裂状態になってから、改めてベルという人物を見直すべく多くの評伝などが出版されている。

第7章

第二次世界大戦後のアラブ冷戦

アラブと戦後日本

今ではほとんど忘れ去られているが、上原専禄編『日本国民の世界史』という、元々世界史の教科書として編集された本がある。[1]上原の専門はドイツ中世史であるが、この本が世界史という一つの教科において現在まで取り上げられるのは、それまでとは異なる視点から編纂されたからだ。

それまでの世界史の記述は、以前にも「西漸史観」として紹介したが、一九世紀のランケの考え方に基づいていた。具体的には、古代のメソポタミアやエジプトから始まり、ギリシア、ローマへ移り、そしてヨーロッパ中世の記述として西ヨーロッパへ行き、ルネサンスを迎え、近代に至るという流れである。考えてみるとおかしなもので、主要な記述が地理的に西へ西へと移っている。一九世紀の近代ヨーロッパに帰着するような歴史観で書かれているのである。

上原は、世界を制覇した近代ヨーロッパの立場から歴史が書かれるのはおかしいのではないか、という問題提起をした。教科書の編纂の仕方をめぐり、戦前、西洋史の枠内でそのような議論がなされた。その後に登場する「東洋史」という分野も問題を孕んでいた。日本における東洋史は、近代以降、日本が大陸へ進出して、満蒙《まんもう》あるいは中国を侵略していくプロセスの中で作られたため、日本史、東洋史、西洋史という日・東・西の三分野での歴史記述は不均衡なものになっているという問題がある。

戦後、上原を中心とした歴史家たちがこの『日本国民の世界史』という教科書を執筆した。一九五六年に出版され教科書に採用されたが（実教出版）、その後文部省の指導要領が改訂され、一九五八年の改訂版では検定で不合格となった。教科書としては使えなくなったので、岩波書店から単行本のかたちで一九六〇年に出版されたのである。

不合格になったのは、国際連合の捉え方が問題とされたためである。一九四五年に第二次世界大戦が終わった後の同年一〇月に国際連合ができるが、この国連を評価する際に政治問題として出てくるのが、第一次世界大戦後に作られた国際連盟についての評価である。すなわち、「国際連合の組織には、国際連盟と異なった性格がみられる。すなわち国際連合では、安全保障理事会が総会以上の機能をもち、その常任理事国である米・英・仏・ソ・中国には拒否権が与えられている。それは、第二次世界大戦を遂行した諸勢力を反映するものであるが、ソ連と中国とが拒否権を与えられていることは、国際連盟が社会主義勢力や従属的諸民族の立場を全く無視していたのに比べて、大きな相違点である」(2)という箇所における後半の叙述、国際連合ではソ連と中国に拒否権が与えられていることを高く評価した点が不合格とされた理由の一つになった。一九五五年は、日本では、自由党と日本民主党が合併し自由民主党が結成されて「五五年体制」が成立した時期であり、自民党と日本社会党という保革の政治的対立の構図が、そのまま米ソ冷戦の対立構図に重なっていた。このような政治的状況の下で、この教科書はソ連寄りだと見做《みな》されたのである。

この教科書は、先ほど説明したランケのようなヨーロッパに帰着する歴史観ではない。大航海時代を境に世界は一体化し、それ以前の前近代は地域世界から構成されていたという視点をとっている。地域の世界史ということで、地域世界の構成の仕方も日本に近い順から並べている。まず中国、インド、そして西アジアといったように、東洋文明の形成を叙述してから、その後に西洋文明の形成について叙述される。そして一五世紀末から一六世紀あたり、日本で言えば南蛮貿易の時代に世界が一体化した、という視点で世界史を語るスタイルである。今の教科書では当たり前になっているが、『日本国民の世界史』はこのスタイルを最初に作り上げた教科書なのだ。つまりこの教科書の記述の仕方が現代日本の世界史のスタンダード版、すなわち標準を作ったのである。

それは米ソ冷戦という「東西対立」の文脈の中で世界史をどのように考えていくか、という問題も提示している。「東西対立」で問題になるのは、「中東」という地域である。上原たちの教科書では次のような表現になっている。もっとも、この教科書では当時頻繁に使われた「中近東」という地域名を使用している。

米ソの対立と米英の対立とが、最も複雑にあらわれたのは、中近東地方である。この地域のアラブ系諸国は、アラブ連盟を結成しているが、一九四七年にはパレスティナ問題が激化した。

この地方におけるユダヤ人とアラビア人との対立の解決に悩んだイギリスは、問題を国連にもちこみ、パレスティナの分割をはかったが、アラブ・ユダヤ両勢力はともに分割案に反対し、ついに武力紛争を引き起こした。やがて国連の決定に基づいて、一九四八年五月、パレスティナにはユダヤ人のイスラエル共和国が建設された〔イスラエル共和国という表現は誤りで、イスラエルは国名としては「共和国」（Republic）という表現は使っておらず、単に「イスラエル国」（Medinat Yisrael: The State of Israel）である〕。それに刺戟されたアラブ連盟諸国はパレスティナに侵入し、約一年間戦闘が続き、休戦協定成立後もしばしば紛争が生じた。はじめこの共和国の設立に反対していたイギリスも、結局はこれを承認したが、この間に中近東にはアメリカの支配権が強化された。また、一九五一年はじめ、イランでは親英的な首相が暗殺され、石油産業の国有化が決議された（これも「暗殺」は間違いで「追放」された）。エジプトも一九五一年十月、スエズ地帯に駐屯するイギリス軍の問題とスダン問題とに関する条約の廃棄を一方的に宣言した。やがて一九五二年、ナギブ（Naguib）がクーデターを起こして王を追放し、翌年エジプトは共和国となった。ナギブの失脚後、ナセル（Nasser 一九一八～《ママ》）が一九五四年に首相となり、一九五六年には大統領となり、しだいにエジプトの自主的発展を期するようになった。

　こうして、第二次世界大戦後、アジア・アフリカの諸民族は、数世紀にわたる欧米諸国の支配から、政治的に自立する動きがいちじるしくなったが、複雑な国際的環境の中で、経済的にも立ち遅れているこれら地域の発展には、なお多くの問題が残された[3]。

この教科書の歴史記述は、米ソ冷戦だけを強調するのではなく、植民地解放の問題を絡めているのが特徴である。つまり、東西対立に代表される米ソ冷戦だけではなく、南北対立に象徴される「第三世界」を前面に押し出した立場である。

次に、中谷武世《たけよ》（一八九八―一九九〇年）という人物を紹介したい。東京帝大出身だが、学生時代から極東国際軍事裁判（いわゆる東京裁判）でA級戦犯に指名された大川周明（一八八六―一九五七年）の弟子を自認していた。特にアジア主義の文脈で大川と共闘しており、国家主義者の大立者として知られている。戦後もアジアとの連帯という文脈で活躍することになる。自民党のアジア外交に関してご意見番のような役割を果たした人物だ。当時まだ駆け出しの衆議院議員だった中曽根康弘と一緒に中東諸国歴訪の旅をし、クワトリ・シリア大統領とも会っている。シリアは戦後、独立はしたものの、クーデタが続きなかなか政治的に安定していなかった。中谷はナセルにも会っている。それが一九五八年の日本アラブ協会の設立につながる。一九七一年にPLO（パレスチナ解放機構）の指導者であるアラファートにアルジェリアで会ったのも中谷である。

アラブ世界とのつながりにおいて、中谷武世は大変な強い政治的影響力を持った人物ということになる。一九五〇年代―六〇年代にかけて、アラブ世界との関係を民間レベルでつなげる役割を担った人物だからだ。一九八〇年代中頃まで健在で、私も一度だけお会いしたことがある。一九八四年―八七年、私が専門調査員として在ジョルダン（ヨルダン）日本国大使館に務めている頃で、多分一九八四年だったと思うが、中谷は日本政府特使としてヨルダンを訪問した。当時、既に車椅子の状態であったが、大使を含め総出で空港まで出迎えた。大使の父親が旧満州の建国大学で漢学を教えていたということもあり、中谷とは同じアジア主義者としてよく知る仲だったようで、大使は直立不動であった。中谷は大変な人物だということが、側《そば》にいてよく分かった。中谷武世は、日本のアラブ外交を大きく変えていくきっかけを作った人物である。

ちなみに、中谷が活躍した時期はまだ石油問題が顕在化していない時期でもある。つまりOPEC（石油輸出国機構）における原油価格が安いままになっていたので、それほど石油は問題にならなかった。中谷は石油危機以前の文脈、つまり戦前からのアジア主義という文脈でアラブ世界との関係を作り上げた人物ということだ。

次に、一九六四年に出版された石原慎太郎の『行為と死』(4)という小説を紹介したい。その宣伝文句において「愛する女性ファリダのために、スエズ義勇軍に参加し、爆薬を抱えて夜の海を泳ぎきり、かけがえのない生命の燃焼の時間を持ち得た男、皆川」を描いている、とされる。スエズ運河の国有化に対して、イギリス、フランス、イスラエルがエジプトに侵攻するいわゆる一九五六年の第二次中東戦争（スエズ危機）が舞台になっている作品で、主人公は義勇兵としてスエズに行った日本人という設定である。一九三六―三九年のスペイン内戦の際、国際的に義勇兵が集まった。このように第二次世界大戦後も民族解放運動の流れの中で、アジア主義、つまりアジアは一つになるべきだという考え方に基づいて活動した人たちがおり、それを題材にしている。この作品の主眼は後半であるが、前半でスエズ運河を舞台とした話が展開されている。この時期、スエズ問題が、アジア・アフリカの民族解放運動のナショナリズムの文脈で大変大きく取り上げられたということの証左である。

米ソ冷戦だけではなく、この時期に顕在化し始めたのが民族解放運動であった。その文脈で、社会主義のソ連にもつかない、資本主義のアメリカにもつかないという「非同盟主義」が登場し、その旗手としてナセルが評価されていたのだ。本章ではスエズ戦争に至る過程でエジプト国内に起こったデモ等の話もするが、これは二〇一一年初頭にあった「アラブの春」と呼ばれた動きと非常によく似たものとして捉えることができる。このように本章では、第二次中東戦争に至る過程を見ていく視点として、「民族解放」という文脈を強調したい。

英仏の凋落の始まり

時期的に少し遡るが、ホーラーニーの第二次世界大戦についての記述を見ておきたい。(5) 第二次世界大戦は、やはり中東における植民地支配が揺らぐことになる重要な要因だからだ。第二次世界大戦は、植民地支配していた英仏は「意外と脆《もろ》い」という意識がアラブ人に植え付けられた出来事だった。この点はかなり重要で、その後の民族解放運動の中で非常に大きな意味を持つことになる。これは日本の植民地支配をどう考えるかという議論とかなり似ている。例えば、インドネシアにおけるスカルノに代表されるオランダからの独立運動の展開は、第二次世界大戦中の日本の占領でオランダの脆さが見えてきたことに由来する、という議論が出て来るのと同じなのである。欧米の植民地支配に対する東南アジア地域の「解放」を名目に日本による軍事占領を正当化するという意味で、いささか危うい議論であるが、インドネシア独立運動は日本のお陰だという議論が出てくるのと同じ文脈で、今のアラブ世界でも議論されているのである。その際にアラブ世界では主役になるのはドイツなので、ドイツをどう評価するかという問題にもつながってくる。

一九四〇年、フランスがナチス・ドイツに占領される。そしてイタリアが参戦。一九三五年、イタリアはエチオピアに侵攻して、すでにその占領下に置いていたので、イギリスによるエジプトとスーダンの支配に対して南方からの脅威になってきたことは指摘しておいていいだろう。

日本に関わってくるのが、フランスにおけるドイツの傀儡《かいらい》であるヴィシー政権の成立である。日本軍が南進し、真珠湾攻撃の前にまず行なったのが、仏領インドシナ進駐である。フランスがドイツの占領下に入ったので、軍事的には動けないことが分かったからだ。それが真珠湾攻撃とシンガポール攻撃の先駆けであった。この時、ベトナムを含むインドシナは激しい抵抗もなく日本の占領下に入ったが、同じことがナチス・ドイツ軍がユーゴスラビアとギリシアを占領し、その後北アフリカを占領していったという点と共通していると言える。

さらに英仏にとって衝撃的だったのがイラクにおけるドイツの動きである。ナチス・ドイツの傀儡と言っていいほど親独的であったラシード・アリー・アル・ガイラーニー（一八八二―一九六五年）が一九四一年に、一時的にではあるが、政権を握った。ちなみにこの人物はすぐにイギリスによって首相の座を追われるが、追われた後はパレスチナの指導者ハーッジ・アミーン・アル・フサイニー（一八九五？―一九七四年）とともにナチス政権下のベルリンに亡命した。

シリアに関しては、フランスが何とかその領有を保った。いわゆる亡命政府であるド・ゴール等を中心にして動いていたことがホーラーニーの記述の中でも説明されている(6)。

さらに第二次世界大戦の戦況について述べると、アメリカ軍がまずモロッコの大西洋側から入る。その時の将軍が、映画等でも有名になるパットン将軍（一八八五―一九四五年）である。パットン戦車軍団は破竹の勢いで東へと快進撃を行なう。イギリス軍は、カイロに拠点を置いていたモンゴメリー将軍（一八八七―一九七六年）――こちらもいくつもの映画になっている――が四二年末に闘われたエル・アラメインの戦いでドイツ軍を撃破する。両サイド、つまりモロッコ側とエジプト側からアメリカ軍とイギリス軍が、北から侵攻してきたドイツ軍を挟み撃ちにしたのである。それまではドイツ軍が圧倒的に優位であったが、戦況が大きく変わるのがこのエル・アラメインの戦いである。英米軍が最終的に合流したのがチュニジアで、そこからシチリアに向かって、イタリア半島を北上していくかたちでヨーロッパ大陸に入っていく。これが英米連合軍の中東・ヨーロッパ戦線での動きである。

一九四二―四三年は中東における転換点だった。リビアのイタリア軍強化のために独軍が派遣され、四二年七月にはエジプトに侵入し、アレクサンドリアからそう遠くない地域にまで達した。しかし砂漠での戦争は急展開し、同年末までに反撃した英軍がリビアまで西進した。ほとんど同じ頃の同年十一月、米英合同軍はマグリブに上陸し、モロッコとアルジェリアを迅速に占領した。独軍は最後の根拠地チュニジアまで後退したが、東西から侵攻され、一九四三年五月にその地も放棄した(7)。

しかしながら、少なくともエル・アラメインの戦いが行なわれるまで、つまり四二年末までは戦況がどうなるか分からなかったというのが実情である。この時期、カイロやアレクサンドリアという重要拠点があるエジプトはどちらに転ぶか分からない状況で、もしドイツ軍が勝利すればエジプトはドイツの占領下に入っていたことだろう。

さらにパレスチナもドイツの占領下に入ったとなると、この地にいるたくさんのユダヤ人がナチスの収容所に送られる可能性もあった。そのような凄まじい危機感が一九四二年を通じてあったのだ。

日本語版も出ている『アレキサンドリア　WHY?』（一九七八年）というエジプト映画は、演劇青年を主人公にした、ちょうどこの時期を舞台としたユーセフ・シャヒーン監督による自伝的な作品である。いかにナチス・ドイツに対するエジプト人たちの期待が大きかったかを描いている。それに対してイギリス軍（オーストラリアやニュージーランドからも兵士が来ており、映画の中でもそのような兵士が重要な役割を果たしている）に対するエジプトのナショナリストたちの不満が、地下活動を通して描かれる。当時の不安定なエジプト社会の状況を鮮明に描いているのである。

このような「どうなるか分からない」という状況が、エジプトの植民地支配への揺らぎにつながっていくことになる。エル・アラメインの戦いは非常に凄まじいものがあった。現在に至るまでリビアとの国境地帯の砂漠には数多くの地雷が残っており、撤去されていない地雷が世界で最も多い場所と言われている。それほど徹底した攻防戦だったのだ。この戦いが少なくとも北アフリカ戦線における決定的な分かれ目となった。ここでイギリス軍が軍事的に敗北していれば、エジプトの政治状況は大きく変わっていたことだろう。歴史に「ｉｆ」はないが、少なくとも今の状況とはかなり違ったものになっていただろう。

第二次世界大戦でアメリカが上陸する直前の段階のモロッコを舞台に描いた有名なアメリカ映画に『カサブランカ』(マイケル・カーティス監督、一九四二年)がある。当時、ヨーロッパからアメリカへ渡るにはポルトガルという中立国を経由しなければならなかった。ポルトガルにも直接入れないので、一旦ヴィシー政権下のモロッコに入り、それからポルトガル経由でアメリカへ亡命するのが一般的ルートだった。したがって、映画のラストシーンで亡命のため飛行機に乗るが、行先はアメリカではなくポルトガルのリスボンである。アメリカ軍がモロッコから侵攻してくる前の段階を描いているが、アメリカが参戦してから作られた戦時中の作品なので戦意高揚映画でもある。単なる恋愛映画ではなく戦争のプロパガンダとしての側面も捉えておく必要があるだろう。当時、カサブランカは、ドイツ軍もフランス軍も混在する状態であった。以前にも見たようにモロッコの場合微妙なのは、スペインの影響が非常に強いということだ。スペインのフランコ政権は基本的には枢軸側であった。ある意味でモロッコは諸勢力からの空白地帯で、様々な勢力が入り込む場所だったのである。それがこの『カサブランカ』という映画を観る時の一つのポイントになる。

なお、戦後、モロッコは一九五六年、フランスから独立した。スペインもセウタとメリーリャの飛び地を除いてモロッコ内の領土の領有権を放棄した。ただ、モロッコは西サハラを実効支配しており、西サハラの独立を目指すポリサリオ戦線が一九七六年にサハラ・アラブ民主共和国を宣言したものの、西サハラ問題は現在も未解決のままである。

ドイツ軍がエル・アラメインの戦いで敗れてチュニジアまで撤退する、つまり北アフリカから追い出される一九四三年五月には戦争の帰趨が、少なくとも北アフリカ戦線においては概ね決まったということになる。だからこそ、アラブ諸国に関してはこの一九四三年五月で実際の戦争は終わったと言える。しかし、かつてのような英仏の優勢な状況が再び戻るかと思われたが、そうではなかった。

この時期に起きたことは、戦後になって英仏植民地支配にかなり深刻な影響と打撃を及ぼすことになる。とりわけ一時的ではあるがドイツの占領下に入り、フランスでドイツの傀儡政権であるヴィシー政権が成立したこと自体が、北アフリカやシリア・レバノンでのフランス支配が盤石ではないことを示したことになる。実際、シリア・レバノンの両国は一旦一九四一年に独立を宣言した。このことによりフランス帝国主義による植民地の維持が難しくなっていく。

これは戦後におけるアルジェリアの独立運動にもかなり大きく影響した。一〇〇万人近いと言われる凄まじい数のアルジェリア人が亡くなるような激しい独立戦争が戦後闘われたのは（一九五四―六二年）、やはりこの時期にフランス植民地支配が弱みを見せたことに起因していると指摘される。

チュニジアでは、ハビーブ・ブルギーバ（一九〇三―二〇〇〇年）が独立運動を展開した。フランスは一九五六年、王制を条件に独立を受け入れた。ブルギーバ初代首相の下にチュニジア王国（一九五六―五七年）が成立したものの、翌年王制を廃止して、チュニジア共和国が成立した。ブルギーバが大統領に就任し、一九五九年に憲法を制定して社会主義路線を採った。しかし、その後、一九七〇年代には自由主義政策をとり始めるとゼネストが頻発し食糧危機などが起こり、一九八七年には無血クーデタでブルギーバ大統領は辞職し、ベン＝アリー大統領（一九三六―二〇一九年）が就任した。

さらにイギリスも、ナチス・ドイツから直接本土の空爆を受け、多大な戦費を使ったことで、結果的にアメリカの援助なしには戦後復興ができないほどの痛手を負った。これが戦後の植民地支配に対する独立運動が活発になっていく客観的条件となっていった。

例えば、スーダンは一九五六年にイギリス・エジプト共同支配から抜け出てスーダン共和国として独立した。しかし、北部のアラブ系ムスリム、南部の非アラブ系キリスト教徒が対立した。軍事クーデタ後、一九六九年にスーダン民主共和国が成立し、一九七一年にヌメイリ（一九三〇―二〇〇九年）が大統領に就任したものの、一九八三年にシャリーアを導入したため、南スーダンではゲリラ闘争が起こり、第二次内戦になった。一九八五年のクーデタでヌメイリ大統領は失脚し、マフディー政権が成立したものの、一九八九年には再びクーデタが起こってバシール政権が成立し、イスラーム化政策が推進された。二〇一一年には南スーダン独立をめぐる住民投票が実施され、南スーダン共和国として独立したものの、不安定な状況が続いている。

さて、こうして旧植民地帝国である英仏の凋落《ちょうらく》の始まりと同時に、米ソという新しい勢力の伸長がこの時期以降明らかになっていく。第二次世界大戦を契機に新旧の勢力が入れ替わり、英仏の植民地支配から米ソの冷戦構造に変わっていく。しかし中東の場合、それでもまだ「パクス・ブリタニカ」が完全に終焉したわけではなかったため、その移行はそう簡単には説明できない。

アラブ連盟――エジプト主導のアラブ政治の誕生

エジプトの首都カイロは第二次世界大戦中にはイギリス軍にとって戦略的に重要な軍事センターとなった。一九三九年六月に中東司令部（Middle East Command）が置かれたのだ。この司令部の管轄の地域が実は戦後の中東の範囲を決めることになっていく。この時期以降、範囲が広くなり、フランス領のマグリブを除く北アフリカから西アジアを含む地域を指す言葉として「中東」という用語が使われるようになる。

エジプトは、イギリスの重要な軍事拠点になっていたが、一方でアラブ世界における大国としての地位は変わらなかった。したがって、様々な意味で戦後の時期における焦点はエジプトに収斂する。イギリス主導ではあったが、エジプトから出てきた動きとして、「アラブ連盟」の結成がなされたのである。

ホーラーニーも次のように述べている。

カイロが軍事的、経済的な政策立案のセンターだったという事実は、(どちらかというとイギリスからの曖昧な後押しで)アラブ諸国間の緊密な関係をつくりだすことにおいて、エジプト政府が主導的な役割を果たす機会を与えた。一九四二年の初め、イギリスからの最後通告で、エジプト国王[ファールーク]は、ワフド党への組閣依頼を余儀なくされた。戦争の重大な局面に、国土の支配が可能で、国王と取り巻きたちよりも、イギリスとの協力に熱心な政府が成立することは、イギリスにとっては望ましかったようだった。こうして、ワフド党政府に権威が与えられたことで、アラブ諸国間の緊密で公式的な連帯の可能性について、同政府が他のアラブ諸国と検討を行うことが可能になった。(8)

アラブ諸国間には、感情と利害の点で相違があった。(9) エジプトとは対照的に、シリアとイラクの指導者たちは、オスマン帝国による地域的な一体性を記憶しており、相互の緊密な連携を模索していた。ただ、レバノンの事情は他の地域とは異なっていた。レバノンは、アラブとの連携を積極的に模索する勢力と、ヨーロッパ（とりわけフランス）との緊密な関係を持つ独立国家であるべきだと考えていたマロン派キリスト教徒勢力との間の不安定な均衡の上に成り立っていたのである。エジプト、サウジアラビア、イエメンは、アラブ民族であるという連帯意識を共有しており、三国ともパレスチナに対する支援の強化を望んでいた。

一九四五年にカイロでアラブ諸国の参加する会議が開催された結果、アラブ連盟が誕生した。アラブ連盟は当初は、エジプト、シリア、レバノン、トランスヨルダン、イラク、サウジアラビア、イエメンの七ヶ国から構成され、のちにパレスチナ・アラブの代表も加わった。

アラブ連盟の加盟国はその後、地域的にも次第に拡大していく。アラブ連盟の加盟国には、現在では東アフリカに位置するソマリアも入っている。ソマリアはイスラーム教徒が多数派を占めているので自らをアラブの一つであると自己認識しているからである。このソマリアは日本ではアラブ諸国の一つだと考える人は少ない。しかし、トランプ米大統領が就任直後の二〇一七年一月に、国外からのテロリストの入国を防ぐという名目で他の中東諸国と共に入国禁止とした七ヶ国のうちの一つなのだ。イランはトランプ大統領が敵視しているので当然だとしても、他にイラク、シリア、リビア、イエメン、スーダン、そしてソマリアの国々が入国禁止に指定された（のちにイラク、スーダンは除外された）。そうした中で疑問視されているのが、九・一一の時のテロリストたちはほとんどサウジアラビアとエジプトの出身であったが、その二国がそのリストの中に入っていないことだ。通商に不利益をもたらすから、という噂《うわさ》が出るほど問題のある指定の仕方だったのである。

いずれにせよ、アラブ連盟の結成という動きの中で、アラブ諸国とはどこなのかということが、少なくとも国際機構論的な観点からは確定したことになる。

サアダーウィとエジプト革命前夜

エジプトにおいては、第二次世界大戦が終わった頃から、知識人が中心となって政治運動に関わり、民衆の運動、デモが繰り広げられた。そのような中で、イスラーム主義者のムスリム同胞団から共産主義者に至るまで、左右入り乱れた政治勢力が登場してくる。二〇一〇年―一一年にかけての「アラブの春」と同じような状況である。

その中でユージン・ローガンが取り上げているのがナワル・エル・サアダーウィ（サーダウィ。一九三一～二〇二一年）という人物だ。(10) ローガンの記述の特徴として、個人を取り上げながら、時代の大きな絵を語らせるというパターンがある。

サアダーウィは医学博士でフェミニストとして有名で、日本でも著作が数多く翻訳されている。サアダーウィは高校生の時すでに大衆デモに参加していたが、一九四八年の入学当時の大学の雰囲気は政治的緊張を孕んでいた。

一九五〇年から五一年にかけて、ワフド党政権はエジプトの完全な独立を達成するためにイギリスとの話し合いを行なったが、何の成果もなしに終わると、政権はエジプト独立後もスエズ運河へのイギリス軍の駐留を認めた一九三六年のイギリス・エジプト同盟条約を一方的に破棄した。イギリスはその破棄の承認を拒否し、スエズ運河を不法占領した。

若者たちは、ワフド党の黙認を受け「フィダーイーン」（自分自身を犠牲にする覚悟の戦士たちの意）と呼ばれるゲリラ部隊を形成し、スエズ運河に駐留するイギリス軍に攻撃を開始した。サアダーウィの旧友の一人はフィダーイーンに加わり、イギリスとの戦闘で戦死した。この武装闘争は激しい政治論争を巻き起こしたという。

サアダーウィは一九五一年十一月の大学の学生集会のことを覚えている。ワフド党員、コミュニスト、ムスリム同胞団員ら学生政治家の英雄気取りの態度と、人を思いどおりに操る巧みな弁舌にいら立ちを募らせながら、彼女は耳を傾けていた。やがて、アフマド・ヘルミという名の「フィダーイーン」の一人が演壇に登場した。解放戦士の一人で、スエズ運河地区を占領している英国軍への攻撃に参加していた彼は、つまらぬことで口論している旧友たちに静かな声で訴えた。「諸君、運河地区の解放戦士は武器と食糧を必要としている。後方戦線は彼らを守るために堅固でなければならない。時間はない。党派間で争っている余裕はない。われわれに必要なのは国民の団結だ」と彼は説明した。サアダーウィはこの真剣な青年に心を奪われ、のちに彼と結婚する。(11)

サアダーウィはその後、シャリーフ・ハタータという人物と再婚した。彼はエジプトの共産党の幹部として有名で、同じく医師である。残念ながら日本語の翻訳はないが、ナセル政権下では投獄されており、その経験を元にして『THE NET（al-Shabaka）』というアラビア語小説を書いている。NETつまり「網」を意味し、エジプトを舞台にスパイがお互いに裏切り合う話だ。疑心暗鬼の世界を見事に描いていることで評価がある。日本で言うなら共産党員が転向していくような話も含まれている。

戦後のアラブ諸国

第二次世界大戦後、このようにエジプトの若い世代が動き出し、それが一九五二年の革命の呼び水になっていった。

第二次世界大戦中、ソ連とアメリカは枢軸国（ドイツ、イタリア、日本）と戦うために共同戦線を張っていたが、戦争末期、とりわけドイツが降伏した一九四五年五月頃から米ソの対立が急速に表面化することになった。例えば、広島への原爆投下について、アメリカはソ連への対抗として原爆を使用したという説が唱えられるように、第二次世界大戦終了前の段階からすでに米ソ冷戦は始まっていたと言われている。

しかし、実際に米ソが戦うかとなると、双方が核兵器を所持する以上、そう簡単に「熱戦」（ホット・ウォー）には転化しない。通常兵器による衝突であればいいのだが、核兵器が使用されれば結果として地球全体が滅亡してしまうからである。そのような状況でお互いに睨み合い、核による抑止という状態がずっと続くことになる。このような新たな状態を「冷戦」と呼んだ。

アメリカでは、共産主義の拡散を防ぐため、ソ連に対する封じ込め政策を唱えたトルーマン・ドクトリンが出される。しかし、五〇年代初頭には朝鮮戦争が起こってしまう。さらにベトナムから撤退するフランスに代わるかたちでアメリカがベトナムの紛争に介入する。アメリカは南ベトナムに共産主義政権が樹立されることを阻止するため、ベトナムを舞台にした米ソの代理戦争であるベトナム戦争を行なうことになったのである。ヨーロッパではドイツがすでに東西に分断されてしまっていた。とりわけベルリンは、西ベルリンと東ベルリンといったように都市そのものが東西に分断され、西ベルリンは陸の孤島のように東西対立の中で孤立した状態にあった。

　アラブにおける冷戦について議論する前に、東京書籍の世界史の教科書『世界史B』の記述を参照する。まず、戦後がどのように説明されているのか見てみると、本章の冒頭に引用した『日本国民の世界史』の表現とほとんど変わりないが、微妙に力点の置き方に違いがある。

> 中東では、大戦前から大戦中にかけてすでにアラブ諸国が独立を果たしていた。〔……〕アラブ諸国は、１９４５年にアラブの連帯を強めるため、アラブ連盟を結成した〔原注：当初の参加国は、エジプト、シリア、レバノン、イラク、トランスヨルダン、イエメン、サウジアラビアの7か国であった〕。いっぽう、国連は、アラブ地域の一部であったパレスティナをユダヤ人国家とアラブ人国家に分割する案を決議した。これは、人口の多数を占めるアラブ人に不利な案であったため、アラブ人は拒否した。しかし、48年、イスラエルが一方的に建国を宣言したため、アラブ諸国との間でパレスティナ戦争（第1次中東戦争）が起こった。エジプトなどアラブ諸国はやぶれ、パレスティナの約80％がイスラエルの支配下に入り、１００万人をこえるアラブ人が難民となった（パレスティナ難民）[12]。

引用文中の注釈にあるアラブ連盟の最初の七ヶ国中の五ヶ国、エジプト、シリア、レバノン、イラク、トランスヨルダンが一九四八年の第一次中東戦争でイスラエルと実際に戦った国である。イエメンとサウジアラビアはこの戦争には参加していない。したがって、アラブ連盟が結成された当初から、加盟したアラブ諸国のほとんどがイスラエルとの戦争に関わったということになる。「アラブ地域の一部であったパレスティナをユダヤ人国家とアラブ人国家に分割する案」というのが総会決議一八一号というもので、「パレスチナ分割決議案」である。

この教科書の説明の特徴は、イスラエルとの戦争がアラブのそれぞれの国の革命につながっていく、という視点である。

第1次中東戦争に敗れたエジプトは、1952年に自由将校団が革命（エジプト革命）をおこし、53年に国王を追放して共和国を樹立し、翌年にナセル（在職1956～70年）が政権を握った。ナセルは、経済開発のためにアスワン＝ハイダムの建設をめざした。しかし、イギリスなどが建設費の援助を拒否すると、財源確保のため、56年にスエズ運河の国有化を宣言した。これに反発した英、仏、イスラエルがエジプトに侵攻すると、ナセルは国際世論の力を借りて撤退に追い込み（スエズ戦争、第2次中東戦争）一躍アラブ民族の英雄となった。(13)

この記述では高校生から疑問が出てくる。ナセルは一九五四年に政権を握ったと書かれているが、在職期間（大統領）は五六年からで、ズレているではないか、という指摘だ。実は、革命を率いた時の指導者はムハンマド・ナギーブ（一九〇一―八四年）で、彼が大統領になり、ナセルは首相だったのである。しかし実権は首相のナセルが握っていたということで、その後彼が大統領になる。それがこのズレにつながる。

当時、スエズ運河の株式はイギリス、フランスが所有していた。そのスエズ運河をエジプトが接収したのである。そのため、英仏が反発し、イスラエルと共にスエズ運河地帯に侵攻してくる。ここでも、英仏が関わるスエズ運河問題になぜイスラエルが出て来るのか、という疑問が出されることだろう。当時、フランスとイスラエルの間には軍事同盟が結ばれており、それに乗るかたちでイスラエルもシナイ半島に侵攻してきたのである。

「国際世論の力を借りて」という教科書の記述があるが、正確には国連の安全保障理事会において米ソが一致して撤退決議を出し、非常に強い圧力をかけて英仏に対して撤退を迫ったという背景がある。米ソ冷戦下にもかかわらず安全保障理事会における米ソの共同歩調の結果、英仏の撤退が行なわれたということで説明されるのが一般的だ。この教科書では、第三世界においてエジプトが民族解放の旗手になっていったという面を強調しているので、『日本国民の世界史』と若干コンテクストが異なっている。

アラブ・ナショナリズムの高揚

エジプトのナセル大統領を中心とするアラブ・ナショナリズムの高揚に伴い、アラブを統一するという動きが一九五〇年代後半から高まる。実際、その高まりの中で一九五八年にシリアとエジプトが国家統合を行なってアラブ連合共和国を作った。

さらに同年、イラクで、西隣のヨルダンと同じハーシム家の王政が転覆されるイラク革命が起こり、王政が廃止され、共和国になっていく。現在のシリアのアサド政権と同じバアス党（シリアで結成され、国境を越えて活動するアラブ民族主義政党）が政権を取り、基本的に社会主義を唱えていく。とはいえ、ソ連的な社会主義というよりは、むしろアラブ社会主義と呼ばれ、「社会主義へのアラブの道」という説明の仕方がよくなされる。いわゆるマルクス＝レーニン主義的なイデオロギーに基づく社会主義ではないということを理解しておく必要があろう。

イランの場合、民族主義的な運動はモハンマド・モサデク首相（一八八〇―一九六七年）が石油を国有化したことで起こる。この民族主義的な流れは早過ぎた運動であった。モサデク首相による石油の国有化は、結局潰されてしまう。今ではよく知られた話ではあるが、この時ＣＩＡが暗躍してモサデク政権が倒されるのである。モサデク政権が倒れてからは、モハンマド・レザー（パフラヴィー二世）を中心としながらイランは資本主義化の道を辿り、一九七九年のイラン革命まで続く。

問題になるのは、東京書籍の教科書の「こうして中東では、親米派のイランやサウジアラビアと、西側諸国と距離をとる親ソ派のエジプト、シリア、イラクなどに分かれて対立するようになった⒁」という文章である。教科書ではアラブ世界における対立を親米派と親ソ派という分け方にしているが、果たしてそうなのか、という問題提起が必要である。この地域での対立について、米ソの代理戦争のように捉えていいのか、という論争はずっとあったからである。特にアラブに関しては、そうではないのではないか、という議論が出てきている。後に説明するが、冷戦とは別の論理で展開される「アラブ冷戦」という文脈での説明である。

東京書籍の教科書では次のような説明がある。

1967年、第3次中東戦争がおこり、エジプトとシリアは惨敗し、イスラエルは、シナイ半島、ガザ地区、ヨルダン川西岸、ゴラン高原、東イェルサレムなどを占領した。この結果、エジプトのナセル大統領の権威は失墜して、アラブ民族主義は退潮した⒂。

すなわち、イスラエル側が「六日間戦争」（イスラエル側がわずか六日間の戦闘で勝利した）と称して誇る戦争の位置づけに関する記述であるが、ナセル大統領の権威失墜がアラブ・ナショナリズムの退潮をもたらしたという説明になっている。

東京書籍の教科書では第三次中東戦争までは継続して記述してある。ただし、第四次中東戦争、つまり一九七三年の戦争は、それまでのアラブ・イスラエル紛争という文脈での説明ではないことに注意を要する。ブレトン・ウッズ体制から始まり、一九七一年のドル危機、つまりニクソン・ショックと呼ばれる事件に至る国際経済の文脈で説明がされる。同時期に起こった第四次中東戦争と石油危機、そしてイラン革命が石油価格の高騰を導くという記述が続くのである。

　1973年、エジプト、シリアとイスラエルの間で、第4次中東戦争が起こった。サウジアラビアをはじめとするアラブ石油輸出機構（OAPEC）は、親イスラエルの国への原油輸出停止や制限の処置をとり、石油輸出国機構（OPEC）は原油価格の4倍増を決定した。安価な石油に支えられてきた先進諸国の経済は、大きな打撃を受けた（第1次石油危機〔オイル＝ショック〕）。また、79年に、イラン革命がおこると、革命政府が石油供給を削減し、石油価格は再び高騰した（第2次石油危機）。(16)

つまり、第三次中東戦争までは地域紛争という文脈で記述される一方で、七三年の戦争はもっとグローバルな世界経済の揺らぎ、という位置づけがなされているということになる。だからこそ、石油危機、つまりアラブ産油国が石油を政治の道具に使った石油戦略の発動が世界経済に大変大きな影響を及ぼした、という文脈での説明になる。地域紛争から石油という資源をめぐるグローバルな戦争になっていく、という視点が東京書籍の教科書の記述の特徴かと思われる。

アラブ冷戦とは何か？

ところで、「アラブ冷戦」という考え方を最初に提示した研究者は、ベイルート・アメリカン大学（AUB）学長を務めた、アメリカの中東地域を専門とする政治学者マルコム・カー（一九三二―八四年）である。彼の著作『アラブ冷戦』は、小さな薄い本であるが大変よく読まれた[17]。アラブの地域政治を考える際の基本的テキストとして今でもよく使用されている一冊で、サブタイトルの「ナセルとそのライバルたち、一九五八年―一九七〇年」(*Gamal 'Abd al-Nasir and His Rivals, 1958-1970*) にその特色が表われている。一九五八年はエジプトとシリアが一緒になってアラブ連合共和国を作った年であり、一九七〇年はナセルが亡くなった年である。つまり、六〇年代を

「アラブ冷戦」と捉えていることになる。ただし、ソ連を中心とする共産ブロックが崩壊するまで続くと考える研究者もいる。

アラブ冷戦というのは、ナセル・エジプト大統領とそのアラブ・ナショナリズム、アラブ社会主義、あるいはパン・アラブ主義（アラブ統一）を支持する新たに登場した共和制のアラブ諸国と、ファイサル・サウジアラビア国王（在位一九六四―七五年）に率いられる伝統的な諸王国などの王制のアラブ諸国との間の一連の争いである。ヨーロッパ植民地主義の時代、さらには米ソ冷戦に密接に絡んでいる時期に始まったにもかかわらず、アラブ冷戦は、資本主義に基づく政治体制とマルクス＝レーニン主義の政治体制間の紛争ではないということである。

この議論が注目を浴びたのは、それが、中東地域においてアメリカとソ連は、はたして米ソ冷戦の文脈で従来言われていたように直接的に対峙していたのか、という問題提起だったからだ。つまり東アジアの朝鮮半島、あるいは東南アジアのベトナム、さらにはヨーロッパにおけるドイツのようなかたちで、アメリカとソヴィエトが直接的に対峙したのか、と疑問を呈しているのである。

そこから連想される問題は、一九世紀における「東方問題」である。オスマン帝国をめぐるヨーロッパ諸列強の争いは、それぞれの代理戦争というかたちをとっていたと言われるが、実は介入したヨーロッパ諸列強だけの問題ではなく、オスマン帝国内の諸勢力がヨーロッパ諸国の対立をある意味で利用した部分もある。言い過ぎかもしれないが、むしろソ連やアメリカといった大国を手玉に取るような、つまりアラブ地域政治において都合よく利用しながら自分たちの力を伸ばしていく戦略をとっていたのではないか。それを「（米ソ対立としての）冷戦」と言えるのか、という問題提起なのである。アラブという地域の政治アクターとして登場してくる人物たちが、アメリカ、あるいはソ連の言いなりにはならず、それぞれの相手を脅すために敵をうまく使うという手法を採っていたのではないか、という議論である。

このような議論が出てくるのは、中東政治では米ソの対立だけでは、あまりにも説明できない部分が多過ぎるからだ。例えば、朝鮮半島、ベトナム、ドイツと比較しても、北朝鮮、北ベトナム、東ドイツがソヴィエトの体制と同じく、イデオロギー的にソ連型の社会主義を掲げているのに対し、アラブの場合、社会主義を掲げているエジプトでも社会主義とはまったく違っていた。それでは親ソと言えないのではないか、他の地域の対立のあり方とは違っているのではないか、ということだ。実際、親ソ連的な外交政策を掲げていたにもかかわらず、レバノンなどは顕著な例外として、共産主義革命の前衛的役割を演じる共産党が、アラブ社会主義を掲げるほとんどのアラブ諸国では徹底的に弾圧されていたのだ。

ただし、それに近い対立が一つだけある。イエメンである。アラブ世界でナセル主義やバアス主義以外に社会主義体制が成立した例外としてイエメンを挙げることができる。前章で見たように、イエメンはオスマン帝国崩壊後、イエメン王国として独立した。しかし、一九六二年に軍事クーデタによって王制が崩壊し、イエメン・アラブ共和国（北イエメン）が成立したが、北イエメンは一九七〇年まで内戦状態に陥った。他方、英領だった南イエメンは一九六七年に南イエメン人民共和国（七〇年にイエメン民主人民共和国に改称）の国名の下に社会主義体制として独立したのであった。その後、米ソ冷戦終焉を受けて一九九〇年に南北イエメンは統一、イエメン共和国が成立して、サーレハ大統領が就任した。統合されるまでは、南イエメンはソ連派で、いわゆるマルクス＝レーニン主義を唱える政党が政権を握っていた。このイエメンは例外と言えるが、少なくとも一九五〇年代の終わりから六〇年代にかけてこの地域で展開された争いは、米ソの代理戦争とは性格が違っている。

では、アラブ社会主義とは何か、という疑問が出ると思うが、この問題を取り上げると大変な議論になるのでここでは省略しよう。ただし、少なくともソ連型のモデルとは異なっている。それよりはむしろ、国境を越えてまとめていくという「パン・アラブ主義」が重要な要因になる。つまりアラブの統一である。それに対して伝統的な王制をとる国々（代表はサウジアラビア）は、共和制を採りながらアラブ・ナショナリズムを主張するような国々とは一線を画している。その後、米ソ対立に重なるかたちで冷戦のような構図が出て来るということになる。

この中東地域は、少なくとも我々がよく知っているような朝鮮半島、ベトナム、東西ドイツといった国家が分断された状況とは異なっているという議論が出てくると、本書第5章で触れたような「例外主義」が再度唱えられてしまうので議論する上では深刻な問題である。国際政治・国際関係論におけるアラブ政治の議論をする際、常に他の地域との違いばかりが強調される。そのために一般的な国際政治の理論がこの地域では通用しないという「アラブ例外論」が出てしまうのである。いずれにせよ、なぜこの地域はそのようにならざるを得ないのか、を考えていかなければならない。

ちなみに、『アラブ冷戦』の著者マルコム・カーは、政治的活動をしていた人ではないが、まだ内戦状態にあったレバノンで学長を務めている時、その詳細はよく分からないが、暗殺された。大学の校門から入ろうとした際に銃撃され亡くなったのである。このニュースは大変衝撃的であった。しかし彼が残したテキストは未だに議論の対象になっている。

繰り返しになるが、中東での共和制の国々と王制の国々の対立は米ソ対立にそのまま重ならない。現在に至るまでアラブ内の対立の構図は基本的にあまり変わらず、親米派と言われているのがサウジアラビアやヨルダン、それに対してシリアが親ソ派（親露派）である。大きく変わったのがエジプトで、サダト政権以降に親米的になっていった。さらにエジプトとイスラエルの関係が強化されている。しかし、構図自体は一九五〇年代以来大きくは変わっていないという点は強調しておくべきことだと思われる。

イスラエルに対して分裂していたアラブ世界

先ほどから「アラブ諸国」という言い方をしているが、アラブ諸国間の対立は元々亀裂の大きいものであった。それがアラブ冷戦につながっていくわけだが、この問題はアラブ・イスラエル紛争の文脈についても言える。我々にはアラブ諸国とイスラエルの間では、一九四八年以降ずっと戦争が続いているという対立のイメージがあるが、実はそうではない。

トランスヨルダンは、実は、一九四八年に戦争が起こった時に、国連パレスチナ分割案でユダヤ人国家に指定された地域には直接入ることはしないという密約をシオニストと交わしていた。もう一度確認すると、一九四八年の第一次中東戦争では、アラブ諸国五ヶ国のアラブ連合軍、つまりイスラエルを取り巻く国々が参戦した。イラクは国境を接していないが、北側から委任統治領パレスチナと国境を接する参戦国を挙げると、レバノン、シリア、トランスヨルダン、エジプトが参戦し、その五ヶ国で第一次中東戦争を戦った。その時のアラブ連合軍の総司令官がイスラエルのお隣の国で、最も強力な軍隊であるアラブ軍団を持っていたトランスヨルダンであった。つまり、アブドゥッラー国王《マリク》であった（一九四六年、トランスヨルダン首長国はトランスヨルダン・ハーシム王国と改称し、アブドゥッラー首長は国王の称号が与えられた）。そのトランスヨルダン国王が最初からアラブ諸国を裏切っていたというのである。

　第一次中東戦争以降のトランスヨルダンの動きを見てみよう。四八年一二月、ヨルダン川西岸のパレスチナ・アラブ人がエリコ会議を開催して、アブドゥッラー国王の出席の下、西岸のパレスチナ・アラブ人はトランスヨルダンへの即座の統合を希望する旨を表明した。そして、トランスヨルダンはイギリスとのロンドン条約に基づいて一九四九年には完全独立を達成し、正式国名をヨルダン・ハーシム王国とした。その後、王国は一九五〇年四月、ヨルダン川西岸を正式に併合したのである〔図7－1〕。

　では、ヨルダンにとって邪魔者は誰かと言うと、パレスチナの指導者であったハーッジ・アミーン・アル・フサイニーである。彼を排除するためには何でもやるという、部族的な対立と言っていいような側面があった。アブドゥッラーは基本的に、現在のシリア、レバノン、ヨルダン、パレスチナを自分の支配下に置きたいという政治的な野望があったのだが、一番取りやすいところが西隣のパレスチナだったのだ。そのパレスチナにおいて、アブドゥッラー国王はシオニストとは握手できるけれど、絶対に握手できないのがハーッジ・アミーン・アル・フサイニーだったということだ。アラブ人同士の争いの中、「敵の敵は味方」という論理で、シオニストと手を組んだ方が国益にかなうということで、ヨルダンとシオニストは「共謀」したのである。

当時において、「アラブは一つ」という考え方は大義名分としては存在したが、アラブ諸国が決して一つにまとまっていたわけではない。このアブドゥッラー国王とシオニストとの密約を学問的レベルで明らかにしたのがアヴィ・シュライム・オックスフォード大学名誉教授である。[18] もちろん以前からこの密約はアラブ世界では広く知ら

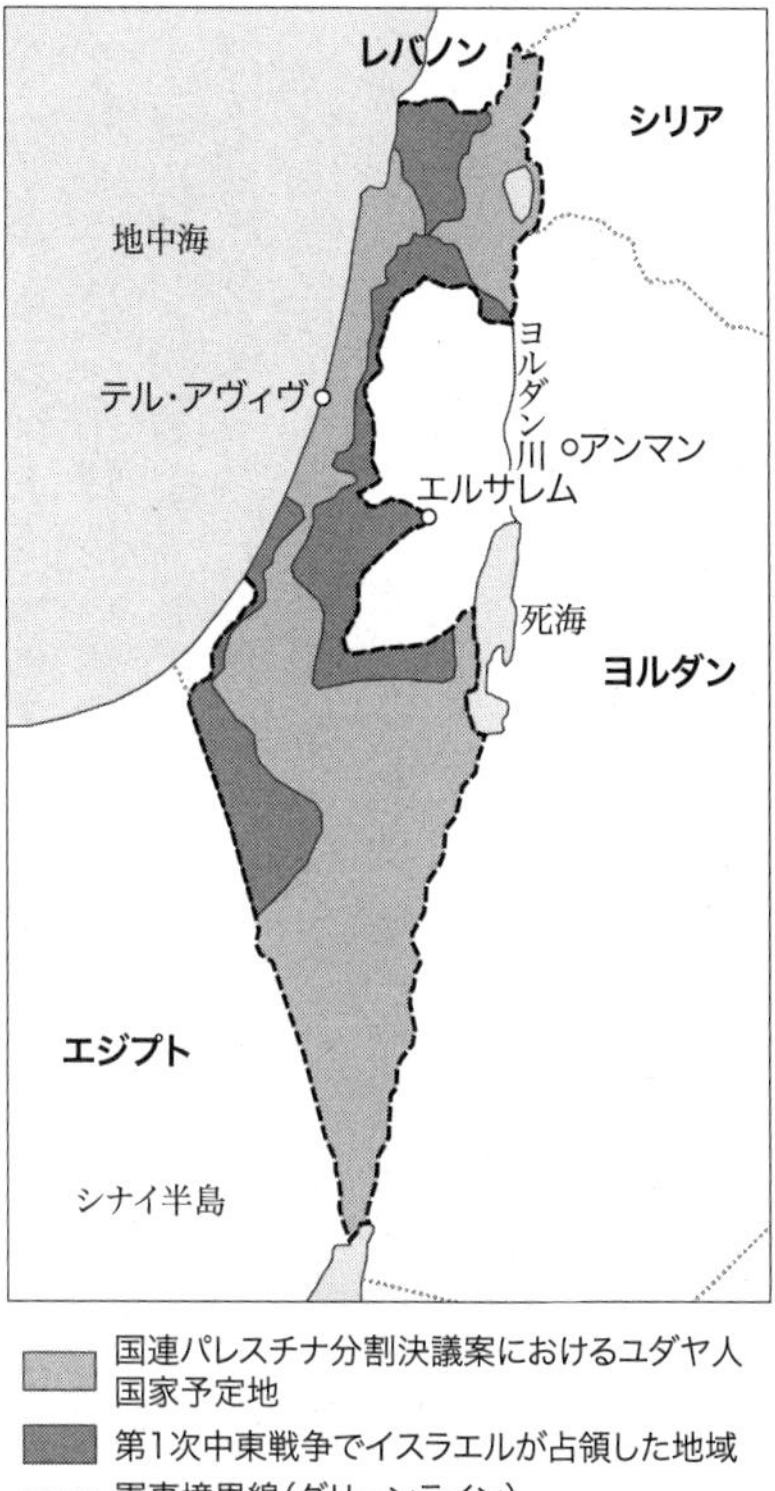

図7-1　第1次中東戦争後のパレスチナ・イスラエル周辺地図（イスラエルが国連パレスチナ分割決議案によって提示されたユダヤ人国家の領域よりも広い領土を獲得した一方で、ヨルダン（トランスヨルダン）はヨルダン川西岸を併合した）

れていたが、それをイギリスとイスラエルの公文書から明らかにしたのである。アラブ人たちにはこの密約は広く知れ渡っていたからこそ、アブドゥッラー国王はシオニストに内通した裏切り者として、結局一九五一年七月二〇日に暗殺されることになる。同国王は味方を裏切ったから暗殺されたという分かりやすい構図である。

アブドゥッラー国王の下で働いていた、エルサレムの地域司令官アブドゥッラー・タル(一九一八—七三年)という人物が、第一次中東戦争中にアブドゥッラーから離反してカイロに亡命する。タル家はヨルダン北部の都市イルビドを拠点とする名望家である。タルはカイロで記者会見を行ない、アブドゥッラーが裏切っていたと発表、その後本まで出版した。そのアラビア語の本でアラブの人々は皆アブドゥッラーの裏切りを知るところとなるのだが、これはあくまでもアブドゥッラーの信頼を失墜させるために書かれたプロパガンダとみなす人もいたので、まともに相手にされなかったというのが実情である。いずれにせよ、側近の一人がこのような裏切りでアブドゥッラーを告発したのである。彼の本はヨルダンでは長い間発禁本とされていたのだが、最近ではパレスチナを中心にその本の海賊版が出回り簡単に手に入るようになっている。

一九四八年の戦争が終わった後は、イスラエルとエジプトの間には実は真の意味での対立はなかった。むしろナセルが大統領に就いてからしばらくの間、つまり一九五六年の第二次中東戦争（スエズ戦争）が起こるまでは水面下で和平交渉を模索していたのはよく知られた話である。それを仲介していたのがアメリカであった。これは「アルファ計画」と呼ばれていたが、結局、失敗してしまう。

失敗の原因は、今の大多数の見方としては、イスラエル側が和平を快しとしなかったからということだ。なぜならば、自分たちは戦争で勝利しているわけなので、これから戦争が起こる可能性があったとしても自分たちの方がまた勝利する可能性が高い、だから、できるだけ多く領土を拡大した上でアラブ諸国と手を結ぶのならいいが今の段階で手を結ぶのは損だ、というのがベン＝グリオン・イスラエル初代首相（在任一九四八―五三年）の考え方だったからだ。なぜそのようにみなされているかと言うと、ベン＝グリオンは当時のモシェ・シャレット首相（在任一九五四―五五年）が試みていた秘密交渉を実際に潰すために様々なことをしたからである（ラヴォン事件）。「サボタージュ事件」としてもよく知られたこの出来事は次のようなものである。

一九五四年夏、カイロで連続爆発テロ事件が起こるが、それを仕掛けたのが実はイスラエルのピンハス・ラヴォン国防相（在任一九五四―五五年）の指示を受けた、在エジプト系ユダヤ人のエージェントだったというのである。イスラエルとエジプトの両国間の秘密交渉がまとまらないように妨害工作をしたのである。シャレット首相も知らなかったというくらいにベン＝グリオンによって裏側で様々な秘密工作が行なわれた。そのようなイスラエル国内の謀略でエジプトとの和平に向けての秘密交渉がすべて潰されていったのである。

この中東地域における問題を考える際、国家間の交渉だけを見ていると、ほとんど何も見えてこない。今も何が起こっているのか、かなり時間が経過しないと分からないのが実態である。それほど政治的に制度化されている安定した地域ではないということなのである。ＩＳという存在についても、ＩＳそのものが潰れ、いろいろな文書が明らかにされたら解明されるかと思われるが、今の段階では実はよく分からないのが現実である。

シオニストとヨルダンの「共謀」、スエズ戦争に至るエジプトとイスラエルの秘密交渉という二つの研究テーマをめぐる論議は、共にスエズ戦争勃発直前まで水面下で行なわれていたアラブ諸国とイスラエルの間の秘密和平交渉が現在では白日の下にさらされたことを意味する。それまでのアラブ・イスラエル紛争史の語りでは、アラブ諸国とイスラエルは全面的な軍事対決をしていたと描かれてきたが、そのような対峙の記述に対して抜本的な修正を迫るものだった。

だからこそ、我々が教科書の記述で読むような、アラブ諸国が一致団結してイスラエルに対抗したという語り方は、かなり誤解を招く表現だということになる。というのも、アラブ諸国はイスラエルに対して一枚岩に結束するどころか、イスラエルに対して分裂していたからである。そもそもパレスチナに侵攻したアラブ諸国軍の最高司令官であったはずのアブドゥッラー国王がイスラエルと「共謀」してあらかじめアラブ同胞を「裏切って」いた。要するに、アラブ諸国は地域の覇権をめぐって相互に激しく対立していたのである。

また、一九五二年の革命で王政を倒して共和国となったエジプトは、イギリスに支援されてハーシム王家の下で王政を維持するイラクやヨルダンと対立していた。イギリスは一九五五年にトルコ、イラク、パキスタン、イランの五ヶ国でバグダード条約を締結し、ソ連などの共産圏に対する包囲網を形成していた。このようにアラブ世界での覇権を争っていたイラクとエジプトは、国民に対する支配の正統性を維持して国内情勢を安定させるために、パレスチナ問題をそれぞれの内政の延長にある政治的な道具として利用してきた。換言すれば、アラブ諸国のアラブ・イスラエル紛争への関与においては、パレスチナ解放という「大義」は建て前に過ぎず、実際は混乱する内政に対応するためにパレスチナ解放を掲げたのだということになる。

イギリスの「大トランスヨルダン」政策

最後に、今見てきたようなアラブ・イスラエル紛争を、今度はイギリスの中東政策という文脈で、特に「大トランスヨルダン」政策に焦点を絞って詳しく紹介してみよう。イギリスは一九四八年五月の委任統治終了後、スエズ運河防衛という観点から、パレスチナでの自国の権益をいかに維持していくかに腐心した。イギリスは、国連パレスチナ分割決議案でのアラブ国家予定領域（ヨルダン川西岸）をトランスヨルダンに併合させることによって、パレスチナでの影響力を、トランスヨルダンを通じて維持するという政策を取った。

イギリスは、かつてのパレスチナの一部を形成するヨルダン川西岸を占領したヨルダンさえ同盟国としてきちんと押さえておけば、戦略的には十分であった。例えば、イギリスは、ヨルダンのアンマンに空軍基地を置いた。それまではイスラエルのテル・アヴィヴ近くにあるロッド空港（現在はベン＝グリオン空港）を拠点にしていた。しかし、アンマンの空港はそこからほんの数十キロしか離れていないということで、大した違いはない。イギリス空軍はキプロスからヨルダンに入り、そこからイラクのバグダードに飛行できる航空路が確保できるわけだ。結局、イスラエルを切ってもヨルダンとの関係を強化することで東地中海地域を押さえることができる。スエズ運河も一九三六年以来、イギリス軍が駐留しており、さらにヨルダンからも睨みを利かせることができる。イギリスは、そのような戦略を取ったのである。

日本から見ると何も天然資源のない国なのに、なぜヨルダンが重要視されているのかよく見えてこないが、スエズ運河を睨む位置にあり、軍隊をすぐに動かせる場所だったからなのだ。同じことがエジプトにも言えるが、エジプトは人口が多く常に反乱が起きるところなので、あまり安心して軍隊を置けない。しかしながらヨルダンは人口が少ない上に地理的戦略的に重要な位置にあったのだ。

この新政策の実現の第一歩は、トランスヨルダンがヨルダン川西岸の併合をつつがなく実施することにあったが、実際に動いて指示を与えていたのが、アレック・カークブライド（一八九七―一九七八年）というイギリスの大使だったと言われている。

イギリスにとって「大トランスヨルダン」政策が成功するための要因はイスラエルがヨルダン川西岸を攻撃することを阻止することだったが、第一次中東戦争勃発前にシオニストとトランスヨルダンが「共謀」して結んだ密約によって攻撃は阻止された。

第一次中東戦争後、ヨルダン川西岸がヨルダンによって軍事占領されるが、それを指示していたのもイギリスだった。当時はイギリス人のグラブ・パシャ（ジョン・バゴット・グラブ、一八九七―一九八六年）がヨルダン国軍を率いていたのである。事実上、ヨルダンは独立後もイギリスの植民地支配下にあったと言ってもいいほど、イギリスの意向に従って動いていた。教科書的には、ヨルダンがヨルダン川西岸を占領し併合したと記述されるが、イギリスが裏で操っていたというのが現在の論調である。

イギリスによる「大トランスヨルダン」政策の成功は、イスラエル建国がアラブ諸国、特にエジプトとの関係の決定的な悪化へと結びつかなかったことで証明された。

アラブ・イスラエル紛争と、イギリス・エジプト間の政治的危機との間にはいかなるつながりも因果関係もなく、アラブ・イスラエル紛争はたんにイスラエルとヨルダンの領土問題だというイギリスの判断は妥当であったということであった。

イギリスの側からすれば、イスラエルとヨルダンの両国とも西側寄りの立場を堅持していたので、ソ連の脅威という冷戦の文脈ではアラブ・イスラエル紛争は相対的にその重要性を低く見積もることが可能だった。

以上のような議論を展開したのが、「新しい歴史家」の一人であるイラン・パペ・エクセター大学教授であった[19]。イスラエル生まれでユダヤ人であるパペは長い間、イスラエルのハイファ大学で教鞭をとっていたが、反シオニズムという政治的スタンスのためにイギリスの大学に移籍せざるをえなくなった。「新しい歴史家」とは、イスラエル建国の結果として発生したパレスチナ難民に注目してイスラエル現代史の読み直しを試みたパペや、アヴィ・シュライム・オックスフォード大学名誉教授などのユダヤ系の研究者を指している。

以上のように、一九五〇年代のアラブ世界は、次元を異にする三重の国際的対立が重層化して、複雑に交錯する舞台となっていた。第一の対立は植民地解放の問題であった。アラブ諸国はイギリス支配からの完全な独立を求めており、特にエジプトがイギリス植民地主義と全面的に対立していた。第二の対立は、パレスチナ問題から発展したアラブ・イスラエル紛争というアラブ諸国とイスラエルとの国家間の対立であった。第三の対立は、米ソ冷戦構造が中東地域に浸透する過程で生じた、特にバグダード条約をめぐる英米の協調と対立、そして条約加盟をめぐるアラブ諸国の分極化であった。

第8章

イスラーム復興と米ソ冷戦後の世界

一九七九年という転換点

イラン革命が達成された一九七九年は、象徴的な意味での転換点として、中東研究では避けて通れない年として記憶されている。この一九七九年、そして一九八〇年代以降、イスラームが前面に押し出され、現在のようなイスラームをめぐる混沌とした状況が生まれた。とくに、一九七九年一月にはイランにおいて、アーヤトッラー・ホメイニー（一九〇二―八九年）を指導者とするイラン・イスラーム革命が勃発し、シャー政権が倒れた。さらに、翌一九八〇年九月にはイラクがイランを攻撃して約八年間にわたるイラン・イラク戦争が勃発した。他方、一九七九年一二月にはソ連軍によるアフガニスタン侵攻が行なわれ、アフガニスタンには共産主義者と戦うためムジャーヒディーン（ジハード戦士）と呼ばれるムスリム志願兵が結集し、ウサーマ・ビン・ラーディン率いるアル・カーイダなどの武装組織が結成されてソ連に対するジハード運動が展開された。また、一九七九年三月にイスラエルと平和条約を締結したアンワル・サダト・エジプト大統領は、一九八一年一〇月にアフガン帰りのエジプト軍兵士によって暗殺された。以上の意味で、一九七九年は中東の政治状況の転換点として記憶されている。

ところで、『海難1890』（田中光敏監督、二〇一五年）という日本とトルコの合作映画がある。長編映画で二つのパートから成っており、前半は、一八九〇年に起きたエルトゥールル号の遭難事故を描いている。オスマン帝国のアブデュルハミト二世が日本に軍艦エルトゥールル号を派遣し、使節が明治天皇含め日本の首脳と会談するが、その帰路、紀州沖の熊野灘で台風に遭遇し沈没するという事件があった。約六〇〇名の乗員の中で生き延びたのは数十名だった。乗員は和歌山県串本近くにある、太平洋に迫《せ》り出した島付近で座礁し、島民の人々が彼らを救出してオスマン帝国に帰した。オスマン帝国、そしてその後に建国されたトルコ共和国では、この事故と日本人による救出劇は長く記憶されており、日本とトルコとの友好関係の象徴的な事件として必ず取り上げられる。

この時期におけるオスマン帝国はパン・イスラーム主義、つまりイスラーム教徒が連帯することによってヨーロッパの植民地主義に対抗するという考え方を持っていた。エルトゥールル号はそのような状況下で派遣された日土友好のための使節であった。明治維新以降、急速にアジアにおいて大国になりつつあった大日本帝国との関係を取り結ぶことによって、西洋に対する何らかの対抗措置にしたいという意図もあったと言われている。

映画『海難1890』の後半部では、逆にトルコによる日本人の救出劇を描いている。時代は下り、先述のとおり、一九七九年のイラン革命後、一九八〇年にイラン・イラク戦争が勃発する。イラクが、イスラーム革命を輸出しようとするイランを封じ込めるという名目で攻撃したものだ。イランとイラクはお互いにミサイル攻撃を繰り返した。当時、テヘランにはかなりの数の日本人がいたが、航空機を飛ばそうにも、日本航空はパイロット組合が「危険だ」と反対した上、自衛隊機は憲法の制約があるため派遣できない。そのような時に、当時のトルコ政府のオザル首相が決断し、日本人救出のため、トルコ航空機を提供したのである。イランにはトルコ人もたくさんいたので、その航空機でトルコ人をイスタンブルまで帰還させる予定だったのを急遽変更し、日本人を救出したのだった。その時のトルコ政府による救出の決断の際に持ち出されたのが、エルトゥールル号の話であり、トルコ側からすればその恩返しということになる。

この映画自体は、率直に言ってプロパガンダかと思えるほど、日本とトルコは友好関係でお互いに結び付いているという印象を強く与えるもので、あまりの過剰な演出にいささか鼻白むような部分もある。日本人から見るとやり過ぎなのではないかと思えるほどの作りの映画であるが、トルコ人はこの映画を観てかなり感動したということは強調しておこう。

同じように強調しておく必要があるのは、イラン・イラク戦争が起こった時、イラク側でもたくさんの日本人が働いていたことである。イラクの場合は、西隣のヨルダンに陸路で救出しようということになった。当時、私はヨルダンの大使館に勤めていたのだが、大使館の命令で避難路の調査のため、アンマンからバグダードまで約二〇〇〇キロの行程を、砂漠の中、警察庁から出向してきていた同僚と一緒に、アリーという現地スタッフの運転で車をひたすら走らせた。イラン・イラク戦争当時、このようにイラン、イラク双方にいる邦人にどのように戦火を逃れさせるか、日本政府は検討していたのである。

一九九一年一月に起こった湾岸戦争では、日本政府は結果的に何もしなかった、と国際社会からの強い批判にさらされた。この戦争以降、アメリカを中心とした国々から日本に強い圧力がかかるようになる。日本・中東関係史を研究している外国人は、一九九一年が日本における中東政策の転換の年だと必ず指摘するが、これ以降、日本は解釈改憲による臨時措置法のかたちで自衛隊の海外派遣を始めた。そして、二〇〇一年に九・一一が起こると、小泉純一郎内閣（当時）は海上自衛隊をインド洋に派遣し、アフガニスタンを攻撃しているアメリカの艦船に給油を行なった。

その後、イラクのサマーワや、紅海とインド洋の出入り口に位置するジブチをはじめとして自衛隊の海外派遣は既成事実として積み重ねられていき、PKO（国連平和維持活動）を含め国際的貢献を行なうという文脈が強調され、今に至る。結果的にこのような日本の軍事化の事態を引き起こしたのが、一九七九年のイラン・イスラーム革命だということになる。それが要因でイラン・イラク戦争が起こり、最終的にイラクのクウェート侵攻、湾岸戦争につながり、日本も否応《いやおう》なく状況に巻き込まれていったのだ。アメリカが中東に積極的に介入していったため、日本はそれに引きずられるかたちで、国際貢献という名の下に、事態の当事者になっていく。その意味で、日本の現在を考える意味でも、一九七九年という年は重要な年ということになるかと思われる。

一番のきっかけは一九七九年のイラン革命なのであるが、その前哨戦として、一九六七年に第三次中東戦争と呼ばれているアラブ諸国とイスラエルの間の戦争があった。その戦争ではアラブ諸国が大敗北を喫する［図8－1］。それは、アラブの盟主であったエジプトの当時の大統領ナセルが掲げていた、アラブ・ナショナリズム（民族主義）の敗北を意味した。アラブが一丸となれば、イスラエルなど簡単に地中海に叩き落とすことができるというような発想、つまり世俗的なナショナリズムやイデオロギーに基づく考え方が、戦争に敗北したことにより、事実上破綻していったのだ。

そして、一九六七年の敗北直後から登場したのが「イスラームこそ解決だ」というスローガンである。つまりイスラームが政治の前面に押し出されるようになったのだ。そのピークに達したのが一九七九年のイラン革命であり、現在の我々が持っている負のイメージの「イスラーム」が形作られたのはこの時期からなのである。つまり一九

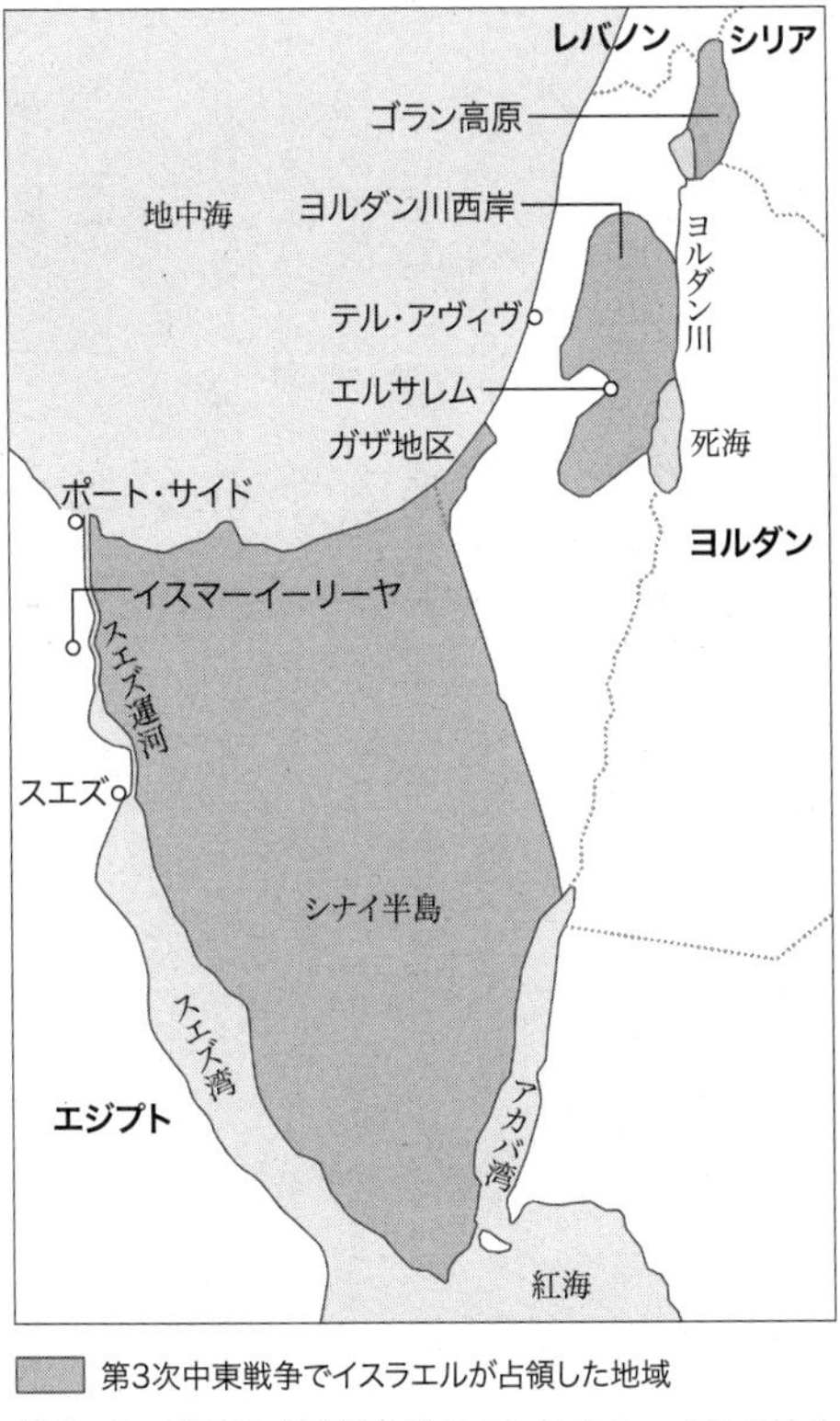

図８‐１　第３次中東戦争後のパレスチナ・イスラエル周辺地図（イスラエルはシリア領だったゴラン高原、ヨルダン領だったヨルダン川西岸、エジプト領だったガザ地区・シナイ半島を占領した）

八〇年代以降のことであり、それ以前はほとんど誰もイスラームを積極的な政治勢力としては語らなかったのである。

二〇一七年三月、ロンドンでテロが起こったが、いわゆるホームグロウン（現地で生まれ育った）の人物が引き起こした。彼は、元々はイスラーム教徒ではなく、新たにイスラームに改宗したということだ。報道されているマスウードという名は改宗後に付けた名前である。しかも少なくとも三人の子供を持つ父親で、年齢は五二歳だった。これまでは二〇歳代の若者、せいぜい三〇歳代までが多かったのだが、家庭を持っている中高年がテロに走った。これはかなり深刻な話である。イギリスの警察も「例外だ」と述べ、イギリスのムスリム協会も「一般のムスリムとは違う」と火消しに躍起になったようだが、象徴的に大きく事態が変わりつつある、という印象を与える事件となった。

いずれにせよ、「イスラーム」の名の下に行動を起こす人が増えていくきっかけになったのが、一九七九年のイラン革命である。つまり政治と宗教が一体となり、人々を駆り立てていく動きが起こったのである。

アラブ・イスラエル紛争以後のアラブ世界

中東の一九七〇年代から八〇年代までを考える際、日本との関係で言えば、一九七三年の第四次中東戦争の際に起きた第一次石油危機が最初の大きな事件ということになるだろう。石油危機以降、日本においても、「イスラームを知らなければならない」「アラブ世界を知らねばならない」という認識が生まれた。つまり、石油の安定的供給のために、中東地域の情勢に関してはしっかりと押さえ、なおかつ、中東やイスラームに関連する出来事について主体的に関わらなければならない、という問題意識である。

例えば、堺屋太一『油断！』[1]という本が出版されて日本にとっての生命線としての石油ということが問われるようになったのである。

第三次中東戦争の六年後に勃発した一九七三年の第四次中東戦争は、エジプトがイスラエルとの関係を改善していくために仕掛けた戦争だとも言える。エジプトでは、ナセル大統領からサダト大統領に代わり、サダトが大きく政策を転換した。「改善」というと良い方向に向くように聞こえるが、そうではなく、イスラエルと交渉してシナイ半島を取り返すという政治的な意図があった。しかしイスラエル側は、戦争に負けた国とは交渉しないというのが基本方針であった。そのため一旦エジプト側は、イスラエルの御家芸である先制攻撃をイスラエルに対して仕掛けた。この第四次中東戦争の緒戦においてエジプトは圧倒的に軍事的に優位であったが、結果的にはイスラエルが巻き返し、戦争が収束する。しかし、イスラエルでは「敗北」という認識が国民の間に広がり、その危機感に基づいてグーシュ・エムニーム（信徒の集団）といった宗教的に過激な運動が胎動することになった。

エジプトは、大統領がナセルからサダトに代わるとソ連からアメリカに乗り換え、アメリカから援助を受けて軍事力を増していた。そのため、イスラエル側でもエジプトと交渉して和平を達成していく方が有利だという判断が働き、これ以降、エジプトとイスラエルの間で交渉が始まる。そして一九七九年に平和条約が結ばれ、現在に至っている。このように考えると、この一九七三年の戦争がこの地域の政治地図を大きく塗り替えていくことになった、と言えるのである。

日本との関わりで大きなことは、この時アラブ石油輸出国機構（OAPEC）が発動した石油戦略である。イスラエルと国交関係を持ち、取引をしている国に対しては石油を売らないという戦略を取ったのだ。それが一時的にではあるが功を奏して、とりわけ日本のようにエネルギー資源を持たない国は大慌てで、石油を安定的に供給してもらうためにアラブ詣でが始まった。この時期に三木武夫が特使として派遣され、自らも半分嘲笑気味に「油乞い外交」と表現した。

その後、OPEC（石油輸出国機構）、OAPEC含め、この石油戦略は間違いだったとして、現在では市場経済の原則に基づき繰り返されることはない。市場は国境を越えているので、このようなことをしても実は意味がないのである。とりわけ、いわゆるネオリベラル的な発想の、モノの自由な移動が実現されている今の国際市場においては、このような事態は決してプラスの方向には働かない。経済的論理においても、このやり方は間違っている。ニクソン・ショック以降、ドルが基軸通貨の地位から降り、ブレトン・ウッズ体制が崩れていくのが一九七〇年代の頭であるが、その流れからも逆行していたということになる。

また、一九六七年の第三次中東戦争におけるアラブ側の大敗北によって、パレスチナ人の間にアラブ諸国に依存しているのではパレスチナ解放という目的は達成できないという考え方が広がってきた。PLO（パレスチナ解放機構）自体はナセル大統領のイニシアティヴで設立されたものの、アラブ統一の結果としてのパレスチナ解放という戦略は、結果的にPLOの政治的自立を妨げることになっていた。

ヤースィル・アラファート（一九二九―二〇〇四年）が登場したのはそんな時である。一九六八年、アラファートがヨルダン川西岸にあるパレスチナ難民キャンプをめぐるカラーマの戦いで、ヨルダン軍の後方からの支援があったものの、イスラエル軍を撃退したのである。アラファート人気は急上昇し、彼の率いる政治・軍事的グループであるファタハ（「パレスチナ解放運動」を意味するアラビア語の頭文字を逆から並べた組織名で、「征服」といった意味もある）がPLO内での第一党に躍り出た。アラファートが軍事活動を通じてPLO指導者になったのである。以後、PLOは一九七〇年代にはアラブ世界において「パレスチナ人の唯一正当な代表である」地位を承認されていった。

しかし、PLOの軍事活動はアラブ諸国家との衝突を引き起こした。一九七〇年にはヨルダンに拠点を置いていたPLOは「黒い九月事件」とも呼ばれるヨルダン内戦を引き起こした。さらにPLOがその拠点をヨルダンからレバノンに移してから、レバノンの複雑な宗派構成もあいまって、一九七五年にはレバノン内戦が勃発した。そしてレバノン南部を拠点にしてPLOがイスラエルに攻撃を仕掛けてくるという理由から一九八二年にイスラエル軍がレバノンを侵攻し、西ベイルートを包囲した。そのため、イスラエル軍と行動を共にしていたレバノンのマロン派キリスト教徒の民兵組織カターイブ（英語では「ファランジスト」と呼ばれている）が西ベイルートのパレスチナ難民キャンプを攻撃し、サブラー・シャティーラー虐殺事件という悲劇が起こったのである。その時にはPLOはすでにレバノンから退去せざるを得ず、その拠点をチュニジアに移していた。そんな政治的、軍事的な空白の時期に無防備なパレスチナ難民の虐殺事件が引き起こされたのである。また、レバノンのシーア派ムスリムはイラン・イスラーム革命の影響を受けて、イスラエルのレバノン侵攻に対抗するため一九八二年にヒズブッラー（神の党）を結成し、イスラエルに対して抵抗運動を展開している。

ところで、アラファート議長はベイルートから退去した後、ＰＬＯの方針を一八〇度転換することになった。それまでの武装闘争から交渉による解放路線への方針転換であった。そのため、脚光を浴びるようになったのがヨルダン川西岸・ガザのイスラエル占領地だった。アラファートは占領地のパレスチナ人にヨルダンを通じて経済的・財政的支援を、側近のハリール・ワズィール（通称アブー・ジハード、一九三五―八八年）を通じて行なうことによって、占領地の住民から絶大な信頼を得ることになった。同時に、アラファートは一九七〇年以来悪化していたヨルダンとの関係を修復し、一九八五年にはアンマン合意を締結してフサイン・ヨルダン国王（在位一九五二―一九九九年）と協力することになった。

しかし、一九八七年一二月、ヨルダン川西岸・ガザでインティファーダ（民衆蜂起）が勃発した。この蜂起を機に、パレスチナのムスリム同胞団を母体にしてハマース（イスラーム抵抗運動）が結成された。この蜂起がヨルダン川東岸のヨルダンに波及することを恐れたフサイン国王は翌年七月末、ヨルダン川西岸・ガザとの法的・行政的関係を途絶することを宣言した。国王の宣言を受けるかたちでＰＬＯの国会に相当するパレスチナ国民評議会（ＰＮＣ）は一一月、ヨルダンが事実上放棄したヨルダン川西岸・ガザを領土とするパレスチナ国家独立宣言を行なった。

さて、再びエジプトに戻ると、サダト・エジプト大統領は一九八一年に暗殺される。

原因はエジプトがイスラエルと和平条約を結んだことであった。イスラエルとの和平が結果的にイスラーム主義者たちからの反発を買ったのだ。いわゆる「アラブ・アフガン」に殺されたのである。イラン革命直後の一九七九年一二月にソ連がアフガニスタンに侵攻した。その際、義勇兵（ムジャーヒディーン）としてアフガニスタンに駆けつけたイスラーム教徒たちがたくさんいた。エジプトからも多数が参加しており、その中にはエジプト軍関係の人間もいた。そして帰国して軍に復帰した時に、彼らは軍の中で秘密のグループを作る。それが「アラブ・アフガン」と言われ、サダト大統領の暗殺を実行したのである。

第四次中東戦争の戦勝記念パレード——一九七三年の第四次中東戦争ではエジプトは結果的には敗北したが、緒戦で大勝利を収めたということで、国内では勝利したことになっている——のさなか、カイロのスタジアムで閲兵するサダト大統領の前を行進していたエジプト軍の兵士たちが大統領に向け銃を発砲した。大統領が、イスラーム的な考え方に基づいて殺害されたのだ。つまりジハードの対象を「腐敗」した政治指導者に向けたのである。ジハードは本来異教徒に向けるものだが、イスラーム教徒を名乗りながら、その信仰を失った政治指導者もジハードの対象になるのだという、サイイド・クトゥブ（後述）の考え方が広く受け入れられるようになったことが、サダト暗殺の背景にある。イスラームを騙《かた》りながら信仰を持っていない連中は殺してもいい、という発想だ。「革命のジハード論」という言い方をすることもある。

イラン革命からイラン・イラク戦争へ——中東紛争の二つ目の中心

次にイラン革命の話である。イランのパフラヴィー朝の国王（シャー）モハンマド・レザー（在位一九四一—七九年）は、アメリカとの協力関係の下、イランの近代化を行なった（白色革命）。石油に基づく工業ブルジョワジーあるいは農地改革に基づく農業ブルジョワジーという新たな階層を作り上げることによって国家を近代化していこうと国王は考えたが、それに対して近代化の恩恵を被らない伝統的なバーザール商人たちは強く反発した。宗教指導者層は商人層に支えられていたので、しばしばイラン革命は「バーザール革命」とも言われる。重工業等の新たな産業を育成しようとすると、そのような伝統的な商人層はどんどん没落する。その時にイスラームと結び付き、革命が起こされた、ということになる。

ホメイニーは、イスラーム革命をイランだけに留まらず外国まで広げることを明言していた。それに対して、イラクのサッダーム・フセインは、アメリカ、フランスを中心とする欧米諸国に支えられながらイランに対して攻撃をしかけた。これが一九八〇年九月に勃発したイラン・イラク戦争である。この戦争は結局八八年まで続く。

それまで中東問題と言えばパレスチナ問題であり、アラブ諸国とイスラエルの戦争のみであった。だからこそアラブ・イスラエルの紛争を日本のマスメディアでは「中東戦争」と呼んでいたのだ。しかし、一九八〇年代以降、イラン・イラク戦争が起こったことで、中東問題がすなわちパレスチナ・イスラエル紛争だけではなくなってしまった。二つの紛争の中心が生まれたということで、板垣雄三の用語法によれば「中東紛争の楕円《だえん》構造」と呼ばれた。つまり楕円には二つの中心があるように、中東にもパレスチナ・イスラエル紛争と湾岸戦争という二つの紛争があると言われるようになっていく。アメリカの外交政策も、この二つの問題、パレスチナをめぐる問題と湾岸（イランとアラブ諸国）をめぐる問題を同時に解決していくという方向で展開されるようになる。後者は現在、イランとサウジアラビアの対立がクローズアップされている（両国は二〇二三年三月十日、外交関係正常化に合意）。このように、一九七九年のイラン革命以降、アメリカがこの地域に積極的に関わり出すが、ゴタゴタの状態を経て、トランプ大統領は、テロとの戦争は続けるが積極的に中東の紛争には関わることはしないというスタンスをとった。

ホメイニーの思想――法学者による統治

ホメイニーは、モハンマド・レザー国王の近代化政策に反対して一九六三年に逮捕され、翌年国外追放の処分を受けており、イラン革命まで亡命生活を送っていた。一九七一年に出版した『イスラーム統治体制』は、後のイラン革命の聖典となった。

このホメイニーの著作に関して重要な点は「法学者による統治」である。アッラーに代わり法学者こそがこの世の中を統治しなければならない、というものである。ここでの「法学者」とは、西洋で言われている法律の専門家ではなく、イスラーム法学者のことである。いわゆるイスラーム学者（ウラマーあるいはファキーフ）である。イスラーム法学者のトップはホメイニーであり、「アーヤトッラー」（「神の徴《しるし》」という意味）という呼び方で、自らを権威化していった。以下、ヒエラルキーができる。

シーア派は、法学者による統治という考え方が前面に押し出された時に、その位階が重要になる。キリスト教のカトリック構造（トップの教皇以下、ランクによって神に近い存在かどうかが決まる）と非常によく似ている。カトリックの中からはプロテスタント運動が出てきたが、イスラームの中における「プロテスタント」的運動も、シーア派の方に多い。アメリカ等を拠点とするシーア派の人々がイスラームのプロテスタントというかたちで新しい神学を作り上げている。スンナ派の場合は武装闘争を伴って過激になっていくが、シーア派の場合、キリスト教と同じような動きが起こっているのである。

何度も言うように、イランの「イスラーム革命の輸出」というスタンスが、イスラーム世界の中で「イランは脅威である」という言説が出てきて、イラン・イラク戦争を引き起こす大きな原因となった。革命政権はそのようには言いながらも、建て前と本音があり、革命の最前線のイランが潰れると元も子もないということで、国内の民族的少数派による分離主義的動きや自治要求には、厳しい態度をとったのである。具体的には、イラン北西部に住んでいたトルコ系民族のアゼリー人が分離して隣のアゼルバイジャンと一緒になろうとしたことに対して、ホメイニーは徹底的に潰すという行動に出た。あるいは、イラクとの国境付近に住むシーア派のアラブ人、つまりペルシア語ではなくアラビア語を話す人々がイラクと一緒になりたいと訴えた際も、それを拒絶した。スンナ派のクルド人の分離独立も認めなかったのである。イラン内の少数派の人々が分離独立しようとすると潰す。このような厳しい姿勢でイランという国家の枠を維持した。イランは多民族国家であり、それをとにかくイスラームの名の下に包摂するというやり方をしているのである。

シーア派とスンナ派

シーア派とスンナ派の大きな違いは、イマーム論によるとされている。シーア派の指導者を「イマーム」と呼ぶが、これはシーア派独特の使い方で、スンナ派の場合、「イマーム」と言うと「一番前、先頭に立っている」という意味になる。モスクで共同礼拝する際には、国王だろうと政治家だろうと皆横に並んで礼拝するが、その先頭に立って礼拝を先導する役目の人がいる。礼拝の日によって誰がなってもいいのだが、スンナ派ではその人のことを「イマーム」と言うのである。

ところが、スンナ派とは違い、シーア派での「イマーム」とは、預言者ムハンマドの系列を引くアリーという第四代カリフの血がつながった人たちのことを指す。預言者ムハンマドの最初の妻であるハディージャとの娘ファーティマと結婚したアリーが第四代カリフとなる。このアリーという人物の系列をシーア派では「イマーム」と呼ぶのだ。

シーア派の人々が重要視しているのがアリーの次男である第三代イマーム、フサインである。ウマイヤ朝のヤズィード（在位六八〇—八三年）に殺されてしまうのだが、このフサインの殉教がシーア派にとっては非常に重要になる。シーア派の祭りであるアーシューラーにおいては、シーア派の信徒たちはフサインの受難を追体験するかのように、鞭《むち》や鎖やナイフで自らの身体を傷付ける。この祭りはシーア派ムスリムにとっては最大の祭りである。

その後もイマームは歴代にわたり続くのであるが、シーア派の考え方によれば十二代までとなる。十二代目イマームのムハンマド・ムンタザルの時代に、父親である十一代目イマームのハサン・アスカリーが死去した時、ムハンマド自身もこの世からいなくなってしまう。これを「ガイバ」（幽隠《ゆういん》）と言う。次に彼が再臨する時、彼は救世主つまりマフディーとなり正義と公正を実現する世の中を作り上げる、という思想である。イエス・キリストが十字架に架けられ昇天するが、再臨する時に神の千年王国ができる、という話と同じような発想である。シーア派は非常にキリスト教と似たメシア論あるいは救世主論を持っているのだ。

「十二イマーム派」ではイマームは十二代までとされるが、途中から分かれたのがパキスタンに多く居住するイスマーイール派やイエメンに多いザイド派で、そこからさらに分岐した分派が、今のシリアのアラウィー派、シリア、レバノンあるいはイスラエルに国境をまたいで住んでいるドゥルーズ派である。イスラームの小さな派は概してシーア派から分派したグループである［図8－2］。

シーア派はイスラーム教徒の中では一割ほどであり、少数派であるため、信仰秘匿の教義もある。多数派であるスンナ派の間で自分がシーア派であることを隠してもいいということだ。さらにシーア派はイスラーム神秘主義と親和性があることも特徴である。どちらかと言うと教義として人間の内面を重視する信仰なのだ。イブン・アラビー（一一六五―一二四〇年）やスフラワルディー（一一四五―一二三四年）といった人たちの神秘主義の考え方は光の流出説と呼ばれ、神は光としてこの世に現れる、光を通して神と一体化するという発想である。内面において光を見たら神と出会ったことになり、自らが神と一体化する「ファナー」という忘我状態に入ることを意味する

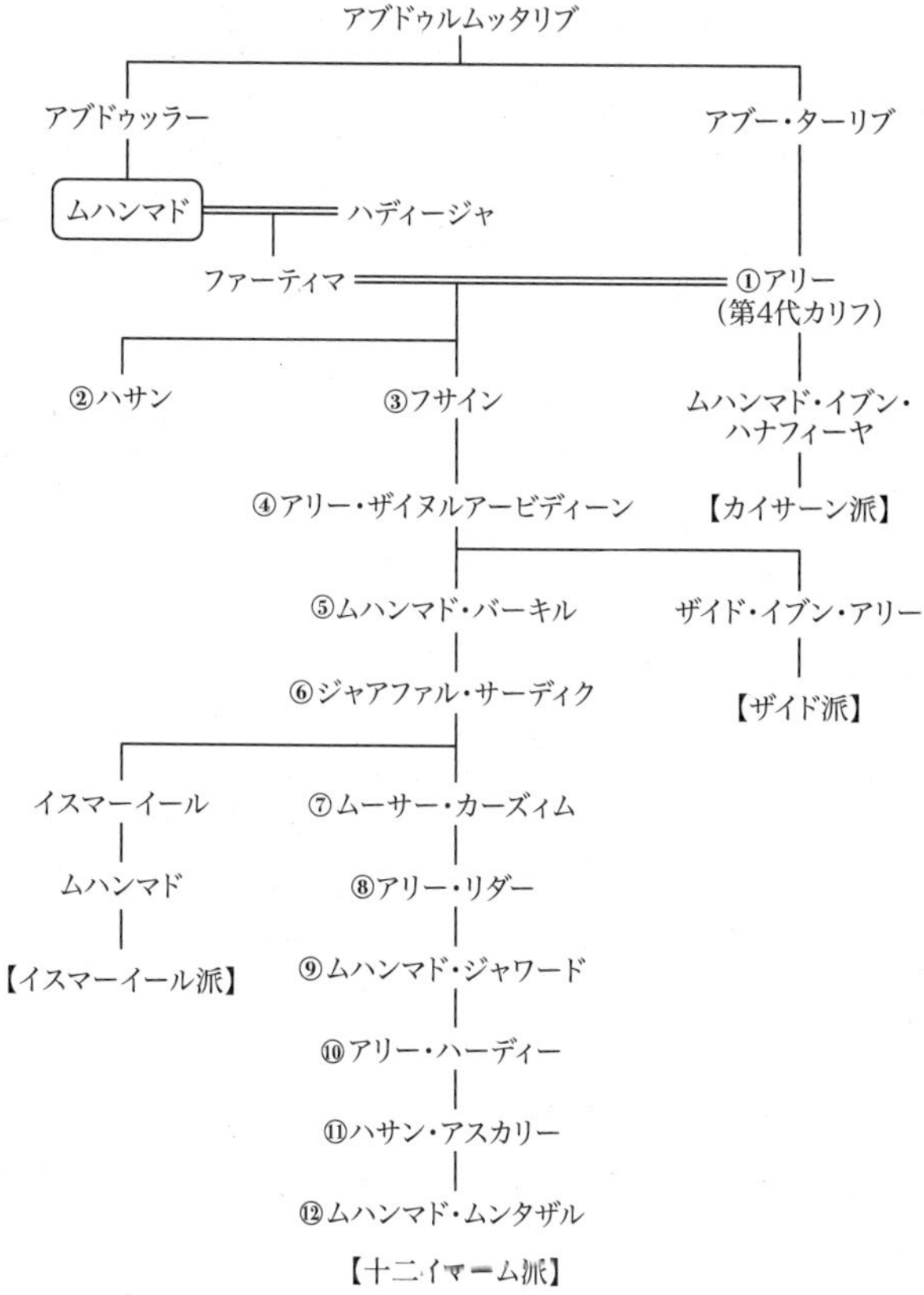

図8-2　シーア派の系列（『岩波イスラーム辞典』などをもとに作成）

そうだ。「ファナー」に入る方法はたくさんあり、スーフィズムの中には、太鼓を使ったり、トルコで見られる有名なぐるぐると回りながら踊るメヴレヴィー教団のようなやり方もある。修行により神と一体化するやり方は様々だが、究極的には神と一つになることがスーフィズムの目標であり、シーア派もその考え方を持っている。

イスラームについて実際に学ぶと、日本人からするとスンナ派よりも内面化した信仰を持っているシーア派の方が分かりやすいようだ。著名なイスラーム学者である井筒俊彦（一九一四―九三年）が「イスラーム」と言う時には、シーア派に重心を置いていた。スンナ派はイスラーム法による統治が最も重要なので、内面についてはあまりこだわりがない。

現在イラクでは、六―七割がシーア派と言われているが、イラクのシーア派が住んでいる地域にはシーア派にとっての聖地がある。一番重要なのがカルバラーである。先ほど触れた三代目イマーム、フサインが殉教した場所である。第四代カリフで初代イマームであるアリーの後に出来たウマイヤ朝という王朝を、イスラームの正統ではないと言ったのがシーア派なのだが、その際にフサインは殺される。その彼が祀《まつ》られているのが、カルバラーにあるイマーム・フサイン・モスクである。カルバラーはユーフラテス川沿いにあり、その少し下流にあるナジャフは、アリーが埋葬された場所である。このようにシーア派が圧倒的な多数派を占めるイランではなく、イラク国内にシーア派の聖地があるのだ。

イランあるいはレバノンやイラクのシーア派の地区に行けば、やたらと目につくのがイマーム・フサインの絵である。大変美男子に描かれたイマーム・フサインの巨大な肖像画があちらこちらに存在する。父アリーと並んだ肖像もある。「ヤー・フサイン！」と書かれた旗は、フサインの殉教を追体験することによって自分たちの信仰を強化していく修行の祭りアーシューラーの時に使う横断幕である。シーア派の場合、このフサインに対する信仰が非常に強い。礼拝する際、スンナ派の場合は絨毯《じゅうたん》に直接額を付けるが、シーア派の場合はイマーム・フサインの肖像が入った丸い素焼きを置き、そこに額《ぬか》づくというやり方をとっている。

イラン革命は何を変えたのか？

イラン・イスラーム革命の影響を考えていくと、現在につながる問題が、革命の中に萌芽的に出ていたことが分かる。最も顕著なことは、フランス革命以降、ヨーロッパに広がっていった「国民」という世俗的な概念、それに基づいた「国民国家」(nation-state) という政治制度を抜本的に否定したことである。国民国家に代わって、宗教に基づく国家を作るべきだというのである。

社会学者マックス・ヴェーバー（一八六四―一九二〇年）は、近代になって「脱魔術化」が起こったと唱えた。すなわち、神の存在を否定し、世俗的になっていった。世俗化の波は、一八世紀に生まれた啓蒙主義が神に対する人間の優位を逆転的に唱えたことから始まり、フランス革命につながっていった。人間の理性を重んじ、人間が現世の主人公であるという考え方である。その考え方が浸透していく過程が近代である、とヴェーバーは論じた。

一九八〇年代以降、宗教の復興が活発に議論されるようになった。宗教復興とは、世俗化／近代化への懐疑である。宗教が公的な場から排斥されていくと、それに対し反発が生じる。世俗化が行き過ぎた時、一人ひとりの個人の内面でむしろ逆に宗教への回帰が始まる。それが公的制度である国家の動きとして出てきたのが、イラン革命だったということになる。

イスラーム革命が起こると、イスラーム教徒が多数派を占めているイスラーム圏、あるいはイスラーム世界と言われる国々に、イランのようになっていくことに対する恐怖が広まる。当時アフガニスタンは共産主義政権であったが、その政権が隣国のイラン革命の影響で倒されかけた。そのような事態に対してソ連が共産主義政権を支えるために軍隊をアフガニスタンに送り込んだ。フランスの植民地だったインドシナの独立運動が始まると、フランスに代わってアメリカがそれを潰すということでベトナム戦争を始めたのと同じような意図でソ連はアフガニスタンに侵攻したのである。しかし、その戦費負担によってソ連経済は疲弊し、ソ連崩壊への道の出発点になったと言われている。また、先ほど触れたように、これ以降中東へのアメリカによる積極的な軍事介入が始まることになる。

さらに、イラン革命以降、中東地域に広がっていったイスラーム化という問題が、二一世紀になっては、「イスラーム国」（ＩＳ）の成立につながることになる。

イスラームは一つではない

ホーラーニーも一九八〇年代で、根本的な変化がイスラームという名の下に起こり始めた、と述べている。ただし、ホーラーニーは、「イスラームに関する唯一の考え方があったわけではなく、さまざまな幅をもった思想があった(2)」と指摘している。イスラームは一つではないということを強調しているのである。

イスラーム教徒それぞれによって、その「イスラーム」の意味は異なっている。そのことを理解しなければ、この時期の流れはつかめないとホーラーニーは指摘している。イスラームとは解釈であり、自らが思っていることをイスラーム法に照らし合わせ、自分にとって合うものを主張する信仰である、ということだ。

典型的に表れているのがヴェール問題である。例えば、フランスにおける「公的な場では女性はヴェールは着用するな」という規定に対して、ヴェールを着けている人たちはヴェールこそがイスラームの象徴だと考える。しかし、すべての人たちがヴェールを着けねばならないとは考えていない。実際、イスラーム教徒を名乗りながらもヴェールを着けていない女性は世界各地にたくさんいる。だから、イスラームにおける基準は一つではない。

ホーラーニーは、イラン革命についてもシーア派主導のイスラーム解釈の一つであるという立場で説明している。

それぞれのアラブの国家の状況は大幅に異なっていた。ある国におけるイスラーム主義運動は、外見上同じにみえる他国の運動とは、異なった意味をもっていた。たとえば、シリアのムスリム同胞団は、エジプトのムスリム同胞団と同じ役割を担ったわけではなかった。かなりの程度、シリアの同胞団は、アラウィー派共同体と提携した支配体制に対する、スンナ派都市住民の反抗手段として機能していた。同様に、イラン革命がある一定の形で起こったという事実は、他の国でも同じ形になることを意味していなかった。少なくとも部分的には、イラン革命は、イラン固有の要因によって説明できる。イランでは、ある有力な社会層が、宗教的な言語で表明される訴えに特に敏感に反応し、すべての反政府運動の結節点になることのできた宗教指導層が存在した。その指導層は、政府からは比較的独立しており、その敬虔さと学識で広く尊敬されており、そして常に集団的な意識の代弁者の役割を演じてきた(3)。

スンナ派の世界では、イランのようにイスラーム法学者たちが政府とは独立したかたちで存在していない。スンナ派のアラブ世界は、オスマン帝国の影響を強く受けている。オスマン帝国は、元々スンナ派の体制だったので、宗教指導者もその中に組込まれていた。ということで、ムスリム同胞団に代表されるような宗教指導者は、むしろ世俗的なところから出てきた。例えば、近代の教育制度の中から成長していった教師や、中間階層で言えば弁護士、医師等の専門職、あるいはエンジニアといった人たちがイスラーム主義運動の指導者になっていった。最も有名なのは、エジプトで二〇一二年六月から約一年間大統領であった、ムスリム同胞団の指導者のムハンマド・ムルシー（一九五一―二〇一九年）である。彼はアメリカ合衆国の南カリフォルニア大学で工学博士の学位を取っており、しかも土木の教授であった。そのような人物が指導者になっていくという傾向があり、イランのようにはならない。イランのイスラーム指導者たちと同じような宗教指導者の階層は、アズハル大学出身者といったむしろ政府側に近い立場にある。したがって、スンナ派の世界では反体制的な宗教運動は近代的な新しい知識階層から生まれて来る。次に紹介するクトゥブの場合も同様である。

イスラーム過激派の源流――クトゥブ主義の登場

イスラームが政治運動として活発化していくのは、ハサン・バンナー（一九〇六―四九年）が一九二八年に エジプトのイスマーイーリーヤで「ムスリム同胞団」を結成してからである。[4] 同胞団はエジプトにおける欧米の影響の拡大やイスラーム的価値観の衰退という潮流に抵抗して、急進化していった。そのため、同胞団は一九四八年、エジプト政府からその活動を禁止され、一九五四年にはナセル政権によって非合法化された。一九五〇年代から六〇年代にかけて、アラブ世界ではイスラーム主義者の政治活動は地下に追いやられたが、そのような抑圧は、イスラーム的価値観を再強化しようとする同胞団の態度を強めただけだった。

そのような時期のムスリム同胞団の急進化を代表する人物がエジプトのサイイド・クトゥブ（一九〇六―六六年）である。彼はイスラームの信仰を失った政治指導者は暗殺してもいいというような過激な思想をイスラームの文脈において生み出した。クトゥブはどのようにしてそのような過激な思想を抱くようになったのか。ユージン・ローガンの記述に従って見てみよう。[5]

一九四八年、クトゥブは二ヶ年の政府奨学金を得てアメリカに留学し、ノース・コロラド大学教育学部で修士号を修得し、スタンフォード大学でも学んだ。しかし、留学はアメリカへの嫌悪感を増幅させただけだったという。

クトゥブは一九五一年にイスラーム主義者の雑誌『アル・リサーラ』に「私の見たアメリカ」というエッセイを寄稿した。彼は「アメリカで遭遇した物質主義と、宗教的価値観の欠如」を非難するとともに、「アメリカ社会の道徳的弛緩と無制限な競争主義」にぞっとしたと記した。とくに衝撃を受けたのは、アメリカのある教会で垣間《かいま》見た光景である。

「たいていの教会では男女交際のクラブがあり、とりわけ宗派の違う教会間の競争が非常に激しいので、牧師はみな、できるだけ多くの人々を集めようと努力する」とクトゥブは書いている。大衆を引きつけようとするそのような行為は、宗教指導者よりも劇場支配人に適していると彼は思った。

そのエッセイに、クトゥブはある夜、礼拝後にダンスがあった話を書いている。彼は、牧師が教会堂を、夜が更けるにつれて、「だんだんロマンチックで情熱的」に感じられるように仕向けているのに仰天した。牧師はムード作りのために、官能的なレコードを選びさえした。クトゥブのこの曲の説明によれば、「『だが、ベービー、外は寒いよ（Baby, It's Cold Outside）』という有名な歌」は、自分とアメリカのポピュラー文化との隔たりを痛感させるものだった。「［この歌は］夜のデートの帰り道の少年と少女の対話になっていた。少年はこの娘を自分の家に連れて行き、帰すまいとした。少女は遅くなったからとか、母親が待っているからと理由をつけて、帰らせてほしいと懇願した。だが、そのたびに彼は『だが、ベービー、外は寒いよ！』と歌の一節で答える。クトゥブは明らかにこの歌が嫌いだったが、それよりももっとショックを受けたのは、宗教家がこのような不適切な曲を選んで、若い教会員にそれに合わせてダンスをさせていることだった。このようなことは、男女は別々で、しかも慎み深い服装と行動が規範とされているモスクの社会的役割とはなんという大きな違いだったことだろう(6)。

このような歌を、キリスト教の牧師たちが信者を集めるためにダンスに使っていることに対して、クトゥブは怒ったのだ。アメリカは堕落していると彼は考えた。エジプトに帰国したら出世街道まで用意されていたにもかかわらず、彼はそれ以降ムスリム同胞団の政治活動にのめり込み、新しい考え方を生み出していった。そのような言動が当時のナセル体制とぶつかり、最終的に、ナセルはイスラームを名乗っているが信仰を持っていないので、殺してもいい、と言い出すのである。その思想こそが彼を絞首刑に導いた一番の原因となった。

エジプトの場合、裁判を受ける際には、被告人は牢獄のような檻《おり》に入らねばならないが、その時にクトゥブは我々がよくイメージするガラビーアというエジプトの庶民が着る寸胴《ずんどう》の衣装ではなく、西洋的な背広にネクタイという服装をしている。顔もいかにもインテリを思わせる。にもかかわらず、そのような男が今のイスラーム教徒の中で一番過激な思想を作り上げたのである。クトゥブは、ジハードの対象を自分たちの政治指導者に向けて殺害する「革命のジハード論」という思想をイスラームの中から生み出した。一般的には「クトゥブ主義」と呼ばれている。このクトゥブ主義がその後生み出したのがアル・カーイダのような過激派の政治組織だということになる。

さらに、預言者の時代へ戻れという「サラフィー主義」（本書第４章）の思想にジハード論が結合してしまうと、過激な思想と保守的な思想が一体化して、十字軍的なアメリカを倒せといったようなイデオロギーが出てきてしまう。「ジハード・サラフィー論」と呼ばれて、サイイド・クトゥブのような考え方をさらに一歩進めた思想と行動を定式化した議論であると言えよう。ただし、このような考え方はあくまでも外側から説明するための道具立てではある。

今日のイスラームの過激な思想は、このようなクトゥブのような流れから出てきており、決して保守的、あるいは伝統的なイスラーム思想から出てきたのではない。西洋の影響を受け、その文化にどっぷり浸《つ》かりながら、次第に西洋への反発を覚え、イスラームを再解釈していく人たちから出てきたのである。このことを指摘しておきたい。

一九八〇年代以降の「イスラーム化」という流れは、一九七九年のイラン革命を契機として広がっていったが、それには「下から」と「上から」の動きがあった。クトゥブの活動等は「下から」の運動として出てきたもので、イラン革命は「上から」出てきた動きである。イスラームは決して一枚岩ではなく、様々な考え方があり、それぞれの時代によって現れ方が異なっているのである。

「原理主義」と宗教復興

中東そのものが根本から変化しているのではないかという指摘は、世界史の教科書（東京書籍）にも記されている。「イスラーム的な理想の社会をつくろうとするイスラーム復興運動が、イラン革命を契機にさかんになり、民衆の幅広い支持を得て、社会改革の夢を与えることになった。彼らはイスラーム政権の樹立をうったえたが、一部の過激な組織はテロ行為をくりかえし、強く批判されている(7)」。

この教科書では「イスラーム復興運動」に関して次のような注を付している。「1970年代には合衆国で、学校教育では、進化論ではなく神が天地万物を創造し、人類の祖であるアダムをつくったことを教えるべきだとする「キリスト教原理主義（ファンダメンタリズム）」の運動がさかんになった。イスラーム復興運動を、これにちなんで「イスラーム原理主義運動」と呼ぶこともある[8]」。

英語で「ファンダメンタリズム」と言う時は、一般的にはクリスチャン・ファンダメンタリズムを指す。『ファンダメンタルズ』という冊子がその語源になっている。原理主義は元々、キリスト教徒の世界での話であり、「クリスチャン」という形容詞無しでアメリカでは流通していたのである。

キリスト教にはたくさんの宗派があるが、特にプロテスタントでは一九世紀以降、聖書の起源が文献学的に厳密に分析された。旧約聖書を含め、どこから来たものかということが文献学的に明らかになってきている。その結果、聖書は神の言葉ではなく人間が作ったものだとなるわけだが、神の否定に近いような議論さえ出て来ているという学問的な状況がある。当然ながら、それに対する強い反発が出て来ることになる。そのような歴史的背景の下に登場してきたのがファンダメンタリズムなのである。

しかし、一九七九年のイラン革命の際、アメリカ合衆国の大使館がテヘラン大学の学生に占拠され、アメリカは大使館員を救出するために海兵隊を送ったが、ヘリコプターが墜落し作戦は失敗する。その後、アメリカ世論において、イスラームを信仰する者たちは狂信的な連中だというイメージが強まり、それを早速、アメリカ国内のキリスト教徒のファンダメンタリストのイメージに重ねたのである。人工妊娠中絶は罪だとして、中絶手術を行った医師を銃で撃ち殺したり、あるいは進化論は問違っているので学校で教えるべきではないと主張をする「狂信的」なキリスト教ファンダメンタリストのイメージを、その形容詞を変えてイスラームに結び付けた「イスラミック・ファンダメンタリズム」という言葉が作られた。それが日本に輸入され「イスラム原理主義」という言葉がマスコミで使われ始めた。日本におけるこの言葉の起源は、アメリカにおけるキリスト教原理主義から来たものだと言っていいのである。

一部の日本の研究者は、「イスラム原理主義」という表現は、あまりにもキリスト教的影響を受け過ぎているとして、「イスラーム復興運動」という表現を使う。と言うのも、ファンダメンタリズムは、聖書に書かれていること、つまり、神の言葉はすべて真実であり、だから一字一句変えてはならないという立場を原則的にとるが、それはイスラームにとっては当たり前のことであるからだ。コーランとハディース（預言者ムハンマドの言行録）はすべて神の言葉であり、変えてはならない、とされている。この「原理主義」に関する議論をイスラームに適用していくと、イスラーム教徒はすべてファンダメンタリストになってしまう。換言すれば、いわゆる同義反復（トートロジー）になってしまうので、「イスラミック・ファンダメンタリスト」などという言葉は意味がないことが分かるだろう。

ジル・ケペル・パリ政治学院教授によれば、クトゥブに代表されるような一九七〇年代以降のイスラームの宗教復興現象（「再宗教化」）は、キリスト教世界、ユダヤ教世界をも含む、全世界的に進行している現象であったという。イスラームはその中の一つに過ぎない、ということだ。

アメリカでも一九七〇年代に、それまで主流であったリベラルなプロテスタンティズムに代わってファンダメンタリズム的な宗教復興の動きが支持を広げて、八〇年の米大統領選挙で当選したロナルド・レーガンの最大の支持母体となるまでに至った。

イスラエルでも、グーシュ・エムニームに代表されるように、それまでの労働党に代表されるような世俗的シオニズムに異を唱え、ナショナリスト的なイデオロギーに加えてユダヤ教的アイデンティティをも強化しようという宗教的シオニズムの動きが顕著になった。このような過激な思想と運動が、イスラエルとパレスチナあるいはアラブ世界との間の緊張激化にさらに油を注いでいるという状況にある。

このような、一九七〇年代を境に世界各地でほぼ時を同じくして起こった宗教復興の動きをケペルは、端的に「神の復讐」（世俗主義に対する宗教の逆襲）と捉える。(9)

アメリカの中東戦略のダブル・スタンダード

繰り返しになるが、一九七九年に起きたのはイラン・イスラーム革命だけではない。ホメイニーが政権を獲得したのが二月で、アフガンにソヴィエトが軍事侵攻したのが年末である。さらに、アラブ・イスラエル紛争の最中《さなか》、エジプトとイスラエルが手を組み、一九七九年三月に平和条約を結んだことで、アラブ・イスラエル紛争の構図が大きく変わってくる。この一九七九年に起こった諸事件が徐々に影響を与えながら、ISの登場のような政治状況を作り上げていったのである。

さらに言えば、アメリカは一九七九年以降、非常に苦しい両義性を帯びた背反政策を取らざるを得なくなる。つまり、一方のアフガニスタンではイスラームと手を組み、他方のイラン・イラク戦争ではイスラームを排斥するという二正面作戦を取らざるを得なくなったからだ［図8-3］。

一九七九年一二月にソ連がアフガニスタンを侵攻した。ソ連の影響力の拡大は絶対に阻止しなければならない。そのためにはアフガニスタンにおいて共産主義政権を倒すほどの力を持っているイスラーム教徒たちと手を組まざるを得なかった。そのため、この時期にパキスタンを通じて世界から集まった、いわゆる「アラブ・アフガン」と言われるムスリム義勇兵たちにアメリカはお金を流した。それが結果的にビン・ラーディンのような鬼子を生み出すことになった。これが「反共のグローバル・ジハード」と言われるものである。共産主義に対抗するためにイスラーム教徒を支援する、それがアフガニスタンの局面でのアメリカの反共産主義の政策であった。

ところが、イランにもイスラーム革命が起こってしまった。イランは公然と革命を輸出すると言い出した。これも阻止しなければならない。ということで、アメリカは

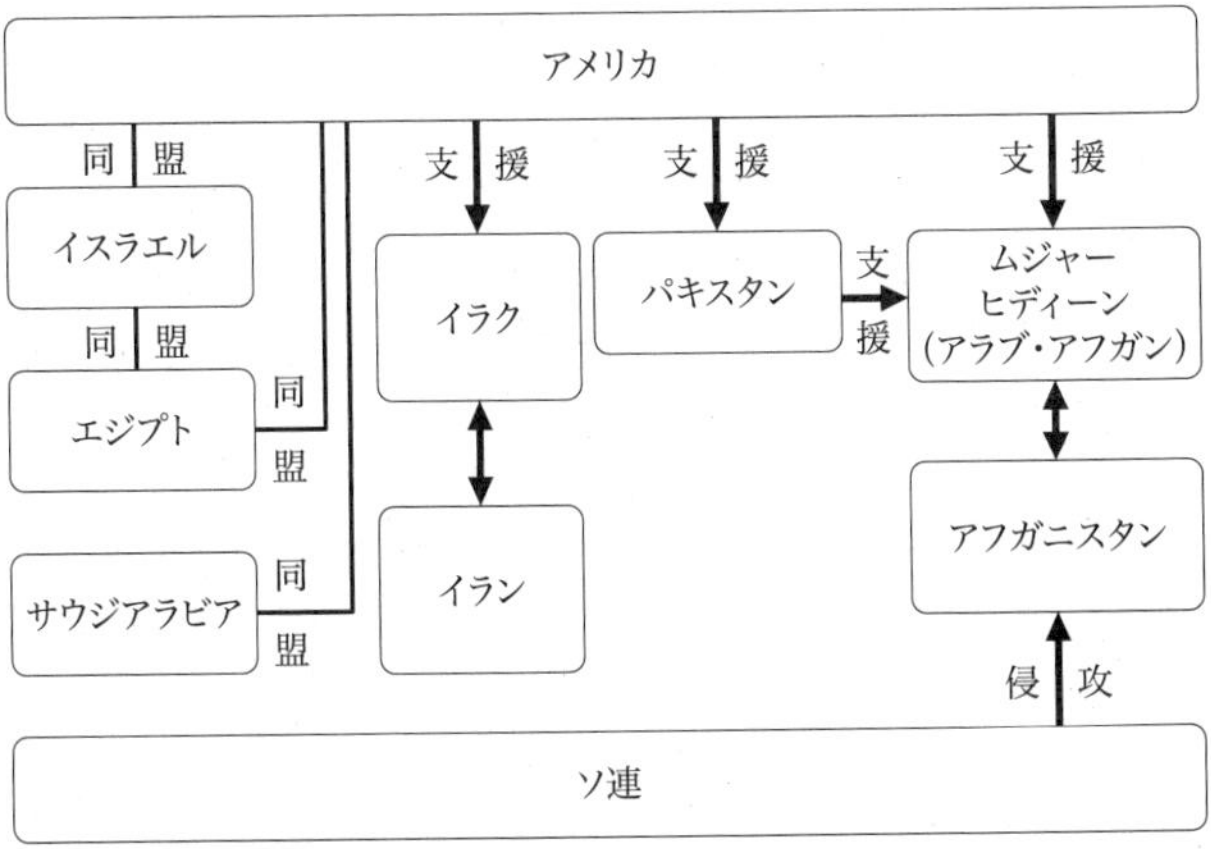

図8-3　1979年以後の「反共のグローバル・ジハード」と対イラン戦争の構図

イランを封じ込めるためにイラクのサッダーム・フセインに肩入れをした。サッダームはアラブ社会主義を唱える人物であり、世俗的な政権だった。だからこそ、イランに対抗するためにイラクを支援した。そしてサッダームはイラン・イラク戦争を引き起こした。その結果、彼は巨大化してフランケンシュタインになってしまったのである。

　このようにアメリカがイスラームに対してダブル・スタンダードで世界戦略を展開した結果、ソ連崩壊後に深刻な問題が起こってくる。ソ連崩壊で「反共」というイデオロギー的契機がすっぽり抜け落ちた後、イスラーム教徒の過激な主張だけが残った。あとは二〇〇一年の「九・一一」に向かいまっしぐら、ということになったのだ。このようなアメリカのイスラームに対するダブル・スタンダードによって、今日の在り様が規定されていったということになる。この点が今日のような状況が出現する事実を考える上で、非常に象徴的なのである。

共産主義の「赤い脅威」に代わるものとして「緑の脅威」、つまりイスラームの脅威が、冷戦後に強調されることになる。アフガニスタンにおいては、共産主義撤退後のイスラーム勢力の拡大が起こり、さらにはイラン革命によるイスラームの拡大が起こった。同じイスラームといってもスンナ派の武装勢力とシーア派の政治体制という観点からは内容が異なるが、いずれにせよ「イスラームの脅威」が広がっていく流れが一九七〇年代終わり以降に間違いなく出て来たということだ。ソ連崩壊後、アメリカが全面的に支えてきたイスラームが突然変異していく。それまで無神論者の国家・ソ連に向かっていたムスリムの牙が、今度はイスラエルを支える帝国主義国家・アメリカに向けられるという事態が起こってきた。それが米ソ冷戦崩壊後の大きな時代の潮流ということになる。

米ソ冷戦後の新たな危機

イラクによるクウェート侵攻は、米ソ冷戦終焉後の世界の最初の危機であった。一九九〇年八月に、米ソ冷戦の終焉を見極めるかのようにイラクがクウェートに侵攻し、それに対してブッシュ・シニア大統領（在任一九八九年一月―一九九三年一月）は多国籍軍を結成して、一九九一年一月に軍隊をクウェートに派遣した。いわゆる湾岸戦争の勃発である。

教科書的な説明では、イラクがクウェートに侵攻したのは、イラクが経済的に破綻したため新たな石油資源の獲得が目的だったとされている。実際にそのような側面もあるかと思われるが、政治的観点から見ると、サッダーム・フセイン・イラク大統領は米ソ冷戦終焉後に形成されつつあった新しい国際秩序を読み間違ったということだ。ソ連とアメリカという二大超大国による冷戦時代が終わり、アメリカが唯一の超大国として世界を一極支配し、「世界の警察はアメリカだ」という新たな政治状況が生まれつつあったことをイラクは読み間違えたのである。

冷戦後の新しい世界にあっては地域自体が新しい秩序を作っていくのだから、イラクがクウェートに侵攻したところで何の国際的非難も受けないだろう、と読んでいたのである。しかし、イラクの予想に反してアメリカのブッシュ・シニアが「新たな国際秩序に対する挑戦」と非難し、戦争が引き起こされるという事態にまで発展してしまったのである。

ユージン・ローガンは、イラクがクウェートを侵略したことで、アラブ世界が分裂したと指摘する。すなわち、「一アラブ国家がほかのアラブ国家の侵略を受けたことで、全アラブ世界が分裂し、外国の介入に反対する国もあれば、クウェートをイラク支配から解放するアメリカ主導の多国籍軍に参加する国もあった」[10]。

クウェート侵攻はまた、市民と政府の分裂も招いた[11]。サッダーム・フセインは、イラクのクウェート侵攻を非難するのであれば、パレスチナを支配するイスラエルに対しても非難すべきであると言い、イラクはパレスチナをイスラエルから解放すると約束をした。そのため、アラブ諸国でイラクを批判する政府があった一方で、サッダームはアラブ世界全土で各国の市民に人気ある英雄に祭り上げられたのである。

サッダーム・フセインはイラクによるクウェート占領を、レバノンにおけるシリア軍の進駐にも結びつけた。そのため、地域の政治秩序を回復するためには、イラクをクウェートから追い出すだけでは十分ではなく、アラブ世界はレバノン内戦に取り組まなければならなかった[12]。

湾岸戦争でPLOのアラファート議長は、パレスチナ民衆の意向を受けイラクを支持する姿勢を表明したため、湾岸戦争でイラクと戦ったサウジアラビアをはじめとする湾岸産油国からPLOへの財政的援助が打ち切られ、PLOは戦後、財政的危機に陥った。そのような中で、米ソ冷戦終焉後、シリアが米側について湾岸戦争を戦ったことで敵を失ったイスラエルも新たな道を模索せざるを得ず、ブッシュ・シニア米大統領のイニシアティヴの下に、マドリード中東和平会議が開催され、史上初めてイスラエルとアラブ諸国が交渉のテーブルに着くことになった。結局、この会議に基づく和平交渉はパレスチナ問題の解決の主役であるはずのPLO抜きに行なわれたため、暗礁に乗り上げることになった。

その一方で、イスラエルの次期首相となるイツハク・ラビンとアラファートはノルウェーの仲介で秘密交渉を行なって、その交渉がアメリカのクリントン大統領の仲介の下での一九九三年のオスロ合意（パレスチナ暫定自治に関する原則合意）の締結につながった。しかし、ハマースはこの合意に反対しており、結果的に、オスロ合意はイスラエルとパレスチナ（PLO）との間の平和を見出すことができないまま、二〇〇〇年九月には第二次インティファーダが勃発し、中東和平プロセスは事実上、破綻した。二〇〇四年末にアラファートが亡くなった後はアラファートを継いだマフムード・アッバースが二〇〇五年初頭からパレスチナ自治政府大統領に就任した。二〇〇六年から形成されていたファタハとハマースのパレスチナ連立内閣は、二〇〇七年六月に崩壊し、ヨルダン川西岸はファタハが、ガザはハマースが実効支配する事態になり、パレスチナの分裂状態は続いている。

二一世紀に入ると、さらに追い打ちをかけるように、二〇〇一年の九・一一事件、いわゆる「アメリカ同時多発テロ」が起こり、二〇世紀と二一世紀を画する、文字通り画期的な出来事となった。というのも、以後、ブッシュ・ジュニア米政権（任期二〇〇一年一月―二〇〇九年一月）が「対テロ戦争」を開始したからである。まず、テロを実行したとされるビン・ラーディン率いるアル・カーイダの拠点のあるアフガニスタン空爆に始まり、二〇〇三年三月には大量破壊兵器を保有しているとしてサッダーム・フセイン政権の壊滅を目的とするイラク戦争を引き起こした。しかし、後になって米議会においてイラクは核兵器を保有していないことが判明した。

また、一九九一年の湾岸戦争時のイラクへの多国籍軍による攻撃は国連決議に基づいて行なわれた。ところが、二〇〇三年のブッシュ・ジュニア大統領は、国連の存在を無視するかたちで軍事行動を起こしたのである。ブッシュ親子による二つの戦争の違いは国連を重視するか否かということだった。

サッダーム・フセイン大統領が捕捉されて処刑された後、イラクには選挙によってヌーリー・マーリキー内閣が成立したものの、同政権のシーア派優遇政策によってイラクはスンナ派とシーア派の宗派間の対立で引き裂かれることになった。

そのような対立の中で生まれたのが「イスラーム国（IS）」であった。二〇一四年六月二九日、「イラク・シャーム・イスラーム国」のアブー・バクル・アル・バグダーディーは自らを「カリフ」であると宣言し、シリア・イラク両国の制圧地域に「イスラーム国」を樹立すると宣言した。同支配地域ではシャリーアが厳密に施行された。しかし、二〇一七年一二月までに同国も軍事的に制圧され、事実上壊滅した。

一方で、二〇一〇年代初頭のアラブ諸国では、独裁政権が倒される民主化運動が連鎖的に起こり、「アラブの春」と呼ばれた。チュニジアでは、二〇一〇年末から失業や物価高騰などへの不満がデモとなって噴き出したため（ジャスミン革命）、ベン＝アリーは次期大統領選挙への不出馬などを表明して事態を収拾しようとしたが収まらず、二三年の長期政権の末、サウジアラビアに亡命した。「アラブの春」はチュニジアのジャスミン革命からエジプトにも波及し、最終的にこの両国とリビアおよびイエメンにおいて政権交代が起こった。エジプトではムバーラク大統領が、イエメンではサーレハ大統領が辞任に追い込まれた。エジプトではムスリム同胞団系のムルシー大統領が誕生したものの、スィースィーによる軍事クーデタでムルシー政権は崩壊し、スィースィーが二〇一四年六月、大統領に就任した。イエメンでは、サーレハ大統領は辞任後、アブドラッバ・ハーディーに大統領職を譲ったものの、北部を拠点とするシーア派系の武装組織でイランが支援するフーシー派と連携してハーディーに対抗した。しかし、そのためサウジアラビアがイエメンの内政に介入することになり、イエメンは内戦状態に陥った。また、シリアでは二〇一一年三月よりロシア・イランなどに支持されたアサド大統領とサウジなどに支援を受けている反体制派の間で争いが起き、内戦状態になっている。「アラブの春」が「アラブの冬」になったと揶揄《やゆ》されたりもしている。

現在の中東の状況は、まさに大混乱である［図8－4］。ある意味では不安定が安定化しているという奇妙な事態だ。紛争が起こることによって、逆に奇妙なかたちで地域の「秩序」が保たれているという非常に逆説的な政治状況が中東で起こっている。イエメンやシリアをめぐる争いはスンナ派対シーア派なのであるが、イラクも同じような状況になり、イエメン・シリア・イラクがイスラームの宗派対立の舞台になってしまった。急速に動き始めているのがサウジアラビアであり、二〇一七年二月、サウジアラビアの外務大臣が湾岸戦争以降初めてイラクを公式訪問し、イラクのシーア派政権のアバーディー首相と会談した。つまり、イラクにおけるイランの影響力を排除しようとする方向に動き始めたのだ。今までは、スンナ派対シーア派の問題は、イラクでは純粋に国内問題であったが、今後イランとサウジアラビアの対立がイラクにも持ち込まれたのである。イエメン、シリア、そして今度はイラクにも波及した。ただし、二〇一八年に入って、シリアやイラクの宗派対立に由来する内戦状態は終息しつつあると言える。

これまで中東の近現代史を概観してきたが、中東はトランプ米大統領の登場によってこれまでとは違った方向へと進み始めた。特に、二〇一七年一二月に同大統領が駐イスラエル・アメリカ大使館をテル・アヴィヴからエルサレムに移転する決定を行なってからパレスチナ人の反発が続いている。東西統一エルサレムを首都とするイスラ

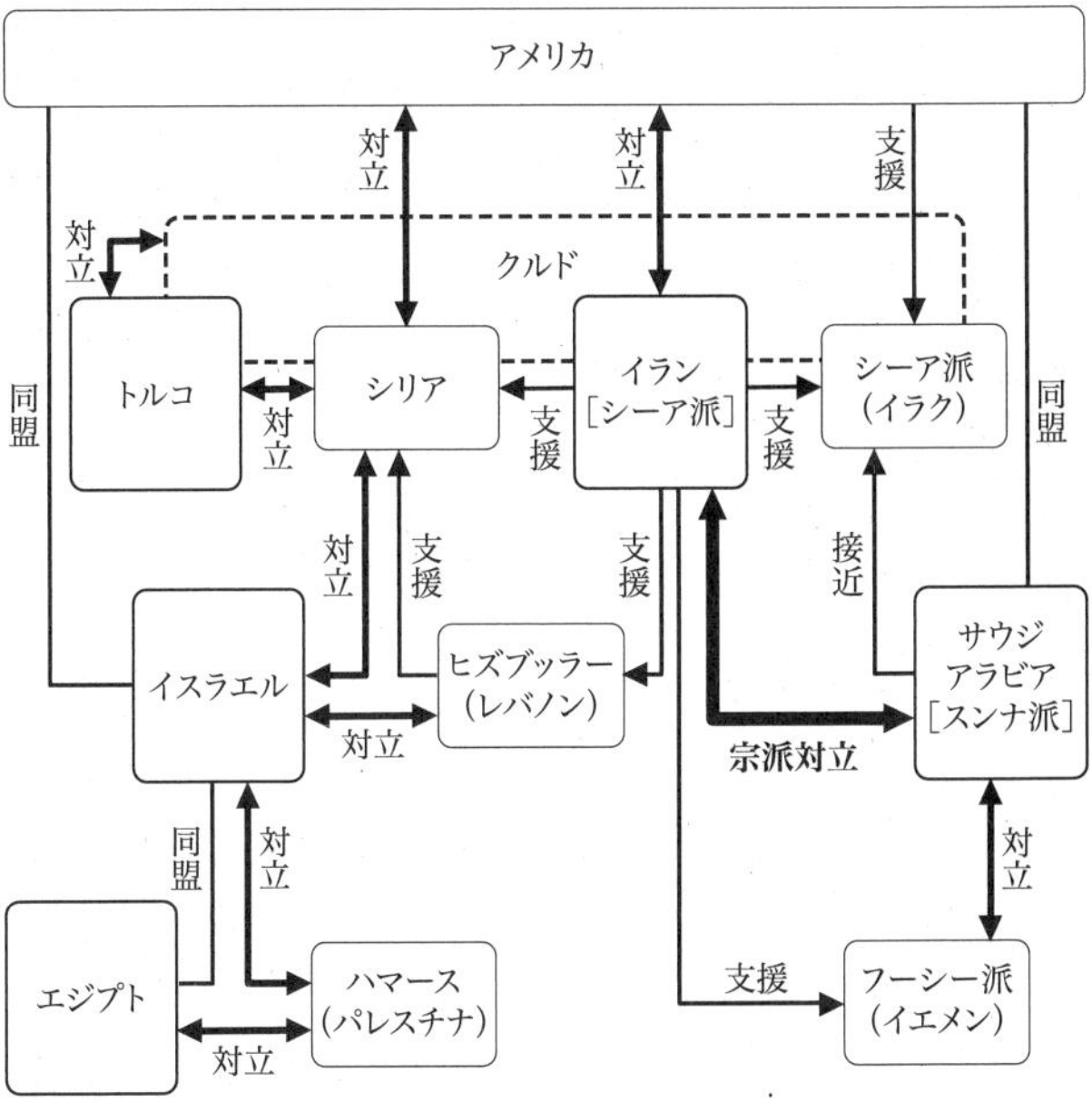

図８‐４　現在における中東の構図

エルの主張を国際社会のほとんどが認めていない現状がある。EUを中心に多くの国がこの移転に強く反対している。にもかかわらず、アメリカは二〇一八年五月一四日のイスラエル建国記念日に移転を強行した。イスラエルにとっては建国七〇周年という節目の日でもあった。この移転はトランプ大統領の「アメリカ・ファースト」政策を推進するため、アメリカ国内のユダヤ人の票やキリスト教福音派の票を見込んだ高度な政治判断であったと評価されるのである。

アメリカはさらに、オバマ大統領時代の二〇一五年に結ばれたイランとの核合意からの離脱をも表明した。アメリカの新たな中東政策によって、中東は新たな段階に入ったとも言える。

そのイランの首都テヘランにおいて、二〇二四年七月三一日、パレスチナのイスラーム主義組織ハマース（イスラーム抵抗運動）の最高指導者の一人イスマーイール・ハニーヤ政治局長が、イスラエルとされる攻撃によって殺害されたとイラン革命防衛隊は発表した。ハニーヤ政治局長は三〇日に行われたマスウード・ペゼシュキアン・イラン新大統領就任式に出席するため、テヘランに滞在していた。

ペゼシュキアン新大統領の就任は、ライースィー（ライイシ）前大統領（一九六〇年生まれ）が二〇二四年五月一九日にヘリコプター墜落事故で死亡したことに伴うイランの大統領選挙において保守強硬派の候補者を破って当選したためであった。イラン国民は米欧諸国による経済制裁のため生活苦にあえいでおり、新大統領はそのような不満を票として取り込み、長期にわたる保守強硬派路線の批判の受け皿となり、決選投票で得票率の約五四％に当たる一六〇〇万票以上を獲得した。イランのペゼシュキアン新大統領は米欧との対話に前向きな改革派として知られている。新大統領は七月二八日、テヘランで開かれた就任式においてイランの最高指導者アリー・ハーメネイー（ハメネイ）師（一九三九年生まれ）から認証を受けた。

また、イスラエル軍は二〇二四年七月三〇日、レバノンの首都ベイルート南部を空爆した。この空爆は、イスラエルが併合したゴラン高原で一二人が死亡した七月二七日の軍事攻撃への報復だとイスラエルは発表した。その際、この攻撃を指揮したレバノンのシーア派武装組織ヒズブッラーの最高指導者ハサン・ナスルッラー（一九六〇年生まれ）の副官であるファアード・シュクル司令官をイスラエル軍は殺害した。ヒズブッラーと同じくイランの支援を受けているとされるハマースや、イエメンの反政府武装組織フーシ派も、イスラエルを非難する声明を出した。

テヘランで殺害されたハニーヤ政治局長は、二〇〇六年のパレスチナ評議会（国会に相当）の選挙においてハマースがファタハを破って評議会第一党になった時の政治指導者で、パレスチナ自治政府首相に選出されたが、米国などの西側諸国が承認せず、パレスチナ自治政府のアッバース大統領によって首相職を解任された。この殺害を受けて、ハマースは二〇二四年八月六日、ガザの最高指導者ヤヒヤー・シンワルを後継の政治局長に選んだと発表した。

いずれにせよ、イスラエルによるとされるイランを舞台にしたパレスチナ人指導者の殺害は、イランの新政権をはじめとして、中東地域全体を巻き込んだ紛争に発展しかねない不安定要因を作り出したのである。

歴史的に振り返ると、中東という地域は一九世紀の東方問題をはじめとして、ヨーロッパ諸列強に翻弄された。二〇世紀に入って第一次世界大戦を迎えると、中東のほとんどが列強の支配下に入った。第二次世界大戦後、イスラエル建国を機にパレスチナ問題を中核とするアラブ・イスラエル紛争が勃発した。そして一九七九年のイラン革命を端緒にイラン・イラク戦争、さらに米ソ冷戦終焉直後にイラクがクウェートに侵攻したため湾岸戦争が起こった。アラブ諸国の独裁体制が倒れるという「アラブの春」を経て、「イスラーム国（ＩＳ）」が登場した結果、シリア内戦が泥沼化していった。二世紀以上にわたってこの中東地域が抱え込んできた諸問題がいよいよ断末魔的な様相を呈し始めているのである。

その地政学的な位置から、中東の混乱は世界の混乱に直結することになるのはその歴史が示している。これから中東はどこに向かうのか。人類の未来をも左右しかねないほどの決定的な問題を孕んでいるのが中東という地域なのである。

注

第1章 「中東」の歴史を考えるために

（1）E・H・カー『歴史とは何か』、清水幾太郎訳、岩波新書、一九六二年。
（2）E・H・カー『危機の二十年』、原彬久訳、岩波文庫、二〇一一年。
（3）カー『歴史とは何か』、四〇頁。
（4）同上、八頁。
（5）同上、一九七頁。
（6）L. Carl Brown, *International Politics and the Middle East: Old Rules, Dangerous Game*, Princeton: Princeton U.P., 1984.
（7）ibid., p. 4.
（8）ibid., p. 5.
（9）ジャネット・L・アブー＝ルゴド『ヨーロッパ覇権以前——もうひとつの世界システム』、佐藤次高ほか訳、岩波書店、二〇〇一年。
（10）Michael E. Bonine, Abbas Amanat, and Michael Ezekiel Gasper ed., *Is There a Middle East?: The Evolution of a Geopolitical Concept*, Stanford University Press, 2011.
（11）Huseyin Yilmaz, "The Eastern Question and the Ottoman Empire: The Genesis of the Near and Middle East in the Nineteenth Century", Bonine, et al eds., *Is There a Middle East?*, p. 11.

（12）ibid., pp. 11-12.
（13）ibid., pp. 12.
（14）ibid.
（15）ibid.
（16）デイル・F・アイケルマン『中東——人類学的考察』、大塚和夫訳、岩波書店、一九八八年。
（17）Dale F. Eickelman, *The Middle East and Central Asia: An Anthropological Approach*, Prentice Hall, 2001.
（18）アルバート・ホーラーニー『アラブの人々の歴史』、湯川武監訳・阿久津正幸編訳、第三書館、二〇〇三年。原著は Albert Hourani, *A History of the Arab Peoples*, Belknap Press, 1991.

第2章　近代ヨーロッパとの遭遇

（1）アブドル・ラフマーン・アッ・シャルカーウィ『大地』、奴田原睦明訳、河出書房新社、一九七九年。
（2）加藤博『「イスラムｖｓ．西欧」の近代』、講談社現代新書、二〇〇六年。
（3）アルバート・ホーラーニー『アラブの人々の歴史』、湯川武監訳・阿久津正幸編訳、第三書館、二〇〇三年。
（4）ユージン・ローガン『アラブ５００年史——オスマン帝国支配から「アラブ革命」まで』（上・下）、白須英子訳、白水社、二〇一三年。原著は Eugene Rogan, *The Arabs: a History*, New York: Basic Books, 2009.
（5）William L. Cleveland & Martin Bunton, *A History of Modern Middle East, Sixth Edition*,

Westview Press, 2016.

（6）Bernard Lewis, *The Middle East: 2000 Years Of History From The Rise of Christianity to the Present Day*, London: Weidenfeld & Nicolson, 2001.（バーナード・ルイス『イスラーム世界の二千年――文明の十字路　中東全史』、白須英子訳、草思社、二〇〇一年）。

（7）ホーラーニー『アラブの人々の歴史』、一四八頁。

（8）同上、二七五頁。

（9）同上。

（10）ローガン『アラブ５００年史』（上）、一五―一六頁。

（11）同上、一六頁。

（12）鈴木董『オスマン帝国――イスラム世界の「柔らかい専制」』、講談社現代新書、一九九二年。

（13）帝国書院『新詳　世界史Ｂ』、一三五頁。

（14）ローガン、前掲書、一七頁。

（15）同上、一八頁。

（16）ホーラーニー、前掲書、二七七―二七八頁。

（17）ローガン、前掲書、一二―一三頁。

（18）三木亘「歴史家ジャバルティ」『イスラム世界』二号、一九六四年七月。

（19）同上、一八頁。一部アルファベット表記を変更してカタカナにした。

（20）板垣雄三「イスラム改革思想――アラブの場合を中心として」『岩波講座　世界歴史』第二一巻、岩波書店、一九七一年、五三一―五三二頁、五四三頁。

第3章　植民地化への抵抗運動

（1）東海散士『埃及近世史』、一八八九年（国立国会図書館デジタルコレクション http://dl.ndl.go.jp/pid/776473）。
（2）毛利健三『自由貿易帝国主義――イギリス産業資本の世界展開』、東京大学出版会、一九七八年。
（3）アルバート・ホーラーニー『アラブの人々の歴史』、湯川武監訳・阿久津正幸編訳、第三書館、二〇〇三年、二七八頁を参照。
（4）フィリップ・アリエス『〈子供〉の誕生――アンシァン・レジーム期の子供と家族生活』、杉山光信・杉山恵美子訳、みすず書房、一九八〇年。
（5）ホーラーニー、前掲書、二七九頁。
（6）同上、二八二頁。
（7）同上、二八三頁。
（8）同上。
（9）ユージン・ローガン『アラブ500年史――オスマン帝国支配から「アラブ革命」まで』（上）、白須英子訳、白水社、二〇一三年、一七三頁。
（10）同上、一七九―一八〇頁を参照。
（11）以下、ホーラーニー、前掲書、二九五頁を参照。
（12）ローガン、前掲書、二〇二―二〇七頁を参照。
（13）ホーラーニー、前掲書、二九五―二九六頁。

第4章　帝国主義とナショナリズム

（1）西川正雄・南塚信吾『世界の歴史――ビジュアル版〈18〉帝国主義の時代』、講談社、一九八六年、七―八頁。
（2）幸徳秋水『二十世紀の怪物　帝国主義』、山田博雄訳、光文社古典新訳文庫、二〇一五年。
（3）内村鑑三「『帝国主義』に序す」（幸徳秋水『帝国主義』、山泉進校注、岩波文庫、二〇〇四年）、三―四頁。
（4）同上、一五頁。
（5）中岡三益・板垣雄三『アラブの現代史』、東洋経済新報社、一九五九年。
（6）同上、三六頁。
（7）同上。
（8）アルバート・ホーラーニー『アラブの人々の歴史』、湯川武監訳・阿久津正幸編訳、第三書館、二〇〇三年、二九四頁を参照。
（9）ユージン・ローガン『アラブ500年史――オスマン帝国支配から「アラブ革命」まで』（上）、白須英子訳、白水社、二〇一三年、二一五頁。
（10）以下、同上、二二一―二二四頁を参照。
（11）同上、二二三頁。
（12）以下、同上、二二九―二三〇頁を参照。
（13）同上、二二九頁。
（14）以下、同上、二三一―二三二頁を参照。

第5章　第一次世界大戦とオスマン帝国の崩壊

（1）芦田均『バルカン』、岩波新書、一九三九年。
（2）芦田均『君府海峡通航制度史論』、巌松堂書店、一九三〇年。
（3）芦田均『第二次世界大戦外交史』（上・下）、岩波文庫、二〇一五年。
（4）Charles D. Smith, *Palestine and the Arab-Israeli Conflict: A History with Documents*, the 10th Edition, Boston & N.Y., 2021.
（5）ibid.
（6）ibid.
（7）以下、ユージン・ローガン『アラブ500年史――オスマン帝国支配から「アラブ革命」まで』（上）、白須英子訳、白水社、二〇一三年、二三三―二三四頁を参照。
（8）Tilman Lüdke, *Jihad Made in Germany: Ottoman And German Propaganda And Intelligence Operations in the First World War*, Lit Verlag, 2006.
（9）以下、ローガン、前掲書、二三四―二三五頁を参照。
（10）アルバート・ホーラーニー『アラブの人々の歴史』、湯川武・阿久津正幸訳、第三書館、二〇〇三年、三二八頁を参照。
（11）以下、ローガン、前掲書、二三七―二三九頁を参照。
（12）ホーラーニー、前掲書、三二九―三三〇頁。
（13）以下、ローガン、前掲書、二四〇―二四一頁を参照。

第6章　両大戦間期の委任統治

(1) James L. Gelvin, *The Modern Middle East: A History*, 4th Edition, Oxford UP, 2015.
(2) ibid., p. 197.
(3) ibid.
(4) 以下、アルバート・ホーラーニー『アラブの人々の歴史』、湯川武・阿久津正幸訳、第三書館、二〇〇三年、三三〇—三三一頁を参照。
(5) 以下、同上、三三一—三三二頁を参照。
(6) 以下、ユージン・ローガン『アラブ500年史——オスマン帝国支配から「アラブ革命」まで』(上)、白須英子訳、白水社、二〇一三年、二九四—三〇〇頁を参照。
(7) 同上、二九七頁。
(8) 同上、二九五頁。

第7章　第二次世界大戦後のアラブ冷戦

(1) 上原専禄編『日本国民の世界史』、岩波書店、一九六〇年。
(2) 同上、三四九頁。
(3) 同上、三五四—三五五頁。
(4) 石原慎太郎『行為と死』、河出書房新社、一九六四年。
(5) 以下、アルバート・ホーラーニー『アラブの人々の歴史』、湯川武監訳・阿久津正幸編訳、第三書館、二〇〇三年、三六七—三七〇頁を参照。
(6) 同上、三六七頁を参照。
(7) 同上、三六七—三六八頁。

（8）同上、三六九頁。
（9）以下、同上、三六九頁を参照。
（10）ユージン・ローガン『アラブ５００年史——オスマン帝国支配から「アラブ革命」まで』（下）、白須英子訳、白水社、二〇一三年、八—一二頁を参照。
（11）同上、九—一二頁。
（12）『世界史B』（平成29年度版）、東京書籍、三九九頁。
（13）同上、三九九—四〇〇頁。
（14）同上、四〇〇頁。
（15）同上、四〇〇—四〇一頁。
（16）同上、四一一頁。
（17）Malcolm H. Kerr, *The Arab Cold War: Gamal 'Abd al-Nasir and His Rivals, 1958-1970*, Oxford University Press, 1971.
（18）Avi Shlaim, *Collusion Across the Jordan: King Abdullah, the Zionist Movement, and the Partition of Palestine*, Columbia University Press, 1988.
（19）Ilan Pappé, *Britain and the Arab-Israeli Conflict, 1948-51*, London: Macmillan, 1988.

第8章　イスラーム復興と米ソ冷戦後の世界

（1）堺屋太一『油断！』、日本経済新聞社、一九七五年。
（2）アルバート・ホーラーニー『アラブの人々の歴史』、湯川武監訳・阿久津正幸編訳、第三書館、二〇〇三年、四七二頁。

（3）同上。
（4）以下、ユージン・ローガン『アラブ500年史——オスマン帝国支配から「アラブ革命」まで』（下）、白須英子訳、白水社、二〇一三年、一九三頁を参照。
（5）以下、同上、一九三—二〇一頁を参照。
（6）同上、一九四頁。
（7）『世界史B』（平成29年度版）、東京書籍、四二五頁。
（8）同上。
（9）ジル・ケペル『宗教の復讐』、中島ひかる訳、晶文社、一九九二年。原題は「神の復讐」（La Revanche de Dieu）。
（10）ローガン、前掲書、二五七頁。
（11）以下、同上、二五七頁を参照。
（12）同上。

あとがき

本書は世界史の中で中東近現代史を位置づける試みであった。その試みが成功しているかどうかは読者諸氏の判断にお任せするしかない。本書では大まかに一九世紀が近代、二〇世紀が現代という区分で、前半の近代史を第一章から第四章まで、後半の現代史を第五章から第八章までで論じている。それぞれの章の冒頭で、該当時期の中東と日本との関係にまつわるエピソードを交えて描いてみた。すでにお読みになった読者には自明なことだとは思うが、歴史記述の多くの部分は、邦訳ではアルバート・ホーラーニー『アラブの人々の歴史』(湯川武監訳・阿久津正幸編訳、第三書館、二〇〇三年)やユージン・ローガン『アラブ500年史――オスマン帝国支配から「アラブ革命」まで』上下巻(白須英子訳、白水社、二〇一三年)などに依拠している。

「中東」という地域は、日本という「極東」に住んでいる者からすると「遠い」という印象しか持つことができないようだ。この点はこれまで何度も指摘されてきたことである。しかし、いつ頃からだろうか、私自身も日本と中東が歴史的にどんな関係を取り結んできたのかを強く意識するようになった。おそらく中東に何度かそれなりの期間にわたって滞在した経験から、自分が何者なのかという問いを現地の人々、とりわけ知識人との付き合いの中で突きつけられたからかもしれない。したがって、各章の冒頭で日本と中東の関係について触れたのも、そんな問いへの回答の一つとして提示したものと言えるのかもしれない。

私自身、これまでグローバルな文脈で特定のテーマを扱った書籍としては『世界史の中のパレスチナ問題』(講談社現代新書、二〇一三年)を出版した経験があったが、今回のように時期を近現代に限定して、通史的な叙述を試みたのは初めてである。本書は基本的には一般向けに行なった講義の記録や資料などに基づいている。しかし、内容的には大幅な書き直しがなされていることをあらかじめ指摘しておきたい。というのも、当然ながら講義の中では歴史の流れが重要であって、個々具体的な事象が縷々《るる》並べられるということはほとんどなかったからである。したがって、書物としてまとめる際、歴史的な事実を講義以上にかなり盛り込んだこともここで指摘しておかなければならない。

こんな本書が出版できたのも、作品社の編集者(当時)の渡辺和貴氏のおかげである。氏の鋭い指摘と編集者としての忍耐がなければ書籍として日の目を見ることは決してなかったと確信している。渡辺氏に心から感謝申し上げる次第である。

今回、本書を文庫本にするにあたってはKADOKAWAの編集者の井上直哉氏にたいへんお世話になった。井上氏には深く感謝申し上げる次第である。

二〇二四年十月記　真夏日のような異常な暑さの中で

臼杵　陽

索引

【か行】

【さ行】

【な行】

【は行】

【ま行】

【や行】

【ら行】

関連年表

1798	7.	ナポレオン・ボナパルトのエジプト遠征
1799	5.	ジャッザール・パシャがフランス軍を撃退
1801	10.	フランス軍、エジプトから撤退
1805	5.	ムハンマド・アリー、エジプト総督に就任（ムハンマド・アリー朝、－1953）
1809		『エジプト誌』（－1822）
1811	3.	エジプトのムハンマド・アリー、マムルークを虐殺
	9.	エジプト、アラビア半島のワッハーブ派の討伐のため出兵
1820		イギリス、ペルシア湾岸地域と休戦条約
1821		ギリシア独立戦争（－1829）
1827		アルジェリア、扇の一打事件
1830	2.	ギリシア、オスマン帝国から独立
	6.	フランス、アルジェリアを占領
1832	11.	アルジェリア、アブドゥルカーディル・ジャザーイリーの武装抵抗（－1847）
1838	10.	第1次アフガン戦争（－1842）
1839	11.	オスマン帝国、ギュルハネ勅令（タンズィマート開始）
1847	12.	アルジェリア、アブドゥルカーディルの降伏
1852	10.	フランスのルイ・ナポレオン、アブドゥルカーディルを解放
1853	10.	クリミア戦争（－1856）
1861	4.	アメリカ南北戦争（－1865）
1867	6.	エジプトのイスマーイール・パシャ、オスマン帝国から副王（ヘディーヴ）の称号を得る
1869	11.	スエズ運河開通

		カイロのオペラ・ハウスでこけら落とし
1870		ブトルス・ブスターニー『ムヒート・アル・ムヒート』出版
1875	11.	イギリス、スエズ運河会社の株買収
1876	12.	オスマン帝国、ミドハト憲法の発布
1878	2.	オスマン帝国のアブデュルハミト2世、憲法停止
	7.	ベルリン条約
	11.	第2次アフガン戦争（－1880）
1881		エジプト、ウラービー革命（－1882）
		チュニジア、フランスの保護国化
		スーダン、マフディーの反乱
1882	5.	三国同盟（独・墺・伊）
1884	3.	ジャマールッディーン・アル・アフガーニー、ムハンマド・アブドゥフ、パリで『固き絆』刊行
1889		東海散士『埃及近世史』
1890	9.	エルトゥールル号遭難事故
1894	1.	露仏同盟
1898	3.	ラシード・リダー、『マナール』創刊
	10.	ドイツのヴィルヘルム2世、エルサレム訪問
1899	1.	クウェート、イギリスの保護下に
		スーダン、エジプト・イギリスによる共同統治開始（－1955）
1902		アルフレッド・マハン「ペルシア湾と国際関係」で「中東」という用語を使用
1904	2.	日露戦争（－1905.9）
	4.	英仏協商
1905	3.	第1次モロッコ事件（タンジール事件）
1906	6.	エジプト、ディンシャワーイー事件
1907	8.	英露協商（英・仏・露の三国協商成立）
1908	5.	イランで中東初の石油採掘開始

	7.	青年トルコ人革命
	10.	ブルガリア、オスマン帝国から独立
		オーストリア＝ハンガリー、ボスニア＝ヘルツェゴヴィナを併合
1911	7.	第2次モロッコ事件（アガディール事件）
	9.	イタリア・トルコ戦争（－1912.10）
1912	3.	モロッコ、フランスの保護領に
	10.	第1次バルカン戦争（－1913.5）
1913	6.	第2次バルカン戦争（－1913.8）
1914	7.	第一次世界大戦（－1918）
	11.	オスマン帝国、大戦に参戦
	12.	エジプト、イギリスの保護国化
1915	2.	ガリポリの戦い（－1916.1）
		ド・ブンセン委員会報告
	10.	フサイン＝マクマホン協定
1916	5.	サイクス＝ピコ協定
	6.	アラブ大反乱（－1918）
1917		ロシア革命
	11.	バルフォア宣言
1918		イエメン王国成立
1919	1.	パリ講和会議
	3.	エジプト1919年革命
	5.	第3次アフガン戦争
	8.	アフガニスタン王国独立（－1973）
1920	1.	国際連盟結成
	4.	サンレモ会議
		ムスタファ・ケマル、アンカラに国民議会開設
	8.	セーヴル条約
		エジプト、ミスル銀行設立
1921	4.	アブドゥッラー・イブン・フサイン、英委任統治領ト

		ランスヨルダンの首長に
	8.	ファイサル・イブン・フサインを国王に、イラク王国成立
1922	2.	イギリスによるエジプトの形式的な「独立」宣言
	11.	トルコ革命、スルタン制を廃止
	12.	ソヴィエト連邦成立
1923	7.	ローザンヌ条約
	10.	トルコ共和国成立
1924	3.	トルコ、カリフ制を廃止
	10.	アブドゥルアズィーズ・イブン・サウード、メッカを併合
1925	7.	シリア、ドゥルーズ派の反乱
		イラン、パフラヴィー朝成立（－1979)
1928	3.	ハサン・バンナー、エジプトでムスリム同胞団結成
	11.	トルコ、ローマ字を採用
1932	9.	アブドゥルアズィーズ・イブン・サウードにより、サウジアラビア王国成立
	10.	イラク王国独立
1936	8.	エジプト・イギリス同盟条約、イギリスはスエズ以外のエジプトから撤退
1938	5.	代々木モスク竣工
1939	9.	第二次世界大戦（－1945)
		イギリス、カイロに中東司令部設置
1942		エル・アラメインの戦い
1943	11.	レバノン独立
1945	3.	アラブ連盟結成
	10.	国際連合結成
1946	4.	シリア、フランスの撤退により完全独立
	5.	トランスヨルダン、イギリスから独立
1947	11.	国連パレスチナ分割案採択

1948	5.	イスラエル独立宣言
		第1次中東戦争（－1949）
1949	6.	トランスヨルダン、国名をヨルダン・ハーシム王国と改称
1950	4.	ヨルダン、ヨルダン川西岸を併合
1951		イラン、石油の国有化を宣言
	7.	ヨルダンのアブドゥッラー国王暗殺
	12.	リビア連合王国成立
1952	7.	エジプト革命
1953	6.	エジプト共和国宣言
	8.	イラン、モサデク首相がクーデタで失脚
1954	11.	アルジェリア独立戦争（－1962）
		イスラエル、ラヴォン事件
1955		バグダード条約
1956	1.	スーダン、イギリスから独立
	3.	モロッコとチュニジア、フランスから独立
	7.	エジプトのナセル大統領、スエズ運河の国有化を宣言
	10.	第2次中東戦争（スエズ戦争）
1957	1.	ファタハ設立
	7.	チュニジア、共和制に移行、ハビーブ・ブルギーバが大統領に就任
1958	2.	アラブ連合共和国成立
	7.	イラク革命、共和制に移行
	9.	日本アラブ協会設立
1960	7.	ソマリア独立
	9.	OPEC（石油輸出国機構）設立
	11.	モーリタニア、フランスから独立
1961	6.	クウェート、イギリスから独立
	9.	シリア、アラブ連合共和国を離脱
1962	7.	アルジェリア、フランスから独立

	9.	イエメン・アラブ共和国（北イエメン）成立
1963	1.	イラン、白色革命
	6.	ホメイニー逮捕
1964	5.	PLO（パレスチナ解放機構）設立
1967	6.	第3次中東戦争（六日間戦争）
1968	1.	OAPEC（アラブ石油輸出国機構）設立
	3.	カラーマの戦い
1969	2.	ヤースィル・アラファート、PLO議長に就任
	5.	スーダン、ヌメイリらによるクーデタ
	9.	リビア、クーデタで王制廃止、カダフィーが実権掌握
1970	9.	ヨルダン内戦（黒い九月事件）
		PLO、アンマンからベイルートに移転
	10.	エジプトのナセル大統領死去に伴い、後任にサダトが就任
		オマーン、宮廷革命
1971	8.	バーレーン、イギリスから独立
	9.	カタール、イギリスから独立
	12.	アラブ首長国連邦成立
1973	7.	アフガニスタン、ムハンマド・ダーウードがクーデタを起こして共和制を宣言
	10.	第4次中東戦争
		第1次石油危機
1975	4.	レバノン内戦（－1990）
1976	2.	ポリサリオ戦線、サハラ・アラブ民主共和国（西サハラ）の独立を宣言
1977	6.	ジブチ、フランスから独立
1978	4.	アフガニスタン四月革命
		アフガニスタン民主共和国成立
1979	1.	イラン革命
		第2次石油危機

	3.	エジプト・イスラエル平和条約
	7.	イラク、サッダーム・フセインが大統領に就任
	11.	在テヘラン米大使館占拠
	12.	ソ連、アフガニスタン侵攻
1980	9.	イラン・イラク戦争（－1988.8）
1981	10.	エジプトのサダト大統領暗殺、後任にムバーラク
1982	4.	シナイ半島、イスラエルからエジプトに返還
	6.	イスラエル、レバノン侵攻
	9.	PLO、ベイルートを退去
		サブラー・シャティーラー虐殺事件（西ベイルート）
		ヒズブッラー結成
1983		第2次スーダン内戦
1985	2.	アンマン合意
	4.	スーダン、クーデタでヌメイリ大統領失脚
1987	11.	チュニジア、クーデタでブルギーバ辞職、ベン＝アリーが大統領に就任
	12.	パレスチナ、第1次インティファーダ
		ハマース結成
1988	11.	パレスチナ国家独立宣言
1989	2.	ソ連、アフガニスタンから撤退
	6.	イラン、ホメイニー死去
		スーダンでクーデタ、バシール政権が成立
1990	5.	南北イエメン統合、イエメン共和国成立
	8.	イラク、クウェート侵攻
1991	1.	湾岸戦争開始
	10.	マドリードで中東和平会議
	12.	ソ連崩壊
1993	9.	オスロ合意（パレスチナ暫定自治に関する原則宣言）
1994	10.	イスラエル・ヨルダン平和条約
1995	11.	イスラエルのラビン首相暗殺

1996	9.	タリバーン、アフガニスタンの首都カーブルを制圧
2000	7.	シリア、バッシャール・アサドが大統領就任
	9.	パレスチナ、第2次インティファーダ
2001	9.	アメリカ同時多発テロ事件（9.11事件）
	10.	アメリカ、アフガニスタン空爆開始
2003	3.	トルコ、レジェップ・タイイップ・エルドアンが首相に就任
		イラク戦争
2004	11.	アラファートPLO議長死去
2005	1.	マフムード・アッバース、パレスチナ自治政府大統領に就任
	9.	デンマーク『ユランズ・ポステン』紙、預言者ムハンマドの諷刺画を掲載
2006	1.	パレスチナ、ハマースが自治評議会選挙で勝利
	12.	イラク、フセイン元大統領処刑
2007	6.	パレスチナ、ファタハとハマースの連立内閣崩壊
2008	12.	イスラエル、ガザ空爆
2010	5.	イスラエル、トルコのパレスチナ支援船を攻撃
2011	1.	チュニジア、ジャスミン革命、ベン＝アリー政権崩壊
	2.	エジプト革命、ムバーラク政権崩壊
	3.	シリア内戦
	6.	イエメン、サーレハ大統領出国
	7.	南スーダン共和国独立
	8.	リビア、カダフィー政権崩壊
2012	2.	イエメン、サーレハ大統領辞任
	6.	エジプト、ムハンマド・ムルシーが大統領に当選
2013	7.	エジプト、軍事クーデタでムルシー政権崩壊
2014	6.	エジプト、スィースィーが大統領に就任
		イラク・シャーム・イスラーム国（ISIS）、「イスラーム国」（IS）樹立宣言

	8.	トルコ、エルドアンが大統領に就任
2015	1.	フランス、「シャルリーエブド」襲撃事件
		イエメン、フーシー派によるクーデタ、内戦状態へ
	11.	パリ同時多発テロ事件
2017		アメリカ、トランプ大統領による入国禁止令
		ロンドンテロ事件
	10.	IS、シリア民主軍によるラッカ制圧で事実上の崩壊
	12.	イラク、ISに勝利宣言
2018	5.	イスラエル建国70周年、在イスラエル・米大使館をテル・アヴィヴからエルサレムに移転
2020	9.	トランプ米大統領の仲介によりイスラエル・アラブ首長国連邦、イスラエル・バハレーンが国交正常化(「アブラハム合意」)
2021	8.	ライースィー、イラン大統領就任
		バイデン大統領、米軍をアフガニスタンから完全撤退
		ターリバーン、アフガニスタン全土を掌握
2022	11.	ネタニヤーフ、イスラエル首相に再選
2023	10.	ハマースがイスラエルを攻撃、多数のイスラエル市民が人質
2024	8.	シーア派武装組織ヒズブッラーがロケット弾やドローンでイスラエルを攻撃

本書は『「中東」の世界史　西洋の衝撃から紛争・テロの時代まで』（作品社、二〇一八年）を修正・改題のうえ、文庫化したものです。

日本人《にほんじん》のための「中東《ちゆうとう》」近現代史《きんげんだいし》

臼杵《うすき》 陽《あきら》

令和6年 11月25日　初版発行

発行者●山下直久

発行●株式会社KADOKAWA
〒102-8177　東京都千代田区富士見2-13-3
電話　0570-002-301（ナビダイヤル）

角川文庫 24428

印刷所●株式会社暁印刷
製本所●本間製本株式会社

表紙画●和田三造

ISBN 978-4-04-400830-7　C0122

◇◇◇

角川文庫発刊に際して

角川源義

第二次世界大戦の敗北は、軍事力の敗北であった以上に、私たちの若い文化力の敗退であった。私たちの文化が戦争に対して如何に無力であり、単なるあだ花に過ぎなかったかを、私たちは身を以て体験し痛感した。西洋近代文化の摂取にとって、明治以後八十年の歳月は決して短かすぎたとは言えない。にもかかわらず、近代文化の伝統を確立し、自由な批判と柔軟な良識に富む文化層として自らを形成することに私たちは失敗して来た。そしてこれは、各層への文化の普及滲透を任務とする出版人の責任でもあった。

一九四五年以来、私たちは再び振出しに戻り、第一歩から踏み出すことを余儀なくされた。これは大きな不幸ではあるが、反面、これまでの混沌・未熟・歪曲の中にあった我が国の文化に秩序と確たる基礎を齎らすためには絶好の機会でもある。角川書店は、このような祖国の文化的危機にあたり、微力をも顧みず再建の礎石たるべき抱負と決意とをもって出発したが、ここに創立以来の念願を果すべく角川文庫を発刊する。これまで刊行されたあらゆる全集叢書文庫類の長所と短所とを検討し、古今東西の不朽の典籍を、良心的編集のもとに、廉価に、そして書架にふさわしい美本として、多くのひとびとに提供しようとする。しかし私たちは徒らに百科全書的な知識のジレッタントを作ることを目的とせず、あくまで祖国の文化に秩序と再建への道を示し、この文庫を角川書店の栄ある事業として、今後永久に継続発展せしめ、学芸と教養との殿堂として大成せんことを期したい。多くの読書子の愛情ある忠言と支持とによって、この希望と抱負とを完遂せしめられんことを願う。

一九四九年五月三日